上海理工大学一流本科系列教材

数字出版与传播系列教材

施勇勤 主编

Digital Publishing
Practice

数字出版实务

丛挺 编著

广西师范大学出版社

·桂林·

图书在版编目(CIP)数据

数字出版实务 / 丛挺编著. —桂林:广西师范大学出版社,
2023.9
数字出版与传播系列教材 / 施勇勤主编
ISBN 978 - 7 - 5598 - 6319 - 5

Ⅰ. ①数… Ⅱ. ①丛… Ⅲ. ①电子出版物 - 出版工作 - 教材
Ⅳ. ①G237.6

中国国家版本馆 CIP 数据核字(2023)第 159123 号

数字出版实务
SHUZI CHUBAN SHIWU

出品人:刘广汉
责任编辑:刘孝霞
执行编辑:王 檬
装帧设计:侠舒玉晗

广西师范大学出版社出版发行

(广西桂林市五里店路 9 号   邮政编码:541004)
(网址:http://www.bbtpress.com)

出版人:黄轩庄
全国新华书店经销
销售热线:021 - 65200318   021 - 31260822 - 898
运河(唐山)印务有限公司印刷
(唐山市芦台经济开发区农业总公司三社区   邮政编码:063000)
开本:787 mm × 1 092 mm   1/16
印张:11.75   字数:266 千
2023 年 9 月第 1 版   2023 年 9 月第 1 次印刷
定价:46.00 元

如发现印装质量问题,影响阅读,请与印刷单位联系调换。

总序

21世纪以来，数字技术和新媒体发展的洪流裹挟着传统出版行业向数字化和产业融合方向涌进，传统出版转型升级和融合发展被新技术、新市场所牵引，迈向多元化数字出版融合时代的新领域、新服务和新业态。数字出版产业发展迅速，许多问题亟待业界和学界去积极探索，包括崭新的理论和技术、相关政策和法律法规、创新的商业模式、新出版人才的培养等。

为了服务我国新闻出版高质量快速发展，培养适应出版产业发展的新型出版专业人才，上海理工大学出版印刷与艺术设计学院紧跟国内外数字出版产业发展前沿，整理优化现代出版的新知识、新技术、新技能、新素养，在探索工、文、艺多学科融合，培养具有宽广的文化科学知识、扎实的语言文字表达能力以及数字出版新技术应用能力的高级应用型出版人才方面努力多年，形成了以内容编创能力、价值判断能力和技术应用能力为主的人才培养特色，并在出版专业的教育目标、培养方案、课程教学和专业实践等方面实施应用。为了总结、归纳课程知识体系和教学经验，并进一步提高专业教育质量，上海理工大学出版学科的骨干教师抱着拳拳之心，在积极开展编辑出版学国家一流本科专业、数字出版与传播学学位硕士点、出版专业学位硕士点建设之际，认真编写了这套"数字出版与传播系列教材"。

上海是我国近现代新闻出版印刷业的发源地，也是我国文化创意产业、出版印刷行业重要的人才培养和科研服务基地。上海理工大学出版印刷与艺术设计学院是国家新闻出版署与上海市政府共建单位，数字出版与传播是其重点建设学科，学院建有国家新闻出版署数字传播科学重点实验室、国家新闻出版署出版融合发展重点实验室、国家新闻出版署可信数字版权与标准重点实验室、国家级现代印刷出版实验教学示范中心等，依托新闻出版行业资源，引进资深专家和学术资源，立足创新，关注和研究数字出版行业最新的基础理论、相关技术、实践应用、政策变化、发展趋势等，为培养数字出版产业优秀人才提供了坚实的理论支持和技术支撑。该系列教材的作者是活跃在编辑出版学教学第一线的专业骨干教师，他们专业背景好、知识面广、教学能力强、科研成果丰厚，能紧跟时代发展，重视新知识、新技术的传授。

　　然而，由于立足于专业教学的特色，基于创新的立足点和产业快速变化的因素，本系列教材难免会有不足和缺憾。希望广大读者能对书中的不足和疏漏讹误之处不吝赐教，多提宝贵意见。我们将广泛收集广大师生和读者的意见和建议，以待后续适时对教材进行修订和完善。

施勇勤

2022年4月

前言

近几年，伴随着传统出版业数字化转型的步伐不断加快，数字出版产业迅猛发展，数字出版专业教学和知识体系建设受到学界和业界的广泛重视。越来越多开办编辑出版学专业的高校加强了数字出版理论、数字出版技术、数字出版营销等方向的课程建设，这对数字出版专业教材提出了更高的要求。数字出版专业教材的建设不仅直接影响学生对数字出版专业的基本认知和知识构建，还关乎出版学学科总体发展，是培养高水平出版人才的重要基础。

自本人入校以来，一直承担"数字出版实务"专业课程的教学工作，经过团队多位老师的共同努力，该课程于2020年被上海市教委认定为上海高等学校一流本科课程（线上线下混合式课程）。然而，面对数字出版专业理论与行业实践快速变化的现实挑战，撰写一部以数字出版实务为主题的专业教材，是我们一直以来的心愿。

2022年，在学院和学科专业的支持下，我们下决心启动这项工作。根据团队前期调查，当前数字出版相关专业教材已达40余种，既有以概论、导论为代表的理论类教材，也有以工具软件操作为目标的实训类教材，还有部分是数字出版细分方向的教材。如何在大量现有教材的基础上形成本教材的特色，并不是一件容易的事情。通过与数字出版行业专家交流，结合团队的教学经验，我们认为，对于当下纷繁复杂的数字出版实务活动来说，最要紧的既不是过于抽象的理论讲授，也不是纯粹工具性质的软件实操，而是基于方法论的框架总结和专业训练。譬如，在涉及优化数字出版产品用户体验的部分，借鉴互联网产品的用户体验要素框架，从不同层次加以考虑，从而发掘影响用户体验的关键要素。而在出版机构的融合出版业务方面，我们将通过完整的实例讲授来回答业务具体分为几个步骤，每个步骤的具体内容和相互之间的联系又是什么等问题。

当前，传统出版编辑正加快向产品经理角色转型，如果我们将数字出版实务课程的目标定位于培养未来的出版产品经理，那么这本教材的价值就在于帮助读者建立并强化一套数字出版方法论，从而为从事数字出版实务工作提供基础性引导。本教材不仅面向国内编辑出版学、网络与新媒体、传播学、文化产业管理等相关专业的高校师生，还可作为刚步入数字出版实务岗位的职场新人的案头用书，希望能为其职业发展提供帮助。

本书共分为八章，开篇的"数字出版概述""数字出版产业""数字出版技术"章节介绍了数字出版实务背景；中间章节以产品思维、用户思维、业务思维、管理思维为核心，贯穿数字出版实务内容的主要方面；最后一章落脚在趋势分析上，对数字出版实务工作进行了前瞻探索。具体而言，第一章"数字出版概述"对数字时代出版转型背景进行概述，梳理和总结数字出版相关概念，并对数字出版发展历程展开必要分析；第二章"数字出版产业"介绍数字出版产业的基本概念和特点，依据细分市场差异与产品特性对不同细分产业加以梳理，并重点探讨了数字出版产业管理的相关问题；第三章"数字出版技术"概述数字出版技术总体战略和应用现状，系统梳理5G技术、人工智能、区块链等技术的概念及它们在数字出版领域的应用，并对沉浸式技术进行重点阐述；第四章"数字出版产品"梳理数字出版产品相关概念，总结数字出版产品特点和定位，按照产品类型划分介绍不同的数字出版产品，辨析数字出版产品发展趋势；第五章"数字出版用户"对数字出版用户的相关概念进行界定，明确数字出版用户范畴，对数字出版用户需求调研展开分析，最后结合相关理论模型介绍用户体验和需求分析相关内容；第六章"数字出版业务流程"根据业务流程的基本概念和理论，结合相关标准规范和实践案例，对一般数字出版产品业务流程和典型数字出版产品业务流程进行分析；第七章"数字出版管理"围绕数字出版管理的基本职能及其实践，重点讨论传统出版融合发展的管理创新，并通过案例分析数字出版管理中目标管理与项目管理的实践应用；第八章"数字出版发展趋势"以数字学术出版和数字大众出版为例，揭示数字出版发展趋势。

本书由本人负责整体策划、设计和撰写，包括具体的章节编排、提纲设定和统稿工作。具体分工上，本人撰写了第一章、第三章、第五章、第六章、第八章；华东理工大学出版社副总编辑丁毅负责完成第七章的内容撰写和修改；上海理工大学研究生保韵涵完成第二章的初稿撰写；上海理工大学研究生李子瑶完成第四章的初稿撰写；华东理工大学出版社数字出版编辑陈艺方参与第六章的前期资料汇总和初稿撰写工作；上海理工大学研究生占欣怡、高远卓、陆奕澄对书稿进行了格式修正和校对。感谢他们对本书做出的贡献。

本书的编写得到上海理工大学编辑出版学一流本科专业建设项目经费和高水平大学建设项目经费的大力支持。感谢为本书编写提供专业指导的领导和同事，也感谢广西师范大学出版社的编辑团队，特别是王檬老师的悉心指点。囿于学识，本书还存在诸多不足之处，恳请各位专家和读者不吝赐教。

丛挺

2023年2月

目 录

第一章
数字出版概述

进入21世纪以来，信息与传播技术对文化产业的影响日益显著。2019年，由科技部、中央宣传部、中央网信办、财政部、文化和旅游部、广播电视总局联合印发的《关于促进文化和科技深度融合的指导意见》中明确提到："面向文化建设重大需求，把握文化科技发展趋势，瞄准国际科技前沿，选准主攻方向和突破口，打通文化和科技融合的'最后一公里'，激发各类主体创新活力，创造更多文化和科技融合创新性成果，为高质量文化供给提供强有力的支撑。"作为文化产业的核心领域，出版业同样面临着转型升级与融合发展的重大机遇和挑战。本章将对数字时代出版转型的背景进行概述，梳理和总结数字出版相关概念，并对数字出版发展历程展开详细分析。

第一节　数字时代的出版转型

如果从出版与技术相互作用的角度来看，说出版业是一个技术驱动的行业也许并不为过。但用上千年消化吸收一项技术是一回事，每天面对层出不穷的新技术和创新的出版活动则又是另一回事。即便是被誉为"划时代转变"的桌面排版技术（Desktop Publishing，简称DTP）和电脑直接制版技术（Computer to Plate，简称CTP），在今天看来，仍然只是变革的萌芽，并没有改变传统出版的本质。正如香港商务印书馆陈万雄先生所说，"网络电子出版的面世，才是真正革命的登场"[①]。新媒体技术超越传统技术对出版业影响的关键在于，它是从"出版观念、产业逻辑、业务模式、组织架构到产成品的全方位的影响"[②]，其结果是出版的内涵与外延都呈现出重大变化。

---

① 陈万雄. 挑战与回应 [J]. 编辑学刊，2001（1）：22-23.
② 徐丽芳. 网络出版策略研究 [D]. 武汉：武汉大学，2002.

围绕数字时代出版转型发展，国家出台了一系列重大政策文件，使数字出版逐渐从数字化转型层次上升到数字化战略层次。出版业数字化战略本身是对《中华人民共和国国民经济和社会发展第十四个五年规划和2035年远景目标纲要》（以下简称《国家"十四五"规划》）提出的"文化产业数字化战略"的一次系统回应。《国家"十四五"规划》明确提出："实施文化产业数字化战略，加快发展新型文化企业、文化业态、文化消费模式，壮大数字创意、网络视听、数字出版、数字娱乐、线上演播等产业。"具体到出版业，《出版业"十四五"时期发展规划》提出："实施数字化战略，强化新一代信息技术支撑引领作用，引导出版单位深化认识、系统谋划，有效整合各种资源要素，创新出版业态、传播方式和运营模式，推进出版产业数字化和数字产业化，大力提升行业数字化数据化智能化水平，系统推进出版深度融合发展，壮大出版发展新引擎。"

有学者指出，文化产业数字化并不是对某个单一技术的改造，而是一项系统工程，其战略可分为五个层次，包括文化产品和服务的数字化；文化企业管理流程数字化再造与商业模式的数字化升级；文化消费者的消费行为和精神体验的数字化；文化产业内部和外部各产业通过数字技术精益分工重塑价值链，结构升级、动能转化的过程；以及文化管理部门和整体社会公共服务部门的协同治理与公民文化权益通过数字化得到更好保障的过程。[1]对应的出版业数字化战略，同样也是多层次、全方位、系统性的战略转型，包括出版产品服务数字化、出版流程数字化、内容消费体验数字化、产业价值链与生态数字化及出版治理数字化的整合体系。

综上所述，作为国家战略性新兴产业，数字出版对推动出版业数字化战略实施与国民经济和社会发展具有重大意义，也凸显了数字出版理论研究与教学实践的现实必要性。

▌第二节　数字出版的概念

一、数字出版的定义与特征

（一）数字出版的定义

数字出版作为一个专业词汇，诞生至今已走过20余年的发展历程。国外学者布恩（Boone）和希金斯（Higgins）在1998年发表的一篇名为《数字出版》（Digital Publishing）的论文中就探讨了数字出版对读者、作者和期刊出版的现实价值。国内学者赖茂生教授于2000年在《从电子出版到数字出版》一文中提到："国际电子出版也正在向数字化、网络化和数字信息库技术的方向发展。将各种图、文、声、像信息以数字形式存入信息库中，出版社可根据市场需要对这些信息

---

① 张铮. 文化产业数字化战略的内涵与关键［J］. 人民论坛，2021（26）：96-99.

进行选择、编辑、加工、整合，然后以纸书、光盘或网络等出版形式投放市场，这就是按需出版和网络出版的概念。"尽管如此，上述学者并未对数字出版做直接定义。直到2002年，北京大学谢新洲教授在《数字出版技术》一书中提出"电子出版是数字出版的另一种提法，两者在本质上是一致的"，这是目前为止，国内对数字出版做出的最早的明确界定。此后，周荣庭、徐丽芳、张立、张新新等学者围绕数字出版定义展开集中探讨，并各自提出数字出版的概念界定。

2010年8月，原新闻出版总署颁布了《关于加快我国数字出版产业发展的若干意见》（以下简称《意见》）。《意见》对数字出版做出了明确定义，数字出版是指"利用数字技术进行内容编辑加工，并通过网络传播数字内容产品的一种新型出版方式，其主要特征为内容生产数字化、管理过程数字化、产品形态数字化和传播渠道网络化"。根据2021年中国新闻出版研究院发布的《2020—2021中国数字出版产业年度报告》，目前数字出版产品形态包括互联网期刊、电子书、数字报纸、博客类应用、网络动漫、移动出版（移动阅读、移动游戏等）、网络游戏、在线教育、互联网广告、数字音乐等。

通过对该定义的分析，我们认为数字出版既是对出版概念的继承，延续了出版活动中编辑、复制、发行的核心环节和关键要素，同时也是对出版内涵和外延的拓展。（1）编辑环节。传统意义上，编辑是指整理、加工现成的资料或作品的工作，在数字环境下的编辑活动依旧保留了传统编辑活动中对资料或作品的选择、提炼和优化的本质功能，并进一步延伸到数字内容作品上，提升了编辑工作的效率。（2）复制环节。传统意义上，复制是指以印刷、复印、临摹、拓印、录音、录像、翻录、翻扫等方式将作品制作一份或者多份的行为，其建立在有形物质载体之上"固定"作品，形成作品的复制件。而数字技术和计算机网络的普及，使得复制行为转变为计算机特有的电子复制，大大提升了复制便利性，同时降低了复制成本。传统印刷环节被电子复制等零成本方式或按需印刷等低成本方式取代，使得大批量个性化复制成为可能。（3）发行环节。传统意义上，发行是为了满足公众的合理需求，通过出售、出租等方式向公众提供一定数量的作品复制件。在数字环境下，发行行为转变为网络传播行为，后者不再是针对作品的"原件或复制件"，而是针对"作品"本身展开的传播活动，极大地拓展了出版产品的传播范围。

（二）数字出版的主要特征

《意见》对数字出版特征的分析主要表现在以下四个方面：

一是内容生产数字化。内容生产不仅是传统出版，也是数字出版活动的关键环节。具体来说，就是借助数字技术工具和手段，对内容进行采集、整理、加工、组织、开发与利用，相关内容以数字形式保存在计算机与网络平台。值得注意的是，随着大数据时代的到来，相应的出版单元的粒度进一步细化到数据层级，呈现出数据化生产的特征。

二是管理过程数字化。数字化管理是利用计算机、通信、网络等技术，通过统计技术量化管理对象与管理行为，实现研发、计划、组织、生产、协调、销售、服务、创新等职能的管理活动和方法。在数字出版活动中，通过引入信息化与数字技术，能对出版业务管理流程进行转型升级和系统优化，从而形成基于数字技术的协同业务模式。

三是产品形态数字化。产品形态是通过设计、制造来满足顾客需求，最终呈现在顾客面前的产品状况。产品形态数字化具体表现为经过策划、设计、加工、制作、发布后，数字出版产品呈现出多元化的产品类型，包括电子书、数字期刊、数据库、知识服务等。

四是传播渠道网络化。传播渠道是传播者发送信息、受传者接收信息的途径和方法。数字出版产品借助信息网络系统进行传播，使得内容产品能够灵活、便捷、低成本地到达用户。具体途径包括有线互联网、无线通信网、卫星网络等。

二、数字出版相关概念

在数字出版发展过程中，与数字出版相近或相关的术语不断出现，如电子出版（Electronic Publishing）、网络出版（Internet Publishing，Web Publishing）、移动/手机出版（Mobile Publishing）、跨媒体出版（Cross Media Publishing）、全媒体出版（All-media Publishing）等。除此之外，近几年，数字出版领域出现了新的与数字出版相关的概念，包括开放出版（Open Publishing）、融合出版（Convergence Publishing）、新型出版（New Publishing）、数据出版（Data Publishing）等。以下针对与数字出版关联较为紧密的几个主要概念展开介绍。

（一）电子出版

根据《不列颠百科全书》中的定义，电子出版是指计算机网络或磁盘上的出版，即以计算机可读的形式生产文献，并通过计算机网络或其他载体如CD-ROM等发行。从该定义可以看出，电子出版包含在线电子出版和离线电子出版。

2008年，原新闻出版总署发布施行的《电子出版物出版管理规定》将电子出版物定义为"以数字代码方式，将有知识性、思想性内容的信息编辑加工后存储在固定物理形态的磁、光、电等介质上，通过电子阅读、显示、播放设备读取使用的大众传播媒体，包括只读光盘（CD-ROM、DVD-ROM等）、一次写入光盘（CD-R、DVD-R等）、可擦写光盘（CD-RW、DVD-RW等）、软磁盘、硬磁盘、集成电路卡等，以及新闻出版总署认定的其他媒体形态"。与《不列颠百科全书》的定义有所不同，该定义将电子出版物限定在固定物理载体介质上，与网络出版物形成区分。

（二）网络出版

网络出版是伴随着互联网兴起而出现的出版活动。根据2002年原新闻出版总署和信息产业部联合发布的《互联网出版管理暂行规定》，互联网出版指的是"互联网信息服务提供者将自己创作或他人创作的作品经过选择和编辑加工，登载在互联网上或者通过互联网发送到用户端，供公众浏览、阅读、使用或者下载的在线传播行为"。该规定还对互联网出版作品和互联网出版机构进行了相应的界定。其中互联网出版作品既包括已正式出版的图书、报纸、期刊、音像制品、电子出版物等出版物内容或者在其他媒体上公开发表的作品，还包括经过编辑加工的文学、艺术和自然科学、社会科学、工程技术等方面的作品。互联网出版机构则是经新闻出版行政部门和电信管理机构批准,从事互联网出版业务的互联网信息服务提供者。

2016年,为规范网络出版服务秩序,促进网络出版服务业健康有序发展,原国家新闻出版广电总局、工业和信息化部联合发布《网络出版服务管理规定》,2002年发布的《互联网出版管理暂行规定》予以废止。新规定将网络出版服务定义为"通过信息网络向公众提供网络出版物";同时,定义网络出版物为"通过信息网络向公众提供的,具有编辑、制作、加工等出版特征的数字化作品,范围主要包括文学、艺术、科学等领域内具有知识性、思想性的文字、图片、地图、游戏、动漫、音视频读物等原创数字化作品;与已出版的图书、报纸、期刊、音像制品、电子出版物等内容相一致的数字化作品;将上述作品通过选择、编排、汇集等方式形成的网络文献数据库等数字化作品;国家新闻出版广电总局认定的其他类型的数字化作品"。

根据上述定义,我们认为网络出版与其他出版形式的区别主要体现在出版载体和传播形式上,但其依然保留了传统出版中编辑、制作、加工的基本特征。网络出版作品既包括原生型的网络出版物,也包括传统出版物数字化加工后形成的作品。

(三)融合出版

"融合"是近几年出版传媒业发展的热词。党的十八大以来,党和国家高度重视媒体融合发展,做出一系列重大战略部署。2014年,中央全面深化改革领导小组(2018年3月改为中央全面深化改革委员会)第四次会议审议通过《关于推动传统媒体和新兴媒体融合发展的指导意见》;2015年,原国家新闻出版广电总局、财政部印发《关于推动传统出版和新兴出版融合发展的指导意见》;2020年,中共中央办公厅、国务院办公厅印发《关于加快推进媒体深度融合发展的意见》。在此基础上,国家新闻出版署自2021年起启动出版融合发展工程,从产品、平台、机构、人才四个方面设置子计划,打造示范样本,发挥出版融合发展引领带动作用。上述意见和工程为融合出版的发展奠定了坚实的基础。

2022年,全国科学技术名词审定委员会主办的融合出版概念及定义专家审定会讨论同意将"融合出版"纳入编辑与出版学名词术语表中,并就"融合出版"的概念表述进行了深入的研讨交流,最终形成一致意见,即"将出版业务与新兴技术和管理创新融为一体的新型出版形态"。正如相关专家所指出的,确立"融合出版"的概念,既回应了国家战略需要,也有力推动了出版学学科建设和话语体系建设。融合出版作为一种新型出版方式,其特有的属性是利用数字技术为内容赋能,更好地体现传统出版与数字出版之间的兼容并包。

(四)新型出版

随着数字科学交流环境的变化,国内外涌现出了以图书馆等多元主体参与出版活动的趋势,形成了开放出版、图书馆出版、数据出版、语义出版等相关概念。国内图书情报领域专家初景利教授的团队在《学术图书馆与新型出版》一书中提出"新型出版"概念。所谓新型出版,是相对于传统出版而言,是一定时期内在原生数字化状态下各类出版方式的总称。具体而言,新型出版是指建立在数字出版基础上的开放出版、语义出版、增强出版、数据出版、有限出版、自出版、图书馆出版、可视化出版等多种基于技术、内容和传播三要素发展的代表性新型出版方式或模式。①

关于新型出版与数字出版的关系，初景利教授指出，新型出版不同于完全的数字出版，它是数字出版发展到相对成熟阶段的产物，是以促进学术交流、知识共享为目的的高级数字化出版方式。因此，新型出版既可以理解为不同数字出版方式的集合，也可以认为是一种出版发展阶段。②出版、传统出版、数字出版与新型出版的具体内涵关系如图1-1所示。

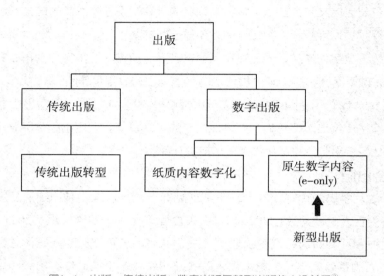

图1-1　出版、传统出版、数字出版与新型出版的内涵关系③

第三节　数字出版发展阶段

任何一个产业的发展都建立在相应的技术基础之上。伴随着信息技术和互联网的飞速发展，人类对信息的获取、加工、组织、存储和传播方式都发生了巨大的变化，由此引发了新一轮产业革命。然而，一个新兴产业的发展，换言之技术价值能否顺利地转化为产业价值，并不完全取决于技术本身，很大程度上还需要看其是否与特定阶段下的用户与产业需求相适配。譬如，在苹果手机出现之前，与智能终端相关的技术条件均已具备，然而手机产业真正迎来变革的关键却是苹果公司在恰当的时间以恰当的方式满足了用户的潜在需求。由此说明，技术创新与商业需求相互适配对产业发展具有重要意义。

依据上述分析，数字出版产业的发展同样是在技术条件与商业需求相互作用中持续演进，它所经历的是技术应用智能化程度和商业开放程度不断提高的过程，具体表现为传统出版的数字化

① 初景利. 学术图书馆与新型出版［M］. 北京：国家图书馆出版社，2021.

② 同上。

③ 同上。

转型、信息产品和服务、社会化出版以及开放数据出版四个阶段。其中数字化转型阶段的主要特征是模仿纸质出版的数字化，信息产品和服务阶段的特征是基于原生型网络资源的信息产品和服务，社会化出版阶段的主要特征是基于社会网络的半开放出版，开放数据出版阶段的特征则是基于开放关联数据的智能化出版。

以下将结合技术创新与商业需求的互动关系，具体介绍数字出版发展的四个关键阶段。

一、传统出版数字化转型阶段

20世纪90年代中后期，互联网的兴起为信息的快速传播提供了新的渠道。而以数据库为代表的数据存储技术和以光学识别技术（OCR）为代表的数据加工技术日趋成熟，为内容资源的数字化迁移提供了必要的技术支持。与技术变革相适应的，是读者尤其是科研人员对更加便捷和低成本获取信息的强烈需求。正如卡斯多夫（W.E.Kasdorf）在《哥伦比亚数字出版导论》一书中所说，"有很多原因促使期刊成为数字出版和电子传播的急先锋，其中最根本的一点是：科学家对印刷术失去了耐心。他们希望，或者说他们必须迅速、通畅地交流研究成果"[①]。

正是在技术创新与商业需求的共同作用下，全球出版业逐渐从以纸张为主要载体和呈现方式的传统出版阶段，过渡到基于光盘、软磁盘等主要载体，以记录模拟信号为主要方式的电子出版阶段，并最终进入面向桌面互联网，以二进制代码为主要形式的数字化出版阶段。在这一时期，国际领先的科技出版企业率先开启数字化转型，利用数字技术大幅降低内容生产与传播的边际成本。施普林格出版集团从1996年就启动旗下期刊的数字化转档，到2004年完成包括过刊在内的所有纸质期刊的数字化；自然出版集团则在1996年推出在线期刊平台，提供期刊内容的网络版本；国内的知网、万方等也在2000年前后开始打造各自的期刊群。

然而，正如载体演化过程中的模仿与超越，数字化转型阶段也始终伴随着两股势力的交互作用。一方面，相较于纸质出版，数字出版在内容采集、存储、传输和利用方式上具有明显优势。另一方面，早期的数字出版物依然带有明显的纸质图书的痕迹，如原版原式呈现的PDF文档，以及刻意营造的翻阅体验。当然，面对新的传播渠道的出现，企业的生存本能决定了绝大多数出版商还是选择用最习惯和最小风险的方式去应对。从表面看，这是满足人们对纸质出版的一种怀旧需求，然而从本质上看，这其实是出版商试图在"虚拟的世界里，重建起物质世界原来的那道墙"[②]，即维系传统出版的盈利方式。数字版权管理（Digital Rights Management，简称DRM）的广泛应用正是这种商业逻辑的典型体现。尽管在一个时期内，DRM为保障出版企业的盈利发挥了积极作用，但随着时间的推移，其弊端也逐渐显现：一方面DRM阻碍了读者在更大范围内对内容的自由传播；另一方面DRM也束缚了出版企业的创新空间，将数字出版产品仅仅局限在纸质出版物的电子版，对数字出版的长远发展产生不利影响。

---

① （美）威廉·E. 卡斯多夫. 哥伦比亚数字出版导论 [M]. 徐丽芳，等译. 苏州：苏州大学出版社，2007.
② 陈颖青. 老猫学出版 [M]. 杭州：浙江大学出版社，2012.

二、信息产品和服务阶段

随着网络传输速度的大幅提高，用户接入网络的频率明显提高，相应的网站资源也随之增加。据互联网调查公司网器（Netcraft）统计显示，2004年5月全球网站数量达到5000万，而到2006年10月，这一数字突破1亿，网站数量增长达到历史最快水平。[1]国内方面，中国互联网络信息中心（CNNIC）统计显示，国内网站数量在2005—2009年期间出现快速上升，从2005年6月的67.8万个，上升到2009年6月的306.1万个。[2]与此同时，数字阅读也在快速普及。第四次全国国民阅读调查结果显示，我国国民上网阅读率从1999年的3.7%增加到2005年的27.8%，七年间增长了7.5倍。[3]

面对网络资源的迅猛增长与数字阅读的大范围普及，用户的需求从早期的便捷和低成本获取信息转变为精准获取内容，而搜索引擎技术为上述需求提供了新的解决方案。通过对文档信息的实时抓取，建立索引数据库，然后进行适当的分词处理，依据相应的算法对文档进行排序，可以说，搜索技术从根本上影响了人们获取信息的方式，并成为助推数字出版产业发展的重要动力。在大众出版领域，2003年10月，亚马逊推出"书内检索"（search inside the book），为读者在阅读中精准搜索相关内容提供了强有力的工具。著名的《连线》（*Wired*）杂志甚至将这一新的功能视作是完成"人类所有知识的集合"的重要一步。[4]在学术出版领域，2004年，谷歌公司发布谷歌学术搜索试用版，其迅速成为全球领先的学术资源搜索工具。2006年，施普林格出版集团旗下的数据库平台SpringerLink宣布与谷歌学术搜索建立全面合作关系，以增强内容的可检索性。借助强大的搜索引擎技术，科研人员可以轻而易举地找到自己想要的期刊文献或图书篇章，大大降低了科研人员在资料搜集上所耗费的成本。从信息传播的角度看，搜索引擎的广泛普及是信息传播主导权的一次重大转移，它将信息筛选机制由编辑的主观判断转变为搜索引擎的算法推荐，这使得亚马逊等网络零售商一举超越出版商，成为数字出版发展的重心，内容提供商则针对算法规则开展相应的搜索引擎优化（Search Engine Optimization，简称SEO）。

进入2008年，随着3G时代的到来，人们获取信息的途径和渠道逐渐多元化，手机等移动媒体的平台价值开始显现。第六次全国国民阅读调查显示，2008年，我国成年人各类数字媒介阅读率为24.5%，包括在线阅读、手机阅读、手持式阅读器阅读等数字媒介阅读开始普及。[5]为了适应和满足用户的多屏阅读需求，同时降低内容生产制作成本，数字出版进入复合出版的全新发展阶

---

[1] 30个月全球网站数量翻一番　总数已突破1亿大关［EB/OL］.（2006-11-04）［2015-06-01］. http://news.sohu.com/20061104/n246200203.shtml.

[2] 中国互联网络信息中心.第24次中国互联网络发展状况统计报告［R/OL］.（2009-07-16）［2015-06-01］. https://www.cnnic.net.cn/NMediaFile/old_attach/P020120612484947936403.pdf.

[3] 图书阅读率持续走低　网络阅读率大幅增长［EB/OL］.（2006-04-21）［2015-06-01］. http://www.gov.cn/jrzg/2006-04/21/content_260568.htm.

[4] 陈颖青.老猫学出版［M］.杭州：浙江大学出版社，2012.

[5] 中国新闻网.第6次全国国民阅读调查成果发布［EB/OL］.（2009-04-24）［2015-06-01］. https://www.chinanews.com.cn/cul/news/2009/04-24/1663257.shtml.

段，即"内容一次制作，多次利用，多元发布"。

在数字内容加工环节，国内外一些领先的出版商开始建立起基于XML（可扩展置标语言）的协同编辑平台与基于内容碎片化的资源管理平台，对内容进行拆分、标引等结构化处理，并依据用户需求进行相应的重组，实现对内容的"一次制作，多次利用"。在数字内容发布环节，国际数字出版论坛（IDPF）正式推出开放电子书格式标准EPUB，取代原有的电子书格式标准OEBPS，为面向不同类型的操作系统和终端设备的内容发布提供技术保障。2008年，全国第一部"全媒体出版"图书《非诚勿扰》正式上线，实现了传统图书、互联网、手持阅读器、手机阅读等多种形式的同步出版[①]，标志着复合出版从一种技术理念真正变为商业现实。

相比技术生产层面的转变，数字出版更大的变革在于商业理念的创新。在数字化转型初期，出版企业的主导观念依然是以图书产品为基础，与用户需求之间存在较大的距离。而进入信息产品和服务阶段，出版企业开始围绕用户需求去设计相应的服务和解决方案。如美国第一大图书批发商英格拉姆就于2006年成立数字集团，借助后台强大的数字资产管理系统，提供面向教育机构、图书馆、大众零售商的解决方案。大型教育出版商培生集团则将自身定位于教学服务提供商，开发相应的教学辅导与管理工具、定制课程等产品和服务。

三、社会化出版阶段

从技术角度来看，数字出版在信息产品和服务阶段取得了巨大的进步，不仅满足了读者精准获取信息的需求，同时还实现了对内容的增值利用。然而从信息传播的角度来看，这一阶段的创新仍然是以内容传播者为主导的线性传播模式，主要集中于对信息本身的重组解构上，并没有引入用户人际关系、状态特征等相关信息，因而无法实现真正意义上的个性化服务，数字出版的潜在价值没有得到充分释放。

随着移动互联网的迅猛发展，用户参与网络活动的频率、范围以及自由度进一步提高，其需求逐渐从信息的精准获取转向基于社会关系的信息交流和分享，信息传播方式由单向线性传播模式向多元网状传播模式转变，信息筛选的主导权则从编辑、搜索引擎转移到用户及其背后的社会网络。正是在这样的背景下，以起点中文网为代表的网络文学公司逐渐成熟，并由此引发了大众参与创作的热潮。2011年，盛大文学宣布云中书城正式独立运营[②]，将社区驱动型的网络文学平台的发展推向高潮。尽管对于网络文学的内容质量存在各种争议，但其革命性的意义在于它将原本处在产业链两端的作者群与读者群直接连接起来，实现多元化的供给与多元化的需求相互匹配，由此形成巨大的网络效应，激活了产业的创新动力。

① "全媒体出版"的意义 ［EB/OL］.（2009-11-20）［2015-06-01］. https://www.gmw.cn/01gmrb/ 2009-11/20/content_1010543.htm.

② 盛大文学云中书城宣布独立运营 ［EB/OL］.（2011-02-22）［2015-06-01］. http://www.pdtimes.com.cn/html/2011-02-22/content_6_5.htm.

除了网络文学，社会化阅读平台的出现进一步助推数字出版由信息产品和服务朝社会化出版的方向转型。作为典型的社会化阅读网站，豆瓣网的定位是做一个合适的过滤器——帮助发现你喜欢的东西。通过引入用户的阅读兴趣和真实的社会关系，豆瓣网建立起一个以阅读为媒介的社会网络平台。借助这一社会网络平台，用户可以享受到真正个性化的阅读体验，并由此产生创作、分享和表达的强烈需求。相比网络文学的草根式发展，豆瓣网更加强调优质用户群体和优质内容分享，形成一种良性可持续的发展模式。尽管豆瓣网早在2005年就已成立，但其真正形成商业化的影响则是在2010年以后。2012年8月，豆瓣网宣布其月度覆盖独立访客（Unique Visitor，简称UV）已超过1亿，日均页面浏览量（Page View，简称PV）为1.6亿。①

2012年后，随着微信平台的成熟，罗辑思维、吴晓波频道等自媒体纷纷崛起，由此带动新一轮社会化出版浪潮。从某种意义上讲，这类自媒体的发展已经无法从传统的出版视角去解释，无论是产品和服务形态，还是盈利方式，都与传统出版相去甚远。但如果抛开所谓的出版流程和形式，回到对出版最本质功能的理解，即知识和价值观的传播，它们或许是更加贴合现实环境的出版模式。在移动互联网时代，信息生产和传播的效率大幅提高，而人与人之间相互连接的成本大幅降低，在此背景下，依赖单本图书和电子书销售的传统方式已无法满足用户的现实需求，而一种全新的社群商业模式开始出现。用户因为好的内容产品而聚合到一起，依赖共同兴趣和参与互动而形成深度联结的社群，最终依靠C2B（消费者到企业）定制化交易来满足各方需求，并形成可持续的盈利供给。随着一些自媒体频道的影响不断提升，有读者开始不再从亚马逊、当当网等图书零售平台搜寻图书资讯，而是首先在知识社群中获得新知，并依靠社群服务渠道实现交易。例如，罗辑思维在其"图书上新日"活动中推出的《世界为何存在？》，便没有通过任何一家网上书店销售，而是仅在罗辑思维发售，这无疑给曾经无比强势的网络零售商敲响了警钟。正如早期读者从线下实体书店走向网上书店，使得前者一度举步维艰，今天读者从网上书店走向社群网络，也将给网上书店带来颠覆性的冲击。在社会化出版的发展过程中，传统的内容提供商面临的困境在于究竟是选择将优质内容封装起来，依靠单一的价值链实现盈利，还是通过分享内容建立更有效的连接，从更广泛的价值网中获取收益。

相比大众阅读领域的社会化浪潮，知识领域的社会化出版的苗头更早出现。2001年，吉米·威尔士（Jimmy Wales）创立了维基百科网站，作为一个动态、可自由访问和编辑的知识集，维基百科在全球产生了广泛影响。相比维基百科在词条内容本身所取得的成就，其更大的意义在于，这是一种全新的内容生产和运作方式，即建立在开放、共享、全球化基础上的大规模协作生产。读者既是单纯的内容消费者，也是内容的创造者和编辑者，为全球创意生产带来巨大动力。近几年，遵循维基百科的创新理念，一些学术维基网站也相继出现，如Scholarpedia、WikiGenes等，这些网站在平衡传统学术传播机制与维基百科出版模式之间开展了一系列创新，

---

① 豆瓣称月度覆盖用户数超过1亿 已接近盈利 [EB/OL]．（2012-08-17）［2015-06-01］．http://tech.163.com/12/0817/08/893L4F6N000915BF.html.

包括优化内容引用机制、细化贡献评价机制等，将学术领域的社会化出版引向更加成熟的发展阶段。

四、开放数据出版阶段

在技术与商业的推动下，数字出版的发展经历了传统出版数字化转型、信息产品和服务以及社会化出版阶段，尤其是后两个阶段的发展，为数字内容产业的繁荣奠定了坚实的基础。然而产业的发展并未就此止步，在信息产品和服务阶段，尽管内容生产商对内容进行了必要的拆分、标引，但其解析的深度仍无法充分满足语义检索与知识发现的智能化信息需求。而在社会化出版阶段，尽管社会化阅读平台实现了人与人之间的连接，但并没有将这种连接延展到人与物之间、物与物之间，这使得数字出版的发展仍更多局限在通信媒体领域，而没有扩展到更广泛的人类社会。

随着信息技术的日趋成熟以及可穿戴设备等智能终端的普及，一场由通信互联网、能源互联网与物流互联网融合而成的物联网浪潮正在兴起，并由此催生出一种新的社会经济形态——零边际成本社会[1]。在这种社会状态下，越来越多的信息产品和部分实体产品以几乎零边际成本的方式被生产和传播，而亿万消费者则借助各种平台制作和分享个性化的产品。正如有学者指出，未来的传媒是以传播为介质的一种配置社会资源、商业资源及一切社会生活的整合架构。[2]与传媒业类似，未来的出版业将逐渐从"数字"层面进入"数据"层面[3]，其发展不仅将突破狭义的出版业，还将超越一般意义上的文化产业范畴，与制造业、交通运输业等各行各业发生交叉融合，形成在产业互联网格局下新的知识服务模式。值得注意的是，这种服务模式并不是孤立存在的，而是建立在前两个阶段发展成熟的基础上，即数据结构化和用户关系社会化。企业将利用来自不同行业不同用户分享的海量开放关联数据，依据具体的使用情境聚合形成相应的产品和服务，通过社会网络到达最终的目标群体，直接满足其现实或潜在需求。尽管到目前为止，完全符合以上描述的知识服务和商业出版机构尚未出现，但围绕开放数据出版的基础工作已在积极开展。2015年，国际数据委员会中国全国委员会（CODATA）与中国科学院旗下多个机构联合举办了"开放数据、开放出版"——共建科学数据出版生态研讨会，与会学者共同探讨我国科学数据出版生态系统的政策机制、基础设施和运营模式等话题。国外科技出版领域的相关机构也围绕开放数据出版展开相应的研讨和实践行动。

开放技术环境要求开放式的理念和服务创新。随着信息技术的深度发展，用户参与知识贡献的成本越来越低，外部知识将逐渐取代内部知识，成为企业创新的主要驱动力量。对于像出版业

① （美）杰里米·里夫金. 零边际成本社会：一个物联网、合作共赢的新经济时代 [M]. 赛迪研究院专家组，译. 北京：中信出版社，2014.
② 陈红梅. 融合发展框架下媒体智库化路径及思考 [EB/OL]. (2022-12-26) [2022-12-30]. https://m.21jingji.com/article/20221226/herald/77993c784741f7939829ca1304371955.html.
③ 张振宇，周莉. "大数据出版"的理念、方法及发展路径 [J]. 出版发行研究，2015（1）：14-17.

这样的知识密集型行业来讲,当企业内部占有的知识资源已不是其核心竞争力,同时内部交易成本已显著大于外部交易成本时,企业的组织形态就将发生重大调整。正如海尔公司董事局前主席张瑞敏所说,未来的公司将不再有员工[①],今天的海尔已演变成为一个巨大的创新生态圈,2000多个小微团队在海尔的技术平台上开展各种创新探索。未来的文化创意企业同样将经历这样的颠覆性变革,以更好地适应全新的开放技术环境。

回望不算漫长的数字出版发展历程,其背后是出版机构适应技术变革而不断采取创新的历史。从传统出版的数字化转型,信息产品和服务,到如今的社会化出版以及开放数据出版阶段,广义的中介,如载体、渠道、平台等逐渐被消解,取而代之的是更加开放且智能化的技术基础设施。与此同时,基于分布式、协作、共享的组织机构陆续出现,商业的包容性也得到相应提升。这里提出探索性分析框架的目的正是提示当前正处在转型中的出版企业,唯有顺应历史趋势,采取积极而正确的变革,才有生存下来的可能。

思考题

1. 关于数字时代出版转型有哪些重要的政策文件?
2. 如何定义数字出版?它与出版概念的区别和联系是什么?
3. 数字出版具有哪些特征?
4. 如何定义电子出版、网络出版?它们与数字出版的关系是怎样的?
5. 如何定义融合出版、新型出版?它们与数字出版的关系是怎样的?
6. 数字出版包含哪些发展阶段?

---

① 张瑞敏.海尔没有员工,只有创客 [EB/OL].(2018-04-11)[2022-05-01].https://www.sohu.com/a/227902030_100051521.

第二章
数字出版产业

作为一种新兴文化产业，数字出版产业快速发展，既包括传统出版的数字化转型，也包括新兴出版业态。理解数字出版产业的基本概念、发展现状及相关行业管理问题，有助于把握数字出版产业发展的基本问题及脉络。

第一节 数字出版产业概述

一、数字出版产业及相关概念

（一）产业

产业是生产力发展到一定阶段和社会分工的产物，指的是具有某种相似属性的企业或组织经济活动的集合。虽然各企业和组织的经营方式、运营模式和所处的流通环节不相同，但其经营对象和经营范围围绕共同产品，各有分工，共同为产品服务，为相关消费者服务，并由此形成一条紧密的产业链。

（二）文化产业

根据国家统计局发布的《文化及相关产业分类（2018）》，文化产业是指为社会公众提供文化产品和文化相关产品的生产活动的集合。其范畴包括以文化为核心内容，为直接满足人们的精神需要而进行的创作、制造、传播、展示等文化产品（包括货物和服务）的生产活动，具体有新闻信息服务、内容创作生产、创意设计服务、文化传播渠道、文化投资运营和文化娱乐休闲服务等活动；为实现文化产品的生产活动所需的文化辅助生产和中介服务、文化装备生产和文化消费终端生产（包括制造和销售）等活动。

澳大利亚学者大卫·索斯比（David Throsby）将文化分为一个同心圆的三个层面（见图

2-1)：最核心的层面是"创意"；第二层为利用创意形成的有高度文化内涵的产品；第三层是具有文化内容的其他产业。这个划分同时兼顾了创意这个核心内容和在此基础上扩展的广泛产业链，在理论界和产业界有相对较高的认同度。

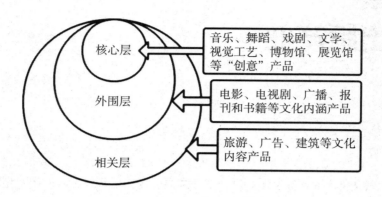

图2-1 文化产业同心圆体系

（三）数字文化产业

数字文化产业是以文化创意为核心、依托数字技术创新与发展的文化产业。这个定义强调两点：第一，以文化创意为核心，强调了文化内涵的必要性和首要性；第二，依托数字技术，强调必须有数字技术加入和赋能。[①]

（四）数字出版产业

根据上述对文化产业内涵范畴的界定，我们可以发现数字出版产业处于文化产业的"外围层"，围绕文化创意这一核心进行再生产活动。因此，数字出版产业是数字文化产业的重要组成部分。具体而言，数字出版产业是数字技术背景下出版产业发展的新业态，是围绕数字出版活动的集合，包括数字出版产业化和传统出版产业的数字化。

二、传统出版产业与数字出版产业比较

技术的迭代升级推动产业的转型升级，从传统出版到数字出版，产业链的各个环节也发生了巨大变化。

传统出版产业是由策划、编辑、印刷、发行等环节组成的，其产业链主体主要包括作者（版权机构）、出版社、印刷厂、物流企业和经销商。数字出版产业则是出版企业或组织开展数字出版活动的集合，是由所有参与数字出版产品和服务的生产、传播活动的企业或组织组成的国民经济部门，是出版产业、文化产业的重要组成部分。数字出版产业链主体主要包括内容提供商、技术服务商、硬件销售商、运营渠道服务商和通信服务商。[②]

---

① 江小涓．数字时代的技术与文化［J］．中国社会科学，2021（8）：4-34，204．

② 国家新闻出版署出版专业资格考试办公室．出版专业基础：初级：2020年版［M］．武汉：崇文书局，2020．

在传统出版产业链的线性链条中，出版产品触达消费者往往要经过周期较长的生产与传递的多个环节。而在数字出版产业链中，包括技术服务商、硬件销售商、运营渠道服务商、通信服务商在内的多元主体相互嵌套，甚至有些机构会扮演多个角色，使得数字内容产品从创作生成到传播推广的周期大幅缩短，并在消费体验中形成新的数据和价值。传统出版产业链与数字出版产业链对比见图2-2。

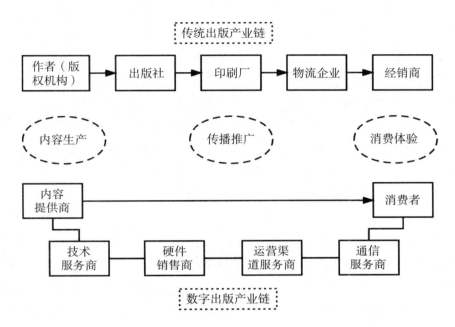

图2-2　传统出版产业链与数字出版产业链对比

（一）用户的转变

1. 用户文化消费的时间占比提高

随着移动互联网的普及以及移动出版的发展，网民规模不断增长，智能手机的使用频率也越来越高。截至2021年12月，我国网民人均每周上网时长达到28.5个小时，较2020年12月提升2.3个小时，互联网深度融入人民日常生活。截至2021年12月，我国网民使用手机上网的比例达99.7%，手机仍是上网的最主要设备。[①]

2. 用户使用门槛降低

传统的报纸、图书、期刊等载体形式主要以文本内容为主，需要用户（读者）具备一定的知识储备和读写能力。而短视频、有声读物这类数字出版产品对用户来说使用门槛相对较低，用户在掌握智能手机的基本操作后即可使用。

3. 用户消费方式多样化

由于移动互联网应用的多样性和聚集性，用户可以充分调动视觉、听觉进行文化消费，并且

---

① 中国互联网络信息中心. 第49次中国互联网络发展状况统计报告［R/OL］.（2022-02-25）［2022-07-17］. https://www.cnnic.net.cn/NMediaFile/old_attach/P020220721404263787858.pdf.

可以在不同的数字出版产品之间快速切换，以满足自身的文化消费需求。

（二）内容生产方式的转变

1. 内容更加多样，形式更加符合用户的"碎片化"文化消费方式

平台引导下用户生成内容（User Generated Content，简称UGC）的生产模式使得可提供给用户选择的内容类型更加多样。同时，数字出版技术的发展使得用户利用简易的工具即可创造内容，而内容生产的门槛也逐渐降低，不同维度、不同层次的内容可供用户选择，如抖音、小红书等数字出版平台"碎片化"的内容满足了用户"时时刻刻"进行文化消费的需求。

2. 内容的粒度进一步细化，更加强调数据资源

为了满足用户不同的消费场景及内容生产传播效率，数字出版产品的粒度不断细化，一次内容生产，经过不同层次和维度的"再生产"实现了内容生产效率的最大化。其次，用户使用或再利用数字出版产品所产生的消费信息及反馈行为使得数字出版产业中的内容提供商能够及时改进相关产品的性能及再生产方向，运营渠道服务商则可以合法地监测用户消费行为，以完善算法推荐功能，更好地为用户提供其喜爱的内容。

（三）经营与管理模式的转变

1. 生产组织方式趋向于"小团队"

为满足海量用户的个性化内容需求，数字出版产业拥有了更加多元的参与者，他们往往以个人形象展示，形成一定的内容创作风格。这样个体化的品牌背后也通常是较少人数组成的"小团队"。而专业化的内容生产团队在数字出版的内容生产竞争中既需要坚持自身专业优势，同时还要积极应对内容传播环境的变化，融入新媒体知识生产与传播模式，实现专业性的自然流动，这是传统出版机构当下需要思考和解决的重要问题。

2. 商业模式更加复合

传统出版产业中，报纸、期刊的收入来源以广告收入为主，图书的收入来源以销售收入为主。而随着运营渠道服务商用户黏性的增强和关键意见领袖（Key Opinion Leader，简称KOL）的不断出现，广告投放商的注意力也逐渐拓展到运营渠道服务商和KOL上。另一方面，电子商务的崛起，也让数字出版主体看到更丰富的商业变现方式，文化创意产品的组合销售、数字营销模式的运用、与其他领域生产商的跨界合作等成为数字出版产业商业模式的新探索。

三、我国数字出版产业发展特点

（一）技术赋能出版内容生产和消费

第一，人工智能技术让内容与消费偏好相匹配。虚拟现实技术（VR）、增强现实技术（AR）、推荐算法等人工智能技术在数字出版领域的应用，为用户提供了场景化、个性化服务，强化了用户的消费体验。基于用户行为数据的分析，运用推荐算法，数字出版主体可以向用户差异化地推送符合其消费偏好的数字内容。

第二，技术为内容生产服务，降低了内容创作的门槛，提高了用户生产内容的积极性。以数字出版平台抖音为例，平台免费为用户提供简单、易于使用的剪辑工具、特效插件等，帮助用户在内容创作中找到乐趣，找到创意，并分享给其他用户。

（二）产业发展平台化

数字出版产品及服务的生产、提供、消费直接通过数字出版平台展开，可见数字出版产业的发展对平台的依赖程度较高。数字出版产业发展平台化特征主要体现在以下四个方面：

第一，内容编辑加工的平台化。例如，学术期刊出版主要通过在线稿件处理平台，实现稿件的在线投稿、同行评议和编辑加工。

第二，产品及服务发布、分销的平台化。例如，国内有声书的发布通常是依托一定的数字出版平台实现的。技术服务商和渠道服务商都着力打造分销平台，通过对分销渠道的控制实现对数字出版产业链的控制。

第三，阅读平台化。无论是网络阅读平台还是终端阅读平台，基于阅读平台的集成性优势吸引读者已经成为市场竞争的制胜准则，如各大移动阅读APP的竞争优势往往是拥有海量的阅读内容资源。

第四，反馈平台化。通过数字出版技术平台，可实现对生产、传播和阅读数据的挖掘、分析和共享，有利于提升数字出版产品的经营管理效能和出版单位服务用户的反馈能力。

数字出版产业的平台化在促进数字出版业务及市场占有率方面发挥着重要作用，但数字出版平台化过程是一项投入大、回收周期长的浩大工程。独立的非共享平台建设不仅浪费企业资源，也浪费社会资源，所以平台开发共享是数字出版产业发展的重要方向之一。[1]

（三）出版融合发展持续深入

第一，基于融合产品的版权运营发展。将资源最大化利用是产业发展的必然要求。数字出版依托优质的出版资源，向网络文学、网络游戏、网络动漫、有声读物、文化旅游、音乐、影视等领域拓展，实现了内容价值、版权价值和品牌价值的有效提升，出版链条得到有效延展。[2]

第二，内容分销渠道融合发展。由于分销成本的大幅度下降，以及数字出版平台用户群体的差异化日渐凸显，多渠道分销内容成为大多数数字出版主体的选择。"一次内容，多次分发"成为主流。

2020年，线下出版和销售渠道受阻，倒逼出版业加速营销体系升级，出版单位纷纷借助电商平台、短视频平台、微信服务号等扩展新媒体营销渠道，试水短视频营销和直播电商，取得初步成效。出版单位对数字营销渠道从初步试水转向常态化布局。各出版单位综合运用自有

---

[1] 国家新闻出版署出版专业资格考试办公室. 数字出版基础：2020年版［M］. 北京：电子工业出版社，中国书籍出版社，2020.

[2] 中国新闻出版研究院中国数字出版产业年度报告课题组. 出版业融合发展效益初现：2019—2020年中国数字出版产业年度报告［N/OL］. 中华读书报，2021-01-06［2022-07-17］. https://epaper.gmw.cn/zhdsb/html/2021-01/06/nw.D110000zhdsb_20210106_1-06.htm.

APP、视频、直播等新兴媒介渠道，并积极开拓微信服务号、小程序、阅读学习社群等具有聚客引流功能的新型线上运营方式，实现了内容全方位传播、品牌多维度展示。可以看到，出版单位在新媒体营销方面形成了更加专业的运营体系和运营机制。针对数字营销模式，多家出版社在机构设置和岗位设置上进行了优化调整，产品和营销内容的投送与流量端口更加精准匹配。

第三，国际化发展趋势显现。数字出版产业先天的互联网属性以及对资源整合与利用的要求，客观上使其国际化发展成为题中之义。1992年，我国先后加入《伯尔尼公约》和《世界版权公约》，而后2001年加入世界贸易组织，参与全球化发展，也为我国数字出版产业国际化发展铺平了道路。

从发展模式来看，数字出版国际化大致可以分为以版权输出为主的内容产品模式、以技术输出为主的平台服务模式。

以网络游戏、网络文学为代表的数字出版主体的国际化发展主要是依靠版权输出。截至2020年年底，我国已成功向海外输出网络文学作品超过1万部；自主研发的移动游戏在海外市场实际销售收入超130亿美元，同比增长超46%。2021年上半年，在海外移动游戏发行商中，来自中国的发行商占比23.4%，排名全球第一位。[①]在商业取得巨大成功的同时，中华传统文化及优秀价值观也随着这些数字出版产品的海外传播发挥着"让世界听到中国声音"的作用。

作为抖音全球化战略的产物，TikTok通过搭建海外短视频平台并提供相应的技术服务，在欧美、东南亚等多个国家和地区备受欢迎。根据追踪互联网流量的云基础设施公司云闪（CloudFlare）的数据，TikTok是2021年全球访问量最大的互联网网站。

第四，版权治理愈加紧迫。在互联网时代，网络盗版不同于传统盗版，其借助于链接、社交分享、P2P技术和云端网盘等传播方式，具有上传迅速、下载快捷、扩散广泛、成本低、时间短的特点，如不加以有效管理，将对出版行业造成毁灭性的打击。运用区块链技术建立可信版权是有效治理数字版权的途径之一。区块链技术是比特币技术应用的底层技术，是一种分布式数据库，通过去中心化、共识信任的方式，集体维护一个可靠的数据库。围绕区块链技术与数字版权，不少学者提出构建数字出版区块链的架构。聂静提出集"确权和交易"于一体（包括资源层、分析层、网络层、共识层、合约层和应用层），主要由账户区块链、版权区块链和交易区块链三条区块链架构起来的数字版权管理服务平台；[②]张岩等学者提出以区块链技术在时间戳、数字签名机制、智能合约等方面对数字出版平台建设的技术支撑为基础，从内容生产与存储、版权登记与维护、作品发布与交易等环节入手探讨去中心化的数字出版平台的架构分层与功能分布。[③]

---

① 中国出版传媒商报．《中国数字出版产业年度报告》最新发布［EB/OL］．（2021-10-27）［2022-07-17］．https://mp.weixin.qq.com/s/s0PuDV6eR-YI7OE0S6SULA.

② 聂静．基于区块链的数字出版版权保护［J］．出版发行研究，2017（9）：33-36.

③ 张岩，梁耀丹．基于区块链技术的去中心化数字出版平台研究［J］．出版科学，2017，25（6）：13-18.

而在具体实践中，中国版权协会于2021年6月推出的"中国版权链"是一个开放、多元、中立的版权保护平台，其全面结合数字内容生态的业务场景，提供版权存证、版权认证、侵权监测、在线固证、版权维权、纠纷调解等一体化解决方案。与传统版权保护相比，中国版权链版权保护平台大幅降低了存证成本和维权门槛，有效提升了维权效率，打造了科技化版权治理新模式。①

四、我国数字出版产业发展现状

从产业收入规模看，2016—2021年间，我国数字出版产业整体收入规模从2016年的5720.85亿元增长至2021年的12762.64亿元，增长率达123.1%（见图2-3）。

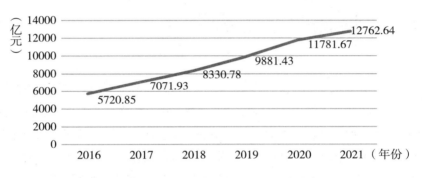

图2-3　2016—2021年数字出版产业整体收入变化

2021年，我国数字出版产业全年收入达12762.64亿元，较上一年增长8.33%。其中，互联网期刊收入28.47亿元，电子书收入66亿元，数字报纸（不含手机报）收入6.7亿元，博客类应用收入151.56亿元，网络动漫收入293.4亿元，移动出版（仅包括移动阅读）收入415.7亿元，网络游戏收入2965.13亿元，在线教育收入2610亿元，互联网广告收入5435亿元，数字音乐收入790.68亿元。②

根据近几年数字出版不同细分领域的发展状况，以互联网广告、移动出版③与在线教育为代表的新兴业态发展迅猛，相关收入占据数字出版产业主要份额，且保持较快增长势头。与此同时，传统书报刊的数字化仍面临较大挑战，其2021年总收入为101.17亿元，较上一年增长7.59%，但在数字出版产业总体规模中的占比进一步下降（见图2-4）。

---

① 中国版权链. 关于我们［EB/OL］.［2022-09-11］. https://www.zbl.org.cn/officialAbout.

② 2021年我国数字出版产业整体规模达到12762.64亿元［EB/OL］.（2023-02-19）［2023-03-01］. https://www.sohu.ccm/a/642819096_362042.

③ 编者注：2021年移动出版收入较往年出现较大幅度下滑是统计口径变化造成的。在2021年我国数字出版产业收入统计中，移动出版的数据统计仅包括移动阅读，而往年则包含移动阅读、移动游戏等。

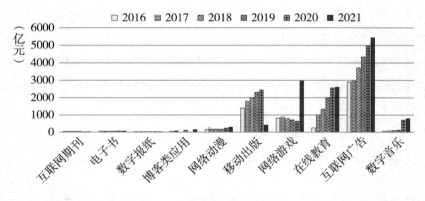

图2-4 2016—2021年数字出版产业各类收入

第二节 数字出版产业细分

目前对数字出版产业进一步分类的方法主要有三种：一是以产品形态进行划分，分为电子书出版、数字期刊出版、数字报纸出版、网络游戏出版、数字动漫出版、数字音乐、网络广告等细分产业；二是以目标市场划分，分为数字大众出版、数字教育出版、数字学术出版；三是以载体形式划分，分为电子阅读器、网络出版、手机出版（移动出版）。

本节根据产业经济学的相关理论，从两个层面对数字出版产业进行划分。首先，依据细分市场差异，数字出版产业可以划分为数字阅读产业、在线教育产业、网络游戏产业；其次，根据不同的商品特性进一步划分，如数字阅读产业可以划分为电子书产业、数字报纸产业、数字期刊产业、有声读物产业和网络文学产业等。

一、数字阅读产业

（一）数字阅读产业概述

数字阅读，是指阅读的数字化，即使用数字设备阅读以语言符号为主的数字文本内容。该定义可以从三个方面来理解：一是数字阅读依旧强调阅读的本质。"阅读是一种从印的或写的语言符号中取得意义的心理过程。阅读也是一种基本的智力技能，这种技能是取得学业成功的先决条件，它是由一系列的过程和行为构成的总和。"[①]数字阅读是从数字化的语言符号中取得意义。二是数字文本内容，指呈现为数字方式的以语言符号为主的文本。有些使用者试图把视频、照片等也纳入数字阅读的范畴，这是不妥当的，会把"阅读"的内涵无限扩大了。三是数字设备，包

---

① 中国大百科全书总编辑委员会《教育》编辑委员会. 中国大百科全书（第一版）教育卷［M］. 北京：中国大百科全书出版社，1993.

括但不限于目前已出现的数字设备。[①]

目前，数字阅读产业既包括传统的数字书报刊业态，也包括新兴业态如有声读物、网络文学等。

《2021年度中国数字阅读报告》显示，2021年中国数字阅读产业总体规模达415.7亿元，同比增长18.23%；截至2021年年底上架作品约3446.86万部，较2020年的3103.6万部增长11.06%，其中网络文学作品约3204.62万部，远超其他作品形式。用户规模层面，2021年数字阅读用户规模达5.06亿，同比增长2.43%；人均电子阅读量为11.58本。[②]

（二）数字书报刊产业

回顾数字书报刊产业2016—2020年的产业收入情况，电子书产业、数字期刊产业保持稳定的增长态势，且占据较大份额；数字报纸产业的收入持续下滑，2020年收入仅7.5亿元（见表2-1）。

表2-1　2016—2020年数字书报刊产业收入（单位：亿元）

分类	年度				
	2016	2017	2018	2019	2020
电子书	52	54	56	58	62
数字报纸（不含手机报）	9	8.6	8.3	8	7.5
数字期刊	17.5	20.1	21.38	23.08	24.53
数字书报刊产业总收入	78.5	82.7	85.68	89.08	94.03

1. 数字报纸产业

数字报纸产业是以数字报纸为基础，用数字技术改造和装备传统报业，实现传统报业体制、流程与形态的再造。

（1）数字报纸产业的发展历程

数字报纸一度是传统报业集团转型融合发展的战略选择，然而在日新月异的媒介生态环境下，我国数字报纸的总体效益却并不理想，未能成为报业转型的突破口。总体而言，我国数字报纸的发展经历了电子版、新闻网站、多媒体和智能媒体四个阶段。

美国是全球最主要的报业市场，也是最早开启报纸数字化进程的国家。据统计，美国于20世纪80年代初即推出传统报纸的电子版，但起步阶段数量极少。在我国，《杭州日报》作为报纸数字化的先行者，率先采用电脑和通信载体发行报纸内容，拉开了中国报纸电子化的序幕。而后《中国日报》《人民日报》也纷纷发布了电子版，引领并带动了其他纸媒的变革。第一阶段的数

① 姜洪伟. 数字阅读概念辨析及其类型特征［J］. 图书馆理论与实践，2013（9）：9-11.
② 中国音像与数字出版协会. 2021年度中国数字阅读报告［R/OL］.（2022-06-08）［2022-06-22］. http://www.cadpa.org.cn/3277/202206/41513.html.

字报纸普遍停留在传统报纸的电子化，内容层面与纸质报纸基本一致。

在国家宏观政策的指引和扶持下，第二阶段数字报纸迎来新闻网站的崛起，与第一阶段相比，其内容更加丰富且即时。同时，随着报业集团化进程的推进，纸媒之间走向联盟重组，表现在数字平台建设上，即区域性综合新闻网站的创办。至此，小到名称、版式、内容的改变，大到平台的整合，都标志着数字报纸的经营管理实现了升级。[①]

第三阶段数字报纸的特征主要表现在三个方面：报纸全真版、手机报和全媒体融合。报纸全真版即借助新兴数字技术将传统报纸一比一复制为数字版本，虽然这种创新策略尊重了读者的传统阅读习惯，但是忽略了不同媒介所承载的内容类型和版式有所差异。继传统报纸网络版和新闻网站之后，手机报是传统报业又一次新的重要尝试，其主要依靠用户付费和广告投放两种模式实现盈利，普及率一度达到了39.6%。[②]如果说报纸全真版和手机报只是载体的改造升级，那么全媒体融合的探索则是整体模式和运营流程的革命性创新。通过多种媒体形态的组合，数字报业构建了完整的全媒体传播矩阵。

第四阶段，从报业主体来看，地方媒体中的报业被纳入县级融媒体的建设中，成为新型融媒体矩阵的一部分。这改变了传统媒体各自为营的固有思维，极大地提高了内容生产力，从而使数字报纸的内容资源也得以丰富和拓展。[③]与此同时，在新兴技术的赋能下，一方面，数字报纸开始向智媒转型，借助算法挖掘新闻热点、采集新闻素材，并且自动生成、发布并推送资讯。同时，报业集团依托自身海量的内容资源，纷纷组建传媒智库，利用行业优势为政府相关部门提供专业服务。另一方面，数字报纸也在探索新的产品形态，比如《江西日报》推出的首张AR直播报纸，将AR与直播进行融合，打造出在虚拟空间把报纸变成屏幕的奇特效果。[④]

（2）数字报纸产业的发展现状

近年来，数字报纸产业收入相对较低且持续下滑，从2016年的9亿元下降至2020年的7.5亿元（见表2-1）。不少报社及新闻出版机构加速数字化转型，在"两微一抖"搭建起具有影响力的新媒体平台。与此同时，在互联网信息爆炸时代，特别是在今日头条等信息分发平台涌现的背景下，受众更易被基于个性化标签的算法推荐的新闻信息平台所吸引，导致原有分配在报纸媒体的广告投入日趋降低，使得报业发展面临巨大挑战。未来，数字报纸出版机构需要尝试突破现有的盈利模式，探索新的内容生产、传播形式和本地服务模式，从而塑造自身价值定位，创新盈利来源。

2. 电子书产业

电子书是指将文字、图片、声音、影像等信息内容数字化的出版物。电子书产业包括内容提

① 迟强. 数字报纸付费墙研究 [D]. 武汉：武汉大学，2015.

② 中国互联网络信息中心. CNNIC发布手机上网行为和手机媒体研究报告 [EB/OL]. （2009-02-18）[2022-09-14]. https://www.cas.cn/xw/yxdt/200902/t20090218_2046127.shtml.

③ 国家新闻出版署出版专业资格考试办公室. 数字出版基础：2015年版 [M]. 北京：电子工业出版社，2015.

④ 雷萌. 《江西日报》推出全国首张AR直播报纸 [N/OL]. 中国新闻出版广电报，2019-10-21 [2022-09-14]. http://data.chinaxwcb.com/epaper2019/epaper/d7098/d2b/201910/101783.html.

供商、技术提供商、设备制造商和渠道运营商等产业环节，是出版业与数字技术相融合的产物。

（1）电子书产业的发展历程

电子书产业的发展主要经历了三个阶段。在电子书发展的早期，用户主要通过登录授权的方式远程登录电子书存储服务器，无须任何阅读软件支持和支付费用，也无须关注版权保护问题，只需获得授权即可在线浏览或者下载使用服务器中存放的电子书。这一阶段主要通过将纸质图书进行扫描或手工录入等处理后，以纯文本格式发布于服务器中。目前，这一形式的电子书出版活动已基本被淘汰。

第二阶段为电子书阅读软件发展阶段。从20世纪80年代到21世纪初，由于互联网的普及和发展，兰登书屋、西蒙·舒斯特等知名出版商加入电子书出版行列，电子书出版进入电子书阅读软件发展阶段。不同出版商分别使用各自的格式标准制作电子书，用户需要安装相应的阅读软件才能下载并阅读电子书。这一时期，尽管电子书仍以纸本图书的数字化为主，但纯电子版的图书已经出现，纸本图书的数字化与纯电子版图书并存。

第三阶段为电子书阅读器发展阶段。电子书阅读器的出现改写了电子书发展的历史，创造了"内容+终端"的电子书出版发展模式，极大地助推了电子书的迅猛发展。通过阅读器与互联网连接，用户可以随时下载、阅读网络上的电子书，大大提高了电子书的销量，电子书出版也迎来了前所未有的兴盛期。随着Kindle和iPad等的问世，电子书进入多媒体出版的新时代。

目前，智能手机的普及和移动互联网的不断发展，促使依托应用程序APP的电子书集成平台不断壮大，逐渐成为电子书的主要载体。

（2）电子书产业的发展现状

从2016年至2020年，电子书产业收入从52亿元增长至62亿元（见表2-1）。电子书产业链呈现出以数字阅读平台为主导发展的态势，传统图书出版社及出版机构的角色转变为内容提供商，同时涌现出一批电子书技术提供商，如阅文集团等，电子书的发行与分销由数字阅读平台所掌握。电子书的富媒体形式也越发多样，超链接是较为常用的一种非线性阅读手段。电子书的盈利模式包括付费阅读、免费阅读和广告收入等。

目前，我国电子书的品类仍不够全面，教材教辅类图书的数字化不充分，无法满足教师与学生日益增长的电子书需求。同时，电子书阅读平台与以出版社为代表的内容提供商的利益分配不均，需要双方就自身掌握的资源优势进行谈判议价。

未来，5G商用将加速数字阅读内容供给在云服务、物联网、人工智能（AI）、AR、VR等方面的智能化进程，数字阅读行业也将以讲好中国故事为着力点，创新推进国际传播，加强对外文化交流和多层次文明对话，推动传统文化走出去。[①]

3. 数字期刊产业

数字期刊是传统纸质期刊内容、编辑理念与数字网络技术融汇而成的新兴媒体，并逐渐形成

① 黄琳.《2020年度中国数字阅读报告》发布［EB/OL］.（2021-04-22）［2022-06-23］. https://www.nppa.gov.cn/nppa/contents/280/75940.shtml.

面向学术领域和大众领域的数字期刊产业。

（1）数字期刊产业的发展历程

数字期刊自20世纪70年代诞生以来，在短短几十年间取得了巨大的成就。尤其是20世纪90年代中期以后，互联网的普及和数字出版技术的进步，大大推动了数字期刊的发展。数字期刊的发展主要经历了以下三个阶段：

第一阶段，联机数字期刊。早在20世纪六七十年代，国外就开始利用电子技术手段开展连续出版物的编辑出版活动。作为早期的数字期刊形式，联机数字期刊主要强调编辑、评审的电子化方式和检索的联机型终端特性。20世纪80年代初，《化学文摘》《科学文摘》等著名的传统文摘索引期刊开始出版发行磁带版本，并通过OCLC、DIALOG等大型联机系统供世界各地的终端用户检索使用。

第二阶段，单机型数字期刊。到20世纪80年代中后期，随着磁盘、光盘等高密度存储介质的普及，数字期刊步入以光盘等存储介质为基础的单机型数字期刊发展阶段。这一时期，数字期刊虽仍强调其电子化出版手段，但主要是将信息内容存储在磁盘、光盘等介质上并直接提供给用户在单机上使用。清华大学出版社于1995年年底出版的《中国学术期刊（光盘版）》（CAJ-CD）是我国第一部以电子期刊方式连续出版的大型集成化学术期刊全文数据库，该产品包括现刊光盘和过刊光盘，前者容纳了当月各期刊全文，保证了信息传播的及时性，后者则实现了全文可追溯查询与阅读。

第三阶段，网络型数字期刊。20世纪90年代，随着互联网的兴起，数字期刊开始进入网络出版阶段。网络型数字期刊以数字化方式在互联网上出版传播，可分为一般网络期刊和纯网络期刊。一般网络期刊是指与印刷型期刊同时出版并提供网络版本和相应服务的数字化期刊，目前国内大部分网络期刊都属于这一类型。1998年创立的龙源期刊网是国内知名的大众期刊数字发行平台，涵盖综合性人文大众类期刊4200多种，优质版权文章2500多万篇。纯网络期刊的投稿、审稿、编辑、出版、发行、消费和阅读等环节都是在网络环境下进行的。部分纯网络期刊（或称电子杂志）充分利用多媒体技术和网络传播优势，在内容形式上突出其多媒体特性，在内容选择上重视作者创造与用户个性化需求，在出版流程上强调其数字化出版理念，在阅读方式上提供多元化的数字阅读和互动方式。2004年初，国内最早的电子杂志平台开发商ZCOM正式成立，之后国内电子杂志行业进入巅峰时期，然而到2010年前后，随着社交媒体、视频媒体的兴起，电子杂志市场受到挤压并逐渐衰落。而以开放获取为代表的纯网络期刊则在开放科学的浪潮下保持快速增长的态势。[①]

（2）数字期刊产业的发展现状

目前，数字期刊出版主要表现为网络版数字期刊和期刊在线数据库两大门类，以光盘、磁盘等形式出版的数字期刊越来越少。与网络版数字期刊不同，大多数期刊在线数据库现已逐渐发展

---

① 国家新闻出版署出版专业资格考试办公室. 数字出版基础：2015年版 [M]. 北京：电子工业出版社，2015.

为期刊数字出版平台，凭借平台的集成性为消费者提供海量的期刊内容和个性化服务。

在国内，期刊产业中大众化的期刊出版机构的数字化发展路径与传统报纸出版机构相似，它们以内容提供商的角色参与互联网的信息生产。而在学术期刊出版领域，期刊在线数据库是学术期刊数字化发展的重要成果之一。以中国知网为代表的期刊在线数据库占据了国内期刊数据库市场的绝大部分市场份额。随着我国科技期刊"走出去"的推进，中国英文期刊（China English Journal，简称CEJ）与国际知名出版商合作，借助数字出版的形式，逐渐提高中国科技成果的国际影响力。

在国外，开放科学（Open Science）及开放获取（Open Access）是目前学术期刊数字出版产业的重要发展趋势。国际知名学术出版商施普林格出版集团、励德·爱思唯尔（Reed Elsevier）、泰勒和弗朗西斯集团（Taylor and Francis Group）等先后创办了很多开放获取期刊（Open Access Journal，简称OAJ）。一些专注于开放获取出版的新兴出版商也开始涌现，如多学科数字出版机构MDPI、Frontiers。开放获取出版模式的背后是盈利模式的转变，从以期刊订阅收入为主的盈利模式扩展为以文章处理费用为主的盈利模式。回溯学术期刊的数字化发展历程，我们可以发现学术期刊的服务功能越发凸显，参与的服务主体日益多样，服务内容也越来越多元化。

在未来，随着人工智能技术在数字期刊领域的深化与发展，基于数字期刊的知识生产和消费将呈现出更加丰富的形式，以更开放的姿态向社会大众提供最新、最相关的研究成果，并推动研究成果向社会转化。

（三）新兴数字阅读产业

新兴数字阅读的兴起是终端阅读设备一体化发展、数字出版技术进步、用户需求扩展等多种因素共同作用的结果。而随着这些因素的不断更迭，数字阅读的新形势也不断涌现，近年来，有声书、网络文学等新兴数字阅读业态不断发展，趋于成熟。

1. 有声书产业

有声书是一种以文字诵读为核心的出版物。随着互联网技术的发展和人们生活节奏的加快，阅读方式发生了巨大转变，逐渐从"用眼阅读"转向"用耳阅读"，有声书产业由此得到较快发展。

（1）有声书产业的发展历程

有声书的起源最早可追溯到20世纪30年代，第一批有声读物是由美国盲人联合会为满足"二战"伤残士兵和视障人群的阅读和教育需求而出版的。随着美国公共图书馆服务系统的完善、升级，有声书开始走向大众。[①]但由于制作成本高昂和收听设备稀缺，直到20世纪70年代录音卡带的出现，有声书的收听不再依赖于图书馆的固定设备，使得时间和金钱成本都有所降低，有声书才得到真正意义上的普及推广。随后，得益于伴随性和传媒时空体积小的优势，有声书嵌入汽车

---

① 张远帆. 从欧美的发展历程看中国有声书市场的可能性 [J]. 出版广角，2016（20）：23-25.

潮流文化中，实现了共生和谐发展。但无论CD、录音卡带多么轻便，固体介质始终束缚着有声书在不同场景中的使用。21世纪初，伴随着苹果公司推出移动播放器iPod和在线商城iTunes，有声书迎来历史性变革——云端存储和移动收听成为现实。2008年，图书电商亚马逊不甘丢掉有声书这块"大蛋糕"，在成功收购Audible公司后，经过十余年的发展，使其成为今天有声书市场的龙头企业。

在我国，听书有着悠久的历史，传统的评书、弹词，20世纪80年代初期的评书《岳飞传》、广播剧《人生》等都是中国早期的有声书。按照载体划分，我国有声书的发展历程大致可以分为以下三个阶段：

第一阶段是20世纪90年代中期至2002年，以磁带、光盘为主要介质。早在20世纪80年代，上海就有出版单位出版了儿童早教类音像制品，但都是随书附赠产品，并不是独立发行的有声读物。20世纪90年代中期，国内市场开始出现了独立发行的、根据文学名著改编的磁带等有声读物。

第二阶段是2003年至2012年，有声读物网站出现。2003年，国内首家听书网站——听书网开通运行，此后中国有声读物开始进入听书网站主导市场的起飞阶段。

第三阶段是2013年至今，移动互联网听书盛行。随着移动应用程序开发技术的日臻完善，听书类APP开始大量出现。我国有声书出版在经历了实体音像出版、有声读物网站传播两个阶段的发展后，随着移动互联网的普及和移动网络速度的提升，已经进入基于智能移动终端的有声书应用平台的数字出版新阶段。[①]

（2）有声书产业的发展现状

中国新闻出版研究院第十八次全国国民阅读调查显示，2020年，我国国民的听书习惯进一步养成，有31.6%的成年国民形成了听书习惯，较上一年提高了1.3%；有6.7%的国民会将听书作为阅读方式的优先选择。《2021年度中国数字阅读报告》显示，2021年人均有声书阅读量7.08本，较去年增长12.3%，有声读物在全民阅读工作中发挥更大作用。

长音频领域逐渐成为行业竞争的新热点。2020年中国长音频市场规模达272.4亿元，增速达54.9%。

有声读物在精品化、智能化、场景化方面取得显著突破。各类有声读物机构对品控的重视程度进一步提升，推动有声阅读步入高质量发展阶段。出版机构和传媒机构普遍将有声阅读融入自身数字化转型进程中，图书出版与有声读物同步策划、制作、分发成为常态。家居生态、车载生态的形成促进智能音箱等智能终端的发展，场景定制有声阅读墙成为内容服务的新形态，各类阅读场景构筑出知识文化新生态。[②]

① 图书馆报. 云图有声：十年，从无人相识到风头正劲 [EB/OL]. （2021-02-04）[2022-07-17]. https://mp.weixin.qq.com/s/qL7iB_oZqoDAv0uRLXdmcg.

② 中国出版传媒商报. 《中国数字出版产业年度报告》最新发布 [EB/OL]. （2021-10-27）[2022-07-17]. https://mp.weixin.qq.com/s/s0PuDV6eR-YI7OE0S6SULA.

随着有声书产业的不断发展，产品质量与版权保护成为制约我国有声书产业发展的瓶颈。

第一，产品质量是有声书产业发展的关键。有声书参与创作群体众多，选题内容和质量参差不齐，加之平台运营方的流量化运营策略，导致对有声书产品质量把关不严，出现"劣币逐良币"的状况。第二，版权保护是有声书产业发展的根本保障。当前，由于版权链条较长，相关保护制度不完善，有声书制作方面临较高的盗版风险和维权门槛；有声书平台同样受到版权问题的负面影响。根据中国裁判文书网数据，在国内部分头部有声书平台的相关法律诉讼中，涉及版权纠纷的案件比例高达90%。[①]上述现象说明，保持创新发展与版权保护之间的平衡，是未来有声书产业发展的关键。

2. 网络文学

网络文学是以网络为载体而发表的文学作品。进入21世纪，网络文学逐渐成为文学体系中的新生事物而不断发展、成熟，并形成庞大的产业。

（1）网络文学的发展历程

网络文学从小众文学爱好者的聚集地逐渐发展壮大，其影视版权运营不断丰富，海外市场进一步扩大。网络文学的发展历程可分为以下三个阶段：

第一阶段是萌芽期。1987年，迈克尔·乔伊斯（Michael Joyce）发布其超文本小说《下午，一个故事》，成为超文本小说经典之作。该小说设计了951个超链接，把整部作品分成了539个文本板块，作者可以根据自己的想法选择不同的链接，从而形成不同的故事结构和内容，读者也拥有了多样的阅读体验。

在欧美网络文学产生的同时，汉语网络文学也初现端倪。汉语网络文学兴起于海外华人留学生群体。1989年，全球第一本中文电子刊物《华夏文摘》在美国创刊。而留美网络作家少君于1991年在网上发表的名为《奋斗与平等》的小说，成为目前有迹可循的最早的中文网络小说。1998年，网络上出现了中国台湾作家蔡智恒（笔名"痞子蔡"）的第一部中文网络小说《第一次的亲密接触》，一时间在大陆引起极大轰动，在汉语网络文学发展初期具有标志性意义。

第二阶段是免费文学网站时期。20世纪90年代中后期，一些商业门户网站为吸引网民，开始向个人或各类组织提供大量的免费空间。在这一背景下，国内的网络文学站点得以迅速崛起。1997年，国内最早的文学类网站——榕树下成立，其主要发表原创网络作品，并设置专业的编辑对作品进行审查。榕树下网站一度拥有了数量庞大的作者群和读者群。1998年，一大批文学网站相继问世，如文学城、黄金书屋、书路等，网络浏览量和活跃度达到较大规模。

第三阶段是商业化运作时期。进入20世纪90年代末，商业资本的介入改变了网络文学网站的发展轨迹，商业文学网站开始兴起，网络文学出版具备了完备的产业属性，并呈现多层次的发展格局。1999年，多来米中文网收购了16家个人网站，正式揭开了商业资本介入我国文学网站兼并、重组的序幕。2004年10月，盛大宣布收购全国领先的网络文学网站——起点中文网。2015年

① 我国有声书市场快速发展 产品质量参差不齐 版权问题凸显 行业该如何破局？［EB/OL］.（2022-02-28）
［2022-07-17］. https://www.chinabaogao.com/free/202202/576723.html.

1月，腾讯文学与盛大文学合并成立阅文集团。2017年11月8日，作为网络文学领域的领先企业，阅文集团在香港交易所挂牌上市。网络文学逐步走上了产业化发展的道路。①

（2）网络文学的发展现状

根据中国互联网络信息中心《第47次中国互联网络发展状况统计报告》，截至2021年12月月底，我国网络文学用户总规模达到5.02亿，较去年同期增加4145万，占网民总数的48.6%，读者数量达到了历史最高水平。②

目前，我国网络文学的发展呈现出五大特点：一是网络文学实现题材转向，与现实、科幻主题相关的内容崛起；二是网络文学推动全民阅读，"Z世代"引领新气象，用户付费意愿增强，互动频率增加；三是保护、激活创作生态成为网络文学行业的重点，内容是网络文学发展的源头活水，维护良好的创作生态是关键；四是对网络文学IP进行全链路开发，更加重视多元化IP改编，推动全版权运营；五是"网文出海"纵深发力，中国故事"圈粉"全球，为中华文化走出去提供新的机遇。③

网络文学的版权问题始终是学界、业界关注的问题。近年来，移动支付和数字内容的发展推动了在线阅读的普及，多种因素在驱动网络文学增长的同时，也给盗版带来可乘之机。2020年，中国网络文学盗版损失规模上升至60.28亿元，同比2019年上升6.9%。有分析认为，新技术滥用、传播途径杂多和盗版在全产业链实现覆盖是本阶段盗版规模上升的主要原因。④网络文学作品非法传播和侵权、内容抄袭、跨媒介改编之后的版权问题以及版权授权混乱等侵害了作者和相关平台的合法权益。⑤

网络文学的版权保护须从法律规范、技术支持和版权意识等多方面入手，搭建一个良好的版权生态：在法律规范方面，既需要建立完备的法律体系，为网络文学领域的版权确认和再利用提供法律依据，也需要在具体的司法实践过程中，针对网络文学的版权纠纷的个案提供恰当的法律裁决；在技术层面，运用大数据、区块链等新兴技术认证版权、预警并追踪盗版行为等侵害版权行为，2003年，中国版权保护中心推出数字版权唯一标识符（DCI），DCI体系以DCI标识、验证、特征提取、监测取证和区块链等先进技术为核心支撑，提供数字作品版权登记、版权费结算认证、监测取证快速维权全流程服务；在提升全民数字版权意识方面，运用多种媒介形式提升公民的相关法律意识，让公民尊重创作者的智力劳动成果。

---

① 参见：张晓蒙. 网络文学出版研究 [D]. 武汉：武汉大学，2015.

② 中国互联网络信息中心. 第47次中国互联网络发展状况统计报告 [R/OL]. （2021-02-03）[2022-06-22]. http://www.cac.gov.cn/2021-02/03/c_1613923423079314.htm.

③ 中国社会科学院文学所"网络文学发展研究报告"课题组. 2021中国网络文学发展研究报告 [R/OL]. （2022-04-07）[2022-06-22]. http://www.cssn.cn/wx/xslh/202212/t20221231_5576959.shtml.

④ 易观分析. 中国网络文学版权保护白皮书2021 [R/OL]. （2021-04-25）[2022-07-17]. https://www.analysys.cn/article/detail/20020094.

⑤ 陈维超. IP热背景下网络文学作品的版权问题及优化策略 [J]. 广西社会科学，2019（7）：167-172.

二、在线教育产业

与传统的教育模式相比，在线教育打破了时空的限制，增强了教学的灵活性；降低了教育门槛，促进了教育公平；提供个性化教育服务，提高了教学的互动性与学习者的积极性。

（一）在线教育的发展历程

随着媒介技术与信息技术的更迭进步，在线教育的发展大致经历了以下四个阶段：

第一阶段是在线教育起步阶段。20世纪80年代，人们开始运用计算机制作教学课件和教学软件，这成为传统教材和教辅材料以外的辅助学习资源。2001年，美国麻省理工学院推出"开放课件"计划，"开放课件"时代由此诞生。相应地，我国也于2003年启动国家精品课程建设项目，以课程视频录制为主要呈现形式。此阶段仍为教师单向输出内容，缺乏师生双向互动。

第二阶段是网络教育阶段。进入21世纪，随着互联网的普及，越来越多的学校和培训机构开始尝试利用互联网开展教学，课程资源建设成为在线教育关注的核心，一些高校开发了功能全面的学习管理系统，新东方、好未来等公司也建立了针对特定学生群体的网校。这一阶段学习管理系统的开发为师生互动提供了可能。

第三阶段是大规模在线开放学习阶段。2012年，慕课（MOOC）的出现可谓是在线教育发展史上的里程碑，它是一种大规模在线开放课程形式，以斯坦福大学、哈佛大学、麻省理工学院等为代表的美国顶尖大学陆续设立网络学习平台，在网上提供免费课程。同时，Coursera、Udacity、edX三大课程提供商的兴起，给更多学生提供了系统学习的可能。2018年至2019年，我国教育部共推出1291门国家精品慕课，极大地推动了教育公平。同时，猿题库、拓词、传课网等一些互联网教育公司也陆续涌现。

第四阶段是智慧课堂阶段。近几年，美国部分高校开始推行小规模定制在线课程（Spoc）模式，这一模式规模更小，在校生可以通过授权进入校内系统进行学习，充分发挥并有效融合线上与线下教学优势，学生既有随时随地学习的自由，又能体验零距离沟通的真实。2020年，在线教育兴起，各个中小学和高校开始启动线上线下教学，有效利用线上教学资源，混合式教学模式成为大势所趋。与此同时，在资本的驱动下，在线教育一度出现疯狂扩张，并带来市场秩序的混乱。随着"双减"政策的落地，在线教育的"资本狂欢"得以降温，整个产业也迎来深度转型调整期。①

（二）在线教育的发展现状

2020年，我国在线教育行业市场规模达2573亿元，在线教育用户规模达3.42亿，占网民整体的34.6%。其中低幼及素质教育赛道、K12学科培训赛道在线化进程加快是在线教育市场快速增长的最主要因素。同时，在线教育产业的头部效应逐渐明显，行业集中度显著高于线下市场，低幼及素质教育领域的在线化范围持续纵深化，职业教育领域的在线化进程也在不断加速，新的供

---

① 董歆刚. 从在线课程到智慧课堂：在线教育发展历程与内涵研究 [J]. 湖北开放职业学院学报，2021，34（16）：160-162.

给和需求不断产生。①

近年来，在线教育行业的相关产品包括数字教材、网络课程、网络学习平台及其相关服务等。目前，在线教育产业的主体主要有传统教育出版单位和互联网教育培训企业，为广大用户提供包括数字教材、网络课程在内的多元在线教育产品。同时，国家大力建设学校网络基础，支持教育信息化发展，促进教育公平，支撑教育现代化。

2021年，中共中央办公厅、国务院办公厅印发《关于进一步减轻义务教育阶段学生作业负担和校外培训负担的意见》（简称"双减"政策）；教育部印发《中国高考评价体系》《关于加强义务教育学校作业管理的通知》。上述政策文件对现有的教育体系变革提出了新的要求，对在线教育市场结构进行了再分配。未来，在线教育出版要为教育数字化服务。在线教育出版需要围绕教育的信息化进程开展，与政府、学校加强合作：一是搭建简单实用的网络建设平台，加强在线教育基础设施建设，推动课堂教学过程数字化；二是强调为素质教育服务，为中小学生提供丰富多样的数字教育资源，促进学生全面发展；三是对于高等教育，须探索网络化、开放式协调创新联盟机制，扩大服务范围和服务对象；四是将已掌握的教材资源结构化处理并重新整合为新形式，满足当下用户知识付费的新需求，同时与已有的作者队伍保持联系，共同持续生产更加符合当下语境的知识体系。

目前，技术的普及率和使用率是限制在线教育产业规模的主要障碍。并且，由于自建一套技术体系存在成本高、风险大、技术外包模式不可持续发展等原因，国内大多数教育出版单位难以整合技术资源，发展举步维艰。②

三、网络游戏产业

网络游戏作为新兴出版产业的代表，自诞生以来，就迅速壮大为数字出版产业中的支柱门类，具有科技含量高、用户参与程度高、盈利增长较快等特征。

（一）网络游戏的发展历程

网络游戏属于电子游戏的一种，从电子游戏发展而来。伴随着网络平台的发展，网络游戏得以迅速发展。一般认为，网络游戏的发展大致经历了初代网络游戏、进阶网络游戏、大型复杂网络游戏和新兴代网络游戏四个阶段。

第一阶段是初代网络游戏阶段（20世纪70年代中期前）。限于计算机软硬件的发展水平，初代网络游戏所依赖的平台和操作系统各不相同。这一时期的网络游戏存在不连续性和封闭系统特性，玩家无法对游戏内容进行及时保存，同时游戏无法实现跨系统运行。1969年，里克·布洛姆（Rick Blomme）以《太空大战》为蓝本，为PLATO系统编写了一款同名游戏，实现了双人远程

---

① 艾瑞咨询. 2020年中国在线教育行业研究报告 [R/OL]. （2021-01-18）[2022-06-22]. https://www.sohu.com/a/445265077_445326.
② 参见：张泽. 教育出版数字化转型升级路径探究 [J]. 中国编辑，2022（4）：57-61.

连线，是历史上第一款真正意义上的网络游戏。

第二阶段是进阶网络游戏阶段（20世纪70年代后期至90年代中期）。随着计算机软硬件的发展，网络游戏的形式与内容也逐步更新进化。这段时期的网络游戏有以下特征：第一，出现了游戏的"可持续性"概念，即玩家可以反复存储读取游戏进度而持续性地进行游戏。1978年，英国埃克塞斯大学的罗伊·特鲁布肖（Roy Trubshaw）基于DEC-10服务器开发出了世界上第一款MUD（Multiple User Dimension，多用户层面）游戏《多用户地下城1》（MUD1）。用户登录后可以通过数据库进行人机交互或者与其他玩家交流。它是第一款真正意义上的实时多人交互式网络游戏。同时，越来越多的网络游戏运营商开始按时间收取网络游戏费用，网络游戏产业初步形成。

20世纪80年代中期，我国游戏产业开始从台湾地区兴起，逐步出现了一些研发能力、发行渠道全面成长的游戏公司。金盘公司在1994年发行的一款游戏《神鹰突击队》，被视为第一款国产游戏。1995年，大宇资讯股份有限公司推出一款国产单机中文角色扮演电脑游戏《仙剑奇侠传》。1996年，前导软件公司发布国内第一套Windows平台游戏《官渡》，成为国内第一个大量出口海外的游戏软件。

第三阶段是大型复杂网络游戏阶段（20世纪90年代中期至2000年前后）。这段时期以大型网络游戏（Massively Multiplayer Online Game，简称MMOG）为代表产品。MMOG一般指网络游戏的服务器上可以提供大量玩家（1000人左右）同时在线的游戏。这一阶段的网络游戏不再依托于单一的服务商和服务平台存在，而是直接接入国际互联网，进而形成一个全球规模的市场。1996年，Archetype 公司开发的《子午线59》是第一款在一个虚拟游戏世界里将数量巨大的玩家和许多其他影响网络游戏的元素整合到一起的游戏。该游戏在价格模式、游戏聊天方式、装备切换界面、角色制定等方面开创了多个第一，对后期网络游戏的发展起到重要的推动作用。随后，一些单机游戏开发商也开始涉足网络游戏领域。如2004年，暴雪娱乐推出的网络游戏《魔兽世界》，就属于大型多人在线角色扮演游戏。

在国内，2000年是中国网络游戏大爆发的元年。同时，网络游戏市场所暴露的巨大商机也逐渐引起投资者的关注。由日本JSS公司开发，后转入华义公司的《石器时代》是我国早期网络游戏的代表，曾取得巨大的成功。2001年5月，主打休闲棋牌游戏的联众世界成长为全球最大的在线游戏平台。2001年年底，上海盛大游戏代理的韩国网络游戏《传奇》上线。2003年9月，网络游戏被列入"国家863计划"，国家投入500万元支持中国原创网络游戏的开发。至此，中国网络游戏逐步走上快速发展的轨道。

第四阶段是新兴代网络游戏阶段（21世纪初期至今）。在多人在线角色扮演游戏大行其道的同时，一种基于Web浏览器技术开发的网页游戏（Web Game）悄然兴起。这种新型的网页游戏无须用户下载或安装游戏客户端，在任何一台能够浏览网页的上网终端都可以进行联网游戏。美国社交网站脸书（Facebook）上流行的农场游戏就是网页游戏的典型代表。国内网页游戏始于2007年初，2009年起呈爆发式增长，品种规模不断扩大，用户量也与日俱增。近几年，网络游戏进一步转向移动平台，大部分游戏都提供移动版本。与此同时，国家推出一系列政策文件，加大了对网络游戏产业的规范管理。2021年，国家新闻出版署下发了《关于进一步严格管理切实防止未成年人沉迷网络游戏的通知》，要求严格限制向未成年人提供网络游戏服务的时间。[①]

（二）网络游戏的发展现状

2021年，我国游戏市场实际销售收入达2965.13亿元，游戏用户规模达6.66亿。其中，移动游戏依然占据国内游戏市场主流，总收入占比为76.06%。2021年，在我国移动游戏收入排名前100的产品以角色扮演类游戏、卡牌类游戏和策略类游戏为主，占市场份额将近一半，其中角色扮演类游戏占比25%，卡牌类游戏占比15%，策略类游戏占比9%。我国自主研发的游戏在海外市场实际销售收入达180.13亿美元，从近五年的平均增长幅度看，我国游戏出海份额呈现稳定上升的态势，出海游戏在用户下载量、使用时长和用户付费三个方面均保持较好的增长。[②]

目前，我国网络游戏发展呈现出八大发展趋势：一是未成年人保护和防沉迷工作是我国游戏行业可持续发展的重要前提，国家级实名认证平台的正式启用以及行业标准体系的日趋完善，将推动未成年人保护手段持续升级；二是各地方文化产业政策的扶持和引导，将加速国内游戏产业布局的调整变化，城市、地区与游戏产业的有机结合，将形成更多产业集聚发展新高地，促进中国游戏企业集聚化、差异化和特色化多维发展；三是伴随消费需求的不断变化，产品形态共生发展趋势明显，精品游戏"多端并举"渐成趋势，游戏自创IP的重要性凸显，着眼于高品质的长线开发和运营，将成为游戏企业必须深思熟虑的发展课题；四是目前我国游戏产业竞争加剧，市场的"马太效应"愈发明显，随着市场竞争日趋白热化、流量成本不断提高，头部企业同中小企业之间的发展差距不断增大，行业亟须建立良性竞争生态、提升全产业链价值；五是游戏出海已成为多数游戏企业的战略选择，伴随我国游戏产业国际竞争力的提升和出海规模的增长，中华文化、中国元素的国际影响力也将随之提升和扩展；六是电子竞技发展势头不减，已成为引人瞩目的经济、社会、文化现象，电竞产业社会影响扩展，形成较为系统的生态闭环，并将通过创新赛事运营等方式，继续提升其核心竞争力；七是科学技术升级加速游戏业态变革，产业发展又助益着科技创新，使游戏成为虚拟现实、人工智能等新技术应用的实验场，与此同时，"游戏+"形成的多元融合，延伸了游戏的社会功能，为其多元赋能提供了更为宽广的实践平台；八是各游戏企业更加注重内部思想文化建设和社会形象塑造，普遍加大"三史"学习教育力度，积极投身社会公益活动，遵规自律意识和履行社会责任意愿也在持续提升。

未来，我国网络游戏产业应利用资本资源，持续发展自主创新能力，让娱乐性与艺术性更好地结合，完善产业链前端与后端的协调发展。[③]

① 国家新闻出版署出版专业资格考试办公室. 数字出版基础: 2015年版 [M]. 北京: 电子工业出版社，2015.

② 国家新闻出版署.《2021中国游戏产业报告》发布 [EB/OL].（2021-12-17）[2022-07-17]. https://www.nppa. gov.cn/nppa/contents/280/102451.shtml.

③ 《2021年中国游戏产业报告》项目组. 2021年中国游戏产业报告 [R/OL].（2022-08-19）[2022-09-01]. https:// www.cgigc.com.cn/details.html?id=08da81c5-2a72-479d-8d26-30520876480f&tp=report.

▌第三节　数字出版产业管理

　　产业管理，也称为行业管理，是为实现产业发展和国家宏观调控目标，设计并保持良好的环境，对产业进行规划、组织、协调、沟通和控制的一种管理过程。数字出版产业管理既是主管部门依法履职的具体表现，也是促进数字出版健康发展的迫切需要。本节主要介绍数字出版产业管理的政策法规与数字出版产业治理的最新进展。

一、数字出版政策法规

　　数字出版是伴随技术进步出现的一种新型出版业态，其产业链不断完善，从业主体日趋多元化，既有传统书报刊和音像电子出版单位，也有数字化内容提供商、平台提供商、技术供应商、终端制造商等。因此，国家对数字出版管理的法规与政策文件，并不仅限于对传统出版单位的管理，也包括对各类从事与数字出版相关业务的文化科技企业的管理。

　　国家对数字出版管理的法规与政策文件，以国务院和国家出版主管部门制定出台为主，与其他部门制定并发布的规章和政策文件一起，构成了数字出版管理的法规体系。

（一）数字出版管理的法律依据

　　法律文件是数字出版管理的基础和准绳。数字出版管理的法律依据首先是《中华人民共和国宪法》，其次是相关法律，如《中华人民共和国民法典》《中华人民共和国著作权法》《中华人民共和国广告法》《中华人民共和国网络安全法》《中华人民共和国未成年人保护法》《全国人民代表大会常务委员会关于维护互联网安全的决定》等。

　　2020年11月11日，《全国人民代表大会常务委员会关于修改〈中华人民共和国著作权法〉的决定》在全国人民代表大会常务委员会第二十三次会议通过，自2021年6月1日起施行。新修订的《中华人民共和国著作权法》（简称《著作权法》）在作品定义、领域与类型、权利内容、权利归属、权利保护等方面做出了修改，相关内容对数字出版产业发展具有重要影响。如在作品类型部分，《著作权法》将原先的第三条第（九）项的"法律、行政法规规定的其他作品"修改为"符合作品特征的其他智力成果"。将作品类型法定模式修改为作品类型开放模式，有助于对新型作品类型的保护，但同时也加大了法官的自由裁量权，给司法实践增加了更多的不确定性。在权利保护部分，增加了惩罚性赔偿的规定，即对故意侵犯著作权或者与著作权有关的权利，情节严重的，可以给予一倍以上五倍以下的赔偿；修改了法定赔偿条款，即在权利人的实际损失、侵权人的违法所得、权利使用费难以计算的情形下，将原先的"50万元以下赔偿"修改为"500元以上500万元以下赔偿"，设置了最低赔偿额，对数字版权保护具有积极的实践意义。

（二）数字出版管理的行政法规和部门规章

行政法规和部门规章是数字出版管理的具体抓手。涉及数字出版管理的行政法规主要包括2020年修订发布的《出版管理条例》和《音像制品管理条例》、2013年修订发布的《信息网络传播权保护条例》和2011年修订发布的《互联网信息服务管理办法》等。部门规章主要是由原国家新闻出版广电总局、工业和信息化部在2016年颁布的《网络出版服务管理规定》，这也是目前专门针对数字出版管理的部门规章。

（三）数字出版管理的政策文件

考虑到数字出版产业发展日新月异，相关部门根据形势要求，会及时发布政策文件，促进行业发展和规范行业机构行为。目前，涉及数字出版管理的政策文件主要有《关于加强和改进出版工作的意见》《加快我国数字出版发展的若干意见》《关于发展电子书产业的意见》《关于推动网络文学健康发展的指导意见》《关于推动新闻出版业数字化转型升级的指导意见》《关于推动传统出版与新兴出版融合发展的指导意见》《关于促进文化和科技深度融合的指导意见》。

2022年4月，中国共产党中央委员会宣传部首次就出版融合发展领域印发《关于推动出版深度融合发展的实施意见》，从六个方面提出20项主要措施，对新时代深入推进出版深度融合发展做出全面安排。值得注意的是，文件围绕数字出版基地建设、创新内容传播方式、新技术应用、精品战略等做出战略部署，提到"加强对数字出版基地（园区）的规范管理、考核评估、动态调整，发挥好数字出版基地（园区）的孵化""更加注重利用新型传播手段，加强全媒体运营推广，提高优质数字出版内容的到达率、阅读率和影响力""实施数字出版精品遴选推荐计划、数字出版优质平台遴选推荐计划，着眼重点领域和关键环节打造示范样本，遴选推荐一批质量上乘、影响广泛的精品项目和优质平台"等。

二、数字出版治理方向

2021年12月30日，《出版业"十四五"时期发展规划》（以下简称《规划》）正式出台，对我国出版业发展做了重要战略部署。《规划》提出，"到2035年，我国将建成出版强国，出版创新创造活力充分激发，优质内容供给能力显著增强，出版服务大局服务人民能力凸显，出版业实力、影响力、国际竞争力明显提高，出版领域治理体系和治理能力基本实现现代化，出版在增强国家文化软实力和中华文化影响力中的作用更加彰显"。针对出版业治理能力与管理水平，《规划》提出，"坚持党管出版原则，更好履行政府职责，进一步加强和改进党对出版工作的全面领导，推动构建行政管理、社会治理、企业行业自律相结合的出版治理体系"，具体包括完善党管出版工作体制机制、规范网上网下出版秩序、加强著作权保护和运用、深化出版领域"放管服"改革、加强出版领域法规体系建设。上述内容为数字出版产业治理指明了方向。

对此，我们可以重点把握以下几个方面：

一是坚持"党管出版原则"，牢牢把握数字出版政治方向。与出版业总体发展方向一致，数字出版发展始终紧跟党和国家对出版工作的总体定位。2018年11月14日，中央全面深化改革委员会召开第五次会议，通过《关于加强和改进出版工作的意见》。会议强调，要坚持中国特色社会主义文化发展道路，坚持为人民服务、为社会主义服务，着力构建把社会效益放在首位、社会效益和经济效益相统一的出版体制机制。[①] 上述意见为新时期数字出版发展指明了方向，从维护国家文化安全、科技安全、产业安全的高度重视专业出版工作，强化政治引领，牢牢掌握党对数字出版工作的领导权，不断推动数字出版内容建设，建立健全意识形态风险防控机制体系。

二是坚持依法治理，完善数字出版法规制度体系。网络出版治理的现代化转型，依法治理是前提，也是将我国制度优势转化为网络出版治理效能的必由之路。[②] 针对数字出版领域出现的违规违法和失序行为，《规划》明确提出"规范网上网下出版秩序"，强调"进一步压实网上出版有关单位和平台的主体责任，强化分级分类管理，改进创新内容监管方式手段"。在数字出版领域，随着网络直播、知识付费、知识服务平台等新业态新模式的出现，相关部门需要进一步完善包括数字版权保护在内的相关法规制度建设，加强对新型出版平台的版权监管，完善对侵权盗版行为的快速响应机制；同时，探索新技术条件下版权许可方式，如通过与"数字版权唯一标识符"等公共版权许可服务平台对接，实现平台网络自助版权许可[③]，提升数字出版知识服务平台的运行效率。

三是强化多元主体协同治理，助推数字出版治理能力现代化。针对文化领域的治理，相关研究普遍意识到多元主体协同治理的重要性。在版权治理方面，《版权工作"十四五"规划》中明确提出，"广泛整合运用社会力量，加强与版权协会、版权保护中心、版权服务机构、著作权集体管理组织的协作，逐步构建全社会共治的版权保护机制"。在推动文化和科技融合方面，中国出版协会科技出版工作委员会为响应《关于促进文化和科技深度融合的指导意见》，专门成立科技融合出版部，联合多家专业出版机构，为出版单位搭建沟通、融合、协作平台，推动行业融合发展。[④] "十四五"时期，数字出版业要在党和政府主导下，进一步鼓励和支持包括行业协会、行业服务机构、集体组织在内的社会各方积极参与行业治理，形成"一主多元"协同治理结构，从而推动治理体系和治理能力现代化建设。

① 中央全面深化改革委员会. 关于加强和改进出版工作的意见 [J]. 出版与印刷，2018（4）：50.

② 梁九业.《民法典》对网络出版治理规则的体系建构及其完善 [J]. 出版发行研究，2021（2）：55-62.

③ 于文. 知识服务转型中的版权制度调适 [J]. 编辑之友，2018（5）：17-21.

④ 宗蕾. 为科技出版助力，让科技阅读成时尚 [J]. 新阅读，2020（6）：27-28.

思考题

1. 说一说数字出版产业与文化产业的区别与联系。
2. 技术对数字出版产业的发展有哪些影响？
3. 数字出版产业近年来的发展呈现出什么特点？
4. 试分析数字出版产业细分的不同依据及内涵。
5. 介绍一下数字阅读产业的发展阶段和现状。
6. 介绍一下在线教育产业的发展阶段和现状。
7. 介绍一下网络游戏产业的发展阶段和现状。
8. 数字出版管理有哪些相关法律法规？
9. 介绍一下数字出版治理的现状及未来方向。

第三章
数字出版技术

本章主要概述数字出版技术的总体战略和应用现状，系统梳理5G技术、人工智能、区块链等技术的概念及它们在数字出版领域的应用，并对沉浸式技术进行重点阐述。

第一节 数字出版技术概述

一、数字出版技术的概念

数字出版技术本质上是数字技术在出版领域的应用。所谓数字技术（Digital Technology），指的是与电子计算机相伴相生的科学技术，是借助一定的设备将各种信息，包括图、文、声、像等，转化为计算机系统能识别的二进制数字"0"和"1"后进行运算、加工、存储、传送、传播和还原的技术。具体而言，数字出版技术是计算机技术、通信技术、网络技术、流媒体技术、存储技术、显示技术等高新技术在出版产业的应用。相关技术不仅拓展了出版物的内容和呈现形式，还改变了出版产品的生产管理流程和传播方式。

数字技术的出现，给数字出版领域带来重要的应用价值，具体表现在四个方面：

一是存储价值。在计算机存储技术出现前，人类信息存储主要依靠甲骨、羊皮、纸张等，而基于二进制的计算机存储技术具有存储量大、实体空间占用小等特点，利用小小的硬盘设备就可以存储海量信息，对人类社会信息传承与出版业信息存储具有重要意义。

二是管理价值。计算机程序本质是执行应用逻辑，包括顺序结构、选择结构和循环结构，用程序加以表达实际上就是形成一个个流程逻辑节点。用计算机软件（如ERP软件、CRM软件等）对"电子流"节点的描述来替代传统基于纸张的管理，能最大限度降低管理流程的成本，提升管理价值。

三是协同价值。通过对内容资源进行数字化处理，能建立数据融通、业务协同、能力共享的数据中台和业务中台，支撑数字出版业务创新应用，并提升基于数据融通的协同治理水平；同时，数字网络技术的普及，带来基于用户端规模的网络效应，不同用户之间的协同价值凸显。

四是智能价值。智能价值体现在将智能化的数字技术应用于出版产业，使出版业内部流程和外部产品呈现出自动化、智能化特点，提升数字内容生产、流程管控、发行传播的智能化水平，研发为用户提供智能化服务的集成平台，提供基于智能化的出版产品和服务。

二、数字出版技术应用现状

正如陈-奥姆斯特德（Chan-Olmsted）所指出的，传播新技术成为传媒产业瞬息万变的背后驱动力量。[1]技术的发展同样使得出版业步入新的历史时期，出版与技术之间的内在平衡受到冲击，传统的商业模式面临深刻调整，出版业已经到了再也无法回避新技术应用的发展阶段。

（一）国际现状

20世纪末，国际上知名出版机构开始推进数字出版技术研发和系统建设，包括对出版物数字化加工标引、数字化出版和网络传播。为了适应用户移动化、碎片化、多媒体化、交互式阅读的需求，以及出版机构对知识资源可重复使用和跨平台使用的业务需求，国外较早开始着手出版资源结构化加工，并尝试引入先进科技以助推数字出版业务的发展。

在教育出版领域，智能化的自适应教学与评估系统成为重要趋势和相关企业的竞争焦点，代表性的系统和平台有培生集团的MyLab&Mastering、霍顿·米夫林·哈考特集团的Waggle、约翰·威利父子出版公司收购的Knewton等。作为全球最大的教育出版商之一，麦格劳-希尔公司持续加大数字教育产品和服务投资力度，于2013年成立数字平台组（Digital Platform Group），负责数字教育产品和服务的开发和运营，并正式收购ALEKS公司，强化智能教育系统研发和推广。[2]

科技出版巨头励德·爱思唯尔从2007年开始改变传统的出版流程，2013年就完全实现图书出版的电子化，即从产品开发时就确定了数字优先的理念，持续对ScienceDirect全文数据库进行投入和创新，保持平台的可发现性的领先水平；同时围绕科研全流程，积极开拓合作并收购相关学术社交平台、知识发现平台，推动提升科研服务效能。据励德·爱思唯尔母公司励迅集团2021年财报显示，该公司数字化收入占比从2000年的22%上升到2021年的86%（见图3-1）。

---

[1] （美）阿兰·B. 阿尔瓦兰. 传媒经济与管理学导论［M］.崔保国，等译. 北京：清华大学出版社，2010.
[2] 刘欣怡，徐丽芳. 数字教育出版自适应智能教学与评估系统研究——以麦格劳-希尔的ALEKS为例［J］. 出版参考，2020（6）：18-23，32.

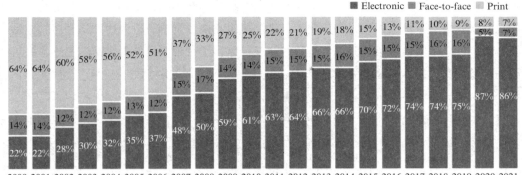

图3-1　爱思唯尔不同类型业务收入占比

（二）国内现状

国内方面，国家从2005年正式提出数字出版的概念后，一直高度重视数字技术对出版产业的助推作用。

1．产业政策

近几年，国家在推动数字文化产业与数字出版产业发展的相关政策文件中，频繁提到技术应用的相关内容，具体表现为：

（1）2022年，中共中央办公厅、国务院办公厅印发的《关于推进实施国家文化数字化战略的意见》提出，"创新文化表达方式，推动图书、报刊、电影、广播电视、演艺等传统业态升级，调整优化文化业态和产品结构。鼓励各种艺术样式运用数字化手段创新表现形态、丰富数字内容。培育以文化体验为主要特征的文化新业态，创新呈现方式，推动中华文化瑰宝活起来"；"在文化数据采集、加工、交易、分发、呈现等领域，培育一批新型文化企业，引领文化产业数字化建设方向"。

（2）2022年，中共中央宣传部印发的《关于推动出版深度融合发展的实施意见》提到，"加强前沿技术探索应用。紧盯技术发展前沿，用好信息技术革命成果，强化大数据、云计算、人工智能、区块链等技术应用，创新驱动出版深度融合发展"；"促进成熟技术应用推广。着眼适合管用，充分挖掘满足出版融合发展业务需要的各类适配技术，促进数字出版内容的多介质、多角度延伸，打造出版融合发展新产品、新服务、新模式"；"健全科技创新应用体系。强化出版企业创新主体地位，有效对接出版融合发展技术需求，促进各类创新要素整合集聚，形成以企业为主体、市场为导向、产学研用相衔接的技术创新体系"。

（3）2015年，原国家新闻出版广电总局、财政部印发的《关于推动传统出版和新兴出版融合发展的指导意见》提到，"拓展新技术新业态。运用大数据、云计算、移动互联网、物联网等技术，加强出版内容、产品、用户数据库建设，提高数据采集、存储、管理、分析和运用能力。积极通过多种方式吸收借鉴、善加利用先进的传播技术和渠道，借力推动出版融合发展。充分利用新一代网络的技术优势，加快发展移动阅读、在线教育、知识服务、按需印刷、电子商务等新业态。加强出版大数据分析、结构化加工制作、资源知识化管理、数字版权保护、数字印刷、发布服务以及产品优化工具、跨终端呈现工具等关键性技术的研发和应用实践，着力解决出版融合发展面临的技术短板。建立和完善用户需求、生产需求、技术需求有机衔接的生产技术体系，不断以新技术引领出版融合发展，驱动转型升级。有计划地组织相关标准的制修订工作，完善标准化成果推广机制，加快国际标准关联标识符（ISLI）、中国出版物在线信息交换（CNONIX）等标准的推广和应用"。

上述政策文件均高度重视新技术在出版领域的应用，为推动数字出版技术创新发展提供了重要的指引方向。除此之外，为更好发挥科技与标准在出版业高质量发展中的支撑作用，原国家新闻出版署还组织开展出版业科技与标准创新示范项目试点工作，将其作为出版融合发展的重点工程，每年评选确定10—15项科技与标准研发方面的创新成果，10—15家科技与标准应用方面的示范单位。其中科技创新成果主要针对利用5G、大数据、云计算、人工智能、区块链、物联网、虚拟现实和增强现实等技术，在出版业内容生产、排版装帧、印刷发行、数字内容资源管理、知识服务、版权保护等领域取得的创新成果。

2. 企业创新

为推动传统出版单位数字出版转型升级工作向更大范围、更高层次发展，2012年11月，原国家新闻出版总署下发了《关于开展传统出版单位转型示范工作的通知》，决定在全行业确定一批在数字出版业务领域起步较早、思路清晰、成效明显的传统出版单位为"数字出版转型示范单位"。2013年，首批示范单位公示，总计入选70家，包括5家出版集团、20家图书出版社、5家报业集团、20家报社和20家期刊社。此后，又陆续有多家出版机构入选。在国家政策和计划的带动下，近几年国内出版机构在融合出版的理念、内容、技术、模式、机制等方面进行全方位创新，将融合发展作为"一把手"工程进行筹划部署；积极探索大数据、云计算、人工智能在出版服务中的应用，加快建立适应融合发展的组织架构、传播体系和管理体制。

知识产权出版社作为首批全国数字出版转型示范单位，一直致力于技术创新布局，经历过音像出版、数据库建设、网络出版、按需印刷、智能编校等数字产品的更新迭代，先后成为国家"专业数字内容资源知识服务模式""国家数字复合出版系统工程"项目试点单位。2016年，知识产权出版社总产值达到18亿元，其中70%的业务收入来自跟数字相关的业务领域。

人民法院出版集团则利用自身专业优势，着重开拓图书出版、新闻期刊、电子音像制品、网络数字出版物、司法考试培训等多元化的法律产品和法律服务市场，构建覆盖整个法律文化产业链的多媒体综合服务平台。集团建设运营的平台"法信"是国家级法律知识服务和案例大数据融合平台，利用先进的信息化知识平台和大数据分析技术，发展成为权威、专业、独具品牌影响力的，集法律产品、资讯、服务为一体的定制化一站式解决方案供应商。

总体而言，国内出版业在数字出版技术研发和系统建设方面与国际先进水平仍存在较大差距。大部分出版单位尚未利用统一的内容资源管理平台进行内容资源的有效管理和基于交互技术的数字网络传播。未来，我国出版机构仍需要全力跟进新技术发展方向，积极稳妥地布局数字出版业务模式，推动数字出版产业可持续发展。

■ 第二节　数字出版技术基础

　　数字出版发展建立在一系列数字技术的基础上，如5G技术、人工智能、区块链等，其中5G技术在数字出版中扮演"基础设施"角色，人工智能则构成新型出版的生产力保障，而区块链则重塑了数字出版的生产关系。此外，以虚拟现实、增强现实为代表的沉浸式技术则为新型出版物的生产与传播提供了保障。

一、5G技术

（一）5G技术的定义

　　5G技术，又称第五代移动通信技术（5th-Generation Mobile Communication Technology，简称5G），是具有高速率、低时延和大连接等特点的新一代宽带移动通信技术。国际电信联盟（ITU）针对5G技术特点，定义其主要应用场景，包括增强移动宽带（EMBB）、超可靠低时延通信（URLLC）和大规模机器通信（MMTC）。其中增强移动宽带主要面向流量爆炸式增长的移动互联网，为移动互联网用户提供极致的应用体验；超可靠低时延通信主要面向工业控制、远程医疗、自动驾驶等对时延和可靠性具有极高要求的垂直行业应用需求；大规模机器通信主要面向智慧城市、智能家居、环境监测等以传感和数据采集为目标的应用需求。

　　5G是在4G长期演进技术蜂窝网络之上延伸的最新一代蜂窝移动通信技术，其性能较4G均有显著增强（见图3-2）。它在现有无线接入技术的基础上增添补充性无线接入技术后演进而成，

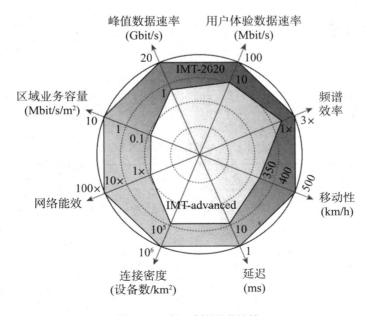

图3-2　4G与5G关键性能比较

是真正意义上的融合网络。[①]

（二）5G技术的应用

与前几代移动通信技术相比，5G作为一种新型移动通信网络，不仅满足了4G时代人与人实时通信的需求，还能为用户提供增强现实、虚拟现实、超高清视频等沉浸式体验，同时解决了人与物、物与物之间的通信问题，更好地满足了远程医疗、车联网、工业控制、智能家居等物联网应用需求。随着5G的迅猛发展，以高速泛在网、低时延和万物互联为主要特征的技术体系正深刻影响并改变不同行业的运作逻辑。

5G技术的发展成熟，从内容呈现形式、创作生产和内容分发等多个环节助力数字出版产业发展。以出版行业与短视频行业的融合为例，在内容呈现方面，5G技术将极大提升传播速率，突破当前移动互联网带宽限制问题，为用户带来沉浸式高清观看体验；在创作生产方面，基于5G支撑的人工智能技术的引入将为专业生成内容（Professionally Generated Content，简称PGC）与用户生成内容（UGC）提供更多可能性，充分释放短视频创作活力；在内容分发方面，5G核心技术中的内容分发网络（CDN）通过在传统网络中添加智能虚拟网络，将相关内容分发至靠近用户的CDN代理服务器，实现了用户就近获取所需信息，有效减少了短视频用户访问延迟时间，提升了内容分发效率。

二、人工智能

人工智能（Artificial Intelligence，简称AI）是研究、开发用于模拟、延伸和扩展人的智能的理论、方法、技术以及应用系统的一门新的学科，其涉及的学科包括哲学、数学、经济学、神经科学、心理学、计算机工程、控制论和语言学等。

（一）人工智能的定义

到目前为止，有关人工智能的定义仍然存在诸多争议，大致可以从两个维度进行梳理：一个分类维度是关注思考过程与推理，还是行为；另一个分类维度则是成功的标志，是从与人类表现的逼真度，还是从合理性（rationality）的理想表现来衡量（见表3-1）。

表3-1　人工智能若干定义维度

像人一样思考	合理地思考
与人类思维相关的活动，诸如决策、问题求解、学习等活动	使感知、推理和行动成为可能的计算的研究
像人一样行动	合理地行动
研究如何使计算机做那些目前人比计算机更擅长的事情	计算智能研究智能Agent（智能体）的设计

---

① 徐丽芳，陈铭. 5G时代的虚拟现实出版［J］. 中国出版，2019（18）：3-9.

1．像人一样思考：认知建模的途径

如果需要计算机程序像人一样思考，首先必须确定人是如何思考的，具体有三种办法：一是内省，试图捕获人自身的思维过程；二是心理实验，观察工作中的人的心理状态；三是脑成像，观察工作中的头脑运作过程。这些方法与交叉科学领域的认知科学（Cognitive Science）相关。认知科学将来自人工智能的计算机模型与来自心理学的实验技术相结合，试图构建一种精确且可测试的人类思维理论。

2．像人一样行动：图灵测试的途径

由阿兰·图灵在1950年提出的图灵测试（Turing Test）试图为人工智能提供一个可操作的定义。具体而言，就是如果一个人提出一些书面问题由对方来回答，如果无法区分这个回答是来自人还是计算机，则这台计算机就通过了图灵测试，即这台计算机具备智能。为此，计算机需要具备相关能力，包括自然语言处理能力以进行正常人类交流；知识表示能力以存储相关知识信息；自动推理能力以运用存储的信息来回答问题并推出新结论；机器学习能力以适应新情况并检测和预测模式。值得称赞的是，作为一项智能测试，图灵测试到今天为止依然适用。然而人工智能研究者并未致力于通过图灵测试，相比通过测试，他们认为研究智能的基本原理更具有价值和意义。

3．合理地思考："思维法则"的途径

古希腊哲学家亚里士多德是最早试图定义"何为正确地思考"的人，他提出的三段论推理是演绎推理中的一种简单推理判断，具体包括：一个包含大项和中项的命题（大前提）、一个包含小项和中项的命题（小前提）以及一个包含小项和大项的命题（结论）三部分。例如，猫是一种动物；所有动物都会死；因此，猫也一定会死。19世纪的逻辑学家为世界上各种对象以及对象之间的关系陈述制定了精确的表示法。正是在此基础上，人工智能的逻辑主义（Logicism）派希望依靠逻辑建构的程序来创建智能系统。但该路径的发展受制于许多现实问题，尤其是在知识本身不是完全确定的情况下，会对推理系统构造造成巨大障碍。

4．合理地行动：合理Agent的途径

Agent是指能自己活动的软件或硬件实体。理性智能体（Rational Agent）则是一个为了实现最佳结果，或当存在不确定性时，为了实现最佳期望结果而行动的Agent。理性智能体与其他方法相比具有两个优点：一是它比"思维法则"途径更普遍，因为正确的推理只是实现合理性的集中可能的机制之一；二是它比基于人类行为或思维的途径更经得起科学发展的检验。合理性的标准在数学上定义明确且完全通用，并可被解析成证明实现了合理性的Agent设计。

（二）人工智能的发展历程

一般认为，人工智能起源于1956年在达特茅斯学院召开的夏季研讨会，而事实上在此之前，已有不少学者开始尝试探索有关机器智能的问题。关于人工智能的发展，大致可分为以下几个主要阶段：

1．孕育期（1956年前）

人工智能早期的工作是沃伦·麦克洛奇（Warren McCulloch）和沃尔特·皮兹（Walter Pitts）

于1943年完成的。该工作建立在三大资源上，分别是基础生理学知识和脑神经元的功能；罗素（B.Russell）和怀特海（A.N.Whitehead）对命题逻辑的形式分析；以及图灵（A.Turing）的计算力量。他们提出了一种人工神经元模型，每个神经元被描述为"开"或"关"的状态，一旦神经元对足够数量邻近神经元刺激形成反应，其状态将转变为"开"。

2. 形成期（1956—1969年）

1956年，当时任达特茅斯学院数学助教、现任斯坦福大学教授麦卡锡（J.McCarthy），哈佛大学数学家和神经学家、现任麻省理工学院教授明斯基（M.L.Minsky），IBM公司信息研究中心负责人罗切斯特（N.Rochester），贝尔实验室信息部数学研究员香农（C.Shannon）共同发起，邀请普林斯顿大学的莫尔（T.More）和IBM公司的塞缪尔（A.Samuel）、麻省理工学院的塞尔夫里奇（O.Selfridge）和索罗莫夫（R.Solomonff）以及兰德公司和卡内基·梅隆大学的纽厄尔（A.Newell）、西蒙（H.A.Simon）等10名年轻学者在达特茅斯学院召开了两个月的学术研讨会，讨论机器智能问题。会议期间，经麦卡锡提议，正式采用"人工智能"这一术语，标志着人工智能学科的诞生。此后，美国形成了多个人工智能研究组织，人工智能在机器学习、定理证明、模式识别、专家系统等方面取得诸多成就。1969年，国际人工智能联合会议（International Joint Conferences on Artificial Intelligence，简称IJCAI）成立。

3. 艰难发展期（1970—2000年）

20世纪60年代末，人工智能研究遇到困难，许多科学家坚持"机器应像人一样思考才能获得智能"，认为只要沿着这条道路，计算机就会变得比人更聪明。然而遗憾的是，经过十几年的研究，科学家发现人工智能除了制作一些简单的"玩具"，并没有达到人类希望的智能水平，尤其在机器翻译领域。1966年，美国自动语言处理顾问委员会的报告裁定：还不存在通用的科学文本机器翻译，也没有很近的实现前景，因此中断了大部分机器翻译项目的资助。1977年，费根鲍姆（E.A.Feigenbaum）在第五届国际人工智能联合会议上提出"知识工程"概念，推动了以知识为中心的研究。这时期，不确定性知识的表示与推理取得突破，对人工智能中的模式识别、自然语言理解等领域提供了支持。

4. 数据驱动发展期（2001年至今）

自20世纪70年代以来，人类开始尝试机器智能的另一条发展道路，即通过数据驱动的方法实现机器智能。1972年，康奈尔大学教授贾里尼克（Jelinek）在研究语音识别项目时，首先开创了一种基于统计数学模型加上大量数据训练的数据驱动方法，以此来解决智能问题。进入21世纪，受益于互联网兴起所带来的数据规模和获取便捷性提升，数据驱动方法逐渐超越传统方法。从1994年到2004年的十年间，机器翻译准确率提高了一倍，其中80%的贡献来自数据量的提升，由数据量扩张带来的性能提升超过选用算法所带来的性能提升。

（三）人工智能的规划和应用

经过六十多年的发展，特别是在移动互联网、大数据、超级计算、传感网、脑科学等新理论、新技术以及经济社会发展强烈需求的共同驱动下，人工智能呈现出深度学习、跨界融合、人机协同、群智开放、自主操控等新特征。2017年，国务院发布《新一代人工智能规划》，提出面向2030年我国新一代人工智能发展的指导思想、战略目标、重点任务和保障措施，部署构筑我国人工智能发展的先发优势，加快建设创新型国家和世界科技强国。该规划提出八项关键共性技术，其中多项技术与出版业高度相关，包括知识计算引擎与知识服务技术、跨媒体分析推理技术、虚拟现实智能建模技术、自然语言处理技术等。如知识计算引擎与知识服务技术是研究知识计算和可视交互引擎，研究创新设计、数字创意和以可视媒体为核心的商业智能等知识服务技术，开展大规模生物数据的知识发现，利用该技术可有效提升出版知识服务的效率。又如虚拟现实智能建模技术是研究虚拟对象智能行为的数学表达与建模方法，虚拟对象、虚拟环境和用户之间进行自然、持续、深入交互等问题，智能对象建模的技术与方法体系，该技术对优化虚拟现实出版中的相关功能主体之间的交互行为具有重要推动作用。

人工智能在出版行业的应用可以从两个维度考虑，分别是作用领域和作用环节。从作用领域来看，人工智能广泛应用于教育出版、专业出版和大众出版领域。以教育出版领域为例，引入人工智能技术，主要实现教学系统中提升学习数据采集、处理、分析和应用的智能化程度，对知识表征进行智能化改造并捕捉分析学习者的学习状态，具体包括智能识别、自然语言理解、学习分析技术等。[①]从作用环节来看，人工智能广泛应用于内容创作、编辑、传播等重要环节。以编辑环节为例，编辑活动包括信息采集、选择、编审、组织等，借助人工智能，可以根据主题自动采集互联网信息，自动进行鉴定审核，剔除非法内容，并结合重要条目进行自动逻辑排序和个性化知识组织；除了针对单模态文本，人工智能还可以在深度理解图像和文本语义基础上实现图文互现，自动为图片生成描述性文本。[②]

三、区块链

（一）区块链的起源和概念

2008年，中本聪（Satoshi Nakamoto）发表了论文《比特币：一种点对点的电子现金系统》，阐述了基于P2P网络技术、加密技术、时间戳技术、区块链技术等的电子现金系统的构架理念，提出了比特币的概念。2009年1月，第一个序号为0的"创世区块"诞生，随后序号为1的区块出现，该区块与序号为0的"创世区块"相连成链，标志着区块链的诞生。

关于区块链的概念，有狭义和广义上的理解。狭义上，区块链是一种按照时间顺序将数据区块以链条的方式组合成特定数据结构，并以密码学方式保证其不可篡改和不可伪造的去中心化共享总账，能够安全简单存储的、有先后关系的、能在系统内验证的数据。广义上，区块链是利用加密链式区块结构来验证与存储数据，利用分布式节点共识算法来生成和更新数据，利用自动化脚本代码（即智能合约）来变成和操作数据的一种全新的去中心化基础架构与分布式计算范式。

① 王卉，张瑞静. 人工智能技术在数字出版中的应用现状与发展趋势［J］. 出版发行研究，2018（2）：45-49.
② 王晓光. 人工智能与出版的未来［J］. 科技与出版，2017（11）：4-6.

（二）区块链的特征

结合区块链相关定义，其具有如下特征：

1. 去中心化

去中心化是区块链最突出的特征，通过分布式核算和存储，各个节点实现信息自我验证、传递和管理，不依赖额外的第三方管理机构。

2. 独立开放性

区块链的技术基础是开源，除了交易各方私有信息被加密以外，区块链上的数据对所有人开放，整个系统信息高度透明，所有节点能够在系统内自动安全验证和交换数据。

3. 相对安全性

只要不掌控区块链上51%的数据节点，任何人就无法修改网络数据，因此区块链具有较强的不可篡改性，这使其本身相对安全，避免了主观人为的数据变更；同时从技术上看，各区块节点身份信息不需要公开，信息传递可以匿名进行，也保证了个人安全性。

（三）区块链的架构

区块链系统有不同层次的架构，综合现有学者观点，一般包括数据层、网络层、共识层、激励层和合约层。

1. 数据层

数据层主要封装底层数据区块及相关数据加密和时间戳等基础数据和算法。

2. 网络层

网络层主要包括分布式组网机制、数据传播机制和数据验证机制等要素。

3. 共识层

共识层主要为解决去中心化节点之间相互缺乏信任而通过共识达成使得所有节点一致行动的问题（也称为"拜占庭将军问题"），以及封装网络节点的各类共识算法。

4. 激励层

激励层将经济因素集成到区块链技术体系中，主要通过经济激励的发行机制和分配机制实现。

5. 合约层

合约层主要封装各类脚本、算法和智能合约，体现了区块链的商业逻辑。

（四）区块链的规划和应用

2021年12月，中央网络安全和信息化委员会印发的《"十四五"国家信息化规划》对我国"十四五"时期信息化发展做了部署安排。针对区块链技术，规划提出，"推进区块链技术应用和产业生态健康有序发展。着力推进密码学、共识机制、智能合约等核心技术研究，支持建设安全可控、可持续发展的底层技术平台和区块链开源社区。构建区块链标准规范体系，加强区块链技术测试和评估，制定关键基础领域区块链行业应用标准规范。开展区块链创新应用试点，聚焦金融科技、供应链服务、政务服务、商业科技等领域开展应用示范。建立适应区块链技术机制的安全保障与配套支撑体系"。

　　区块链与人工智能的关系，类似于生产关系和生产力的关系，如果说人工智能大幅助推人类生产力的提升，区块链则是对生产关系的深层次重构，通过打造更可信的数字资产流动和协作网络，实现从信息互联网到价值互联网的跃迁，从而释放巨大的生产力。在数字出版产业应用中，区块链覆盖不同出版领域和环节，包括图书出版、科技期刊出版等相关领域，以及版权保护、同行评议、产权交易、出版业务模式创新等方面。如独立作者联盟（ALLI）建立的Scriptarnica平台，以区块链技术为基础，利用一套自定义公式计算字符数，给作品定价，使定价方法具有高度透明性；在出版过程中，智能合约是所有执行该项目的参与方均同意的协议条款，系统根据智能合约自动将收入分配到工作者手中，避免了出现收入支付延时问题。[①]在科技期刊领域，区块链出版平台Pluto Network则利用区块链的优势与特征打造出一个分散、透明、合理的出版活动记录系统，不仅记录围绕论文进行的相关科研活动，而且促进学术成果便捷交流和公平交易。[②]

四、沉浸式技术

（一）沉浸式技术的概念

　　沉浸一般指的是完全处于某种境界或思想活动中，全神贯注于某种事物。美国心理学家契克森米哈伊（Csikszentmihalyi）提出的"沉浸理论"，将"沉浸"解释为人们在参与某些日常活动时，如何完全投入其中，注意力高度集中且过滤不相关的知觉，从而达到沉浸状态的。[③]在中国文化的语境下，"沉浸"包含客观事物与主观认知的双重含义，前者指的是"客观存在物在实体空间中的沉浸"，后者指的是"主体认知在意识空间中的沉浸"。

　　建立在沉浸概念基础上的沉浸式技术，是指模糊了物理世界和模拟世界之间的界限，从而产生沉浸感的技术。沉浸式技术继承了电脑图形、电脑仿真、人工智能和感应、显示及网络并行处理技术的最新成果，是人工智能的高端应用技术[④]，具体包括虚拟现实（Virtual Reality，简称VR）、增强现实（Augmented Reality，简称AR）和混合现实（Mixed Reality，简称MR）三类。以下分别针对VR、AR和MR技术的特征以及它们在出版领域的应用展开介绍。

　　1. VR技术的概念及其应用

　　VR技术是一种多源信息融合的交互式三维动态视景和实体行为系统仿真，利用计算机生

---

① 陈翔宇，付玉. 美国数字出版产业的区块链应用研究［J］. 东南传播，2021（9）：90-93.

② 治丹丹，任亮. 社会·结构·制度·功能：同行评议韧性治理的四维路径——以区块链出版平台Pluto Network为例［J］. 中国科技期刊研究，2022，33（1）：40-48.

③ CSIKSZENTMIHALYI，M.，LARSON，R.Validity and Reliability of the Experience Sampling Method［J］. The Journal of Nervous and Mental Disease，1987（9）：526.

④ 李华君，张智鹏. 人工智能时代数字出版的用户新体验：场景感知、场景生产与入口把控［J］. 出版发行研究，2019（5）：17-21.

成用户沉浸和互动体验场景。①广义上的VR技术包括VR、AR、MR、裸眼3D（三维）、虚拟漫游等技术分支；狭义上的VR技术则往往与AR技术相对应。随着5G时代的到来，作为信息三维化的载体技术，VR技术逐渐成为信息交互的主流方式，涉及全景图片和视频、3D环物和3D模型等。

VR技术的核心用户体验主要由三个指标构成，分别是沉浸性、流畅性和可交互性，具体又由相应的核心参数指标构成（见图3-3）。

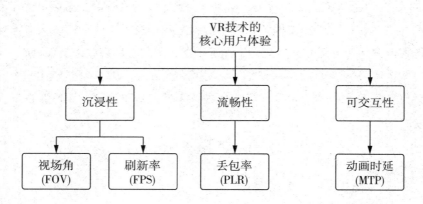

图3-3 VR体验的核心参数指标

（1）沉浸性

沉浸性主要评价用户在感官体验上是否自然，以及与真实世界的相似度。如何让用户获得良好的沉浸感是VR技术的关键。沉浸性的核心参数有视场角（FOV）和刷新率（FPS）。视场角的大小决定了光学仪器的视野范围，视场角越大，视野就越大，光学倍率就越小，目标物体超过这个角就不会被收在镜头里，影响用户沉浸式体验；刷新率是电子束对屏幕上的图像重复扫描的次数，刷新率越高，所显示图像的稳定性就越好，一般在60FPS以上，人的感觉较为舒适。

（2）流畅性

流畅性决定了沉浸感持续程度如何，其核心参数是丢包率（PLR）。由于VR设备一般在网络上体验，若网络包的丢失率过高，会出现卡顿现象，严重影响用户体验。

（3）可交互性

可交互性决定于当人发起交互操作时，环境对于操作的反馈效率和效果，其核心参数为动画时延（MTP），即当用户发起一个交互动作时，其预期反馈抵达体验者的时间。MTP越短，可交互性就越好，用户沉浸感就越强。

VR技术的实现涉及四个方面，分别是硬件、软件、内容和应用端。

硬件包括核心器件、终端设备、配套外设和感知交互。其中终端设备包括建模设备、计算设

---

① 中国电子技术标准化研究院. 虚拟现实产业发展白皮书［R/OL］.（2016-04-14）［2022-01-25］. http://www.cesi.cn/201612/1698.html.

备、显示设备、追踪设备、交互设备。VR建模是获取实际环境中物体的三维数据，并制作成虚拟环境中展示的模型，具体建模设备有3D扫描仪、深度相机、光场建模设备等。计算设备是计算机系统帮助实时渲染每帧画面，加工处理大数据并进行网络传输的设备，具体有高配置电脑、手机、VR一体机等。显示设备有头盔式显示器、平视显示器、沉浸式投影系统等。追踪设备有激光定位器、VR设备中的相机等。交互设备则有手柄、可穿戴设备、自由移动设备、仿真设备、力学反馈设备等。

软件主要由系统和工具构成。系统包括操作系统和一般用户界面；工具则有建模工具、开发软件、渲染引擎、制作平台与SDK（软件开发工具箱）等。

内容包括游戏、影视、直播等VR内容制作，以及内容社区、应用市场等相关内容分发渠道。

应用端分为面向机构（to B）和个人消费者（to C），具体包括面向教育培训、文化旅游、地产家装和工业生产的机构应用场景，以及游戏、影视、娱乐等个人消费体验场景。

随着VR产业链日趋成熟，内容和应用端建设变得愈加重要。VR技术引入出版领域，与传统媒体单一诉诸视觉和听觉不同，VR出版物具有鲜明的富媒体特色，所创造的内容体验覆盖人类几乎全部的感官功能，具有交互性、沉浸性和想象性等特点。2015年，电子工业出版社推出"VR+出版"模式，尝试用VR影像还原《梵高地图》中的内容，制作出一部反映梵高一生轨迹的虚拟现实纪录片。除此之外，还有部分少儿出版社针对少儿读物开发相应的VR出版物。2020年，国家新闻出版署发布《新闻出版业2020年第一批行业标准立项计划的通知》，其中包含"出版物VR技术应用要求"，为推动VR技术与出版业融合发展提供标准助力。

2. AR技术的概念及其应用

AR技术是借助计算机图形、可视化、智能交互等技术，将虚拟信息与真实世界叠加融合的技术，实现两种信息互为补充，从而达到对真实世界的"增强"效果。

与VR相比，AR技术具有明显的特点：一是虚实结合，实现真实世界与虚拟信息的有效集成；二是实时交互，交互式系统扩展到整个环境；三是在三维尺度空间中增添定位虚拟物体。相比VR，AR技术与现实生活的联系更为紧密，在医疗、教育、建筑、旅游等多个领域实现应用。

AR技术在出版领域的应用主要体现为AR出版物。AR出版物是应用3D模型等数字媒体与印刷图文及图文中的坐标点、空间位置等信息关联，满足用户AR体验需求的报纸、期刊、图书、网络出版物等。与一般数字出版物制作流程相比，AR出版物除了包括选题策划、审核、发布推广等流程以外，还包括3D建模、AR编辑器应用等核心环节。其中3D建模是运用特定设备或软件构建3D数据模型的过程，包括实景建模、虚拟建模和混合建模三种方式。建模需要根据AR出版物的设计要求选择相应的建模方式，符合科学的比例和尺寸，以提高虚拟对象行为的交互性、社交化和智能化。AR编辑器是用于对选题内容与图像、音视频、3D模型、360度全景图、游戏等数字媒体进行关联，编辑制作AR出版物的专门软件。

AR图书通过AR技术将纸质版图书内容进行虚拟3D成像，实现与读者多维互动。早在2008

年，泰国的LarnGear Technology公司出版的 *Earth Structure* 就采用了MR Studio技术，通过摄像头识别标记对象，从而在标记位置呈现相应的3D图像。除此之外，索尼公司也曾联合"哈利·波特"系列图书的作者J.K.罗琳推出AR游戏电子书《奇幻之书：魔咒之册》，实现儿童文学AR游戏化开发。在国内，华东师范大学出版社、安徽少儿出版社、浙江少儿出版社等出版机构都推出了少儿类AR出版物；人民卫生出版社专门设计3D模型和模型动画，推出医学图书教材的AR开发。2019年，新闻出版行业标准《出版物AR技术应用规范》正式发布实施，进一步规范AR技术在出版行业的标准化应用，推动关键技术研发，降低市场运作成本，提升AR出版产品竞争力，促进产业链持续健康发展。

3. MR技术的概念及其应用

MR技术是VR技术的进一步发展，该技术通过在虚拟环境中引入现实场景信息，在虚拟世界、现实世界和用户之间搭起一个交互反馈的信息回路，以增强用户体验的真实感。根据相关学者提出的"现实－虚拟连续统一体"理论，将真实环境与虚拟环境作为连续统一体的两端，靠近虚拟环境的为VR，靠近真实环境的是AR，中间地带则为MR。

VR是纯虚拟数字画面，AR是虚拟数字画面加上裸眼现实，MR是数字化现实加上虚拟数字画面。MR结合了AR和VR的特征，从而将沉浸式技术的优势更好地发挥出来。MR出版具有三个主要特征：一是明显的场景化特征，显著提升了出版内容传播的深度和广度；二是显著的融媒体特征，突破了纸质媒体、数字媒体和虚拟媒体的界限，实现了多种传播方式的集成；三是强大的交互性特征，联通人的视觉、听觉和触觉体验，实现感官体验、人体行为和大脑思维的同步沉浸。

2016年9月，《新疆经济报》推出了第一张正式应用版的"魔法报纸"——《新疆经济报亚欧博览会特刊》，实现了MR出版的实际应用。"魔法报纸"的主要技术流程包括：①基于MR场景技术与平台系统；②建立具体的MR场景应用并生成网络链接；③提取MR素材，进行平面印刷读物的视觉策划与设计；④打通平面印刷出版物扫描区域与MR系统的链接；⑤对平面印刷出版物与MR链接进行合成、测试及优化；⑥印制平面印刷出版物；⑦借助智能终端应用软件进行呈现及交互。

随着大数据和人工智能的发展，AR、VR、MR技术将日趋成熟，并持续应用于出版业融合发展。未来，沉浸式技术在出版领域的应用应做好以下几方面工作：一是关键共性技术研发，包括VR智能建模技术，突破虚拟对象与虚拟环境的限制，和用户能进行自然、持续、深入的交互活动，提升VR出版的沉浸感体验；二是完善相关技术标准和工具应用，通过政府、企业、科研机构多元主体联动，做好新型出版物标准研制、法律法规完善和工具应用，降低技术应用成本和门槛；三是推动沉浸式技术在出版领域的商业推广，先进技术只有找到合适的应用场景和商业模式，才能释放技术的巨大红利。在软硬件设备平台不断完善的情况下，出版机构积极投身新型出版内容开发，将进一步助力出版业融合发展走向深入。

思考题

1. 介绍数字技术的概念及其对出版领域的应用价值。

2. 谈谈国内外数字出版技术应用的现状。

3. 介绍5G技术的概念及其在出版业的应用。

4. 介绍人工智能的概念与发展阶段。

5. 介绍人工智能在出版业的应用。

6. 介绍区块链的概念及其在出版业的应用。

7. 介绍虚拟现实技术的概念及其在出版业的应用。

8. 介绍增强现实技术的概念及其在出版业的应用。

第四章
数字出版产品

　　自2019年起，国家开始实施数字出版精品遴选推荐计划，每年开展数字出版精品征集遴选专项工作，集中奖励推介一批优秀数字出版产品和服务项目。通过建立精品遴选推荐机制，发挥数字出版精品的示范带动作用，加快推动出版深度融合和出版业高质量发展。本章重点围绕数字出版产品，梳理数字出版产品相关概念，总结数字出版产品的特点，按照产品类型划分介绍不同的数字出版产品，辨析数字出版产品发展趋势。

第一节　数字出版产品概述

一、数字出版产品的概念

　　数字出版产品的概念建立在数字产品的基础上。数字产品，或称数字化产品，指的是信息、计算机软件、视听娱乐产品等可数字化表示并可用计算机网络传输的产品。美国经济学家夏皮罗（C.Shapiro）和瓦里安（H.Varian）在《信息规则：网络经济的策略指导》一书中提出，数字产品（Digital Products）就是"一段编好的二进制字节组合"。[①]

　　一般而言，数字产品具有明显的特征：（1）存货形态无形化。传统的实物产品，包括原材料、产成品都表现为一定的实物形态，而数字化产品是无形的；（2）生产过程虚拟化。传统实物产品生产过程从原材料形态经过必要的生产步骤，形成最终的产成品，整个过程是明确的，而数字化产品的生产过程是虚拟化的；（3）收益模式多样化。物质产品交易一般采取确定价格的直接收益模式，而数字产品，如影视、在线音乐等，除了直接交易方式外，还可以采取间接收益

---

① （美）卡尔·夏皮罗，哈尔·瓦里安. 信息规则：网络经济的策略指导［M］. 张帆，译. 北京：中国人民大学出版社，2000.

模式，如根据使用程度付费或免费；（4）销售过程网络化。传统实物商品可借助电子商务，但仍然需要物流运输环节，而数字化产品不发生实体物流作业，完全在网络环境下完成。

与一般数字产品相比，数字出版产品更强调内容的重要性。数字内容产品是数字出版业务活动的落脚点，也是理解数字出版产业发展的关键。根据相关学者的定义，数字出版产品通过有形或无形的载体承载精神内容，是数字出版商基于数字技术、设计和生产提供给市场，被人们消费和使用以满足人们某种需求的物品或无形的载体或服务。①

二、数字出版产品的特点

（一）表达方式多元开放

与传统纸质出版物相比，数字出版产品的信息承载量巨大，不再受到媒介载体容量的限制，内容要素也呈现出多样性的特征。而海量的信息和知识之所以能够被充分地创造、采集、加工与传播，得益于数字出版产品的以下特性：

首先，数字出版产品摆脱了单一媒介的禁锢，借助文本、图形图像、音频、视频、动画、虚拟现实等多种媒介表达手段进行内容的创造。多种媒介形态的集成运用能够更好地激发内容自身的特色与优势，给用户带来多重感官体验。

其次，超链接的信息组织方式为多媒体内容的有序呈现提供了技术手段的支持。换言之，"超链接"本质上是对目标数据的引用，通过点击链接点，可以轻松接入目标数据，一个超链接可以指向其他超链接，而其他超链接又可能指向新的超链接，如此循环往复，因而原有内容得以超越自身边界而无限延伸。②

同时，大多数字出版产品始终处于一种"未完成"的状态，即媒介载体和内容具有不确定性。从内容角度而言，一方面，数字出版产品可实现在线编辑修改，即便已出版发行，作者或出版商也能随时随地、低成本地更新版本和内容。但不可否认的是，数字出版产品在传播过程中也面临着被修改的风险，由此遭遇盗版和侵权的威胁，严重危害出版商的利益。③另一方面，数字技术极大地激活了个体能量，从而使得用户也能够深度参与产品的创作和评价过程中，用户生产内容也成为产品的重要组成部分。比如，用户可以通过观点的分享与交流影响网络文学作品的情节发展走向，同时用户的高频互动也催生了"网文梗"这一特有的文化现象。孕育于网络文学作品的"梗文化"能够借助社交媒体平台实现"破圈"发展，深刻影响当代话语实践与语言习惯。④

---

① 黄孝章. 数字出版产业发展模式研究［M］. 北京：知识产权出版社，2012.
② 国家新闻出版署出版专业资格考试办公室. 数字出版基础：2020年版［M］. 北京：电子工业出版社，中国书籍出版社，2020.
③ 张新华. 数字出版营销［M］. 北京：中国人民大学出版社，2022.
④ 《网络文学发展报告》课题组. 社科院：2020年度中国网络文学发展报告［EB/OL］.（2021-03-27）［2022-06-12］. https://new.qq.com/omn/20210327/20210327A0C3BE00.html.

从媒介载体角度来看，数字出版产品始终在持续吸收最新数字技术成果，以不同的面貌呈现，给予用户全新的体验。比如"播客"在2021年成为出版机构发力的重要风口，二十一世纪出版社集团以经典图书为基础，围绕"亲子阅读"这一垂直领域打造播客产品，推出了《不一样的卡梅拉》《欧洲民间故事》《非洲民间故事》等播客节目，在扩大品牌声量的同时也拉动了纸质图书的营销。[①]

可见，多媒体的表达方式、超链接的信息组织方式以及开放性的结构设置共同促成了数字出版产品的丰富内涵。

（二）传播速度快、范围广

随着新一轮科技革命的到来，文化与科技的交融日益显著，这一趋势在数字出版中表现得尤为突出，日新月异的科学技术是推动数字出版产品创新与推广的引擎。

传统出版物均为实体，需要经历印制、储存、运输等多个环节才能到达读者的手中。不同读者因所处地理位置不同，接收出版物的时间也存在较大差异。而在数字技术的加持下，数字出版产品表现出远超传统出版物的传播效能，其传播范围和速度都实现了质的提升，而且出版物一经发布，用户可不受地域局限进行文化消费，这在一定程度上打破了因地域而产生的信息与知识壁垒。

在满足国内人民精神文化需求的同时，高速率、低时延的5G技术进一步推动数字出版产品在海外的传播，我国网络文学与网络游戏公司已逐步探索出文化出海的"新路径"，成为讲好中国故事、传播好中国声音的重要参与者。[②]

（三）功能交互性强

数字出版产品在诸多方面为用户提供了较好的使用体验。从硬件配置来看，得益于数字存储方式，数字出版产品占据物理空间小、存储容量大、使用寿命长[③]，不仅可以长期保存，而且不会因为物理空间的转移而遗失。同时，伴随大容量移动终端的普及，用户能够随时随地利用碎片化时间进行文化消费，不再局限于图书馆、咖啡馆、电影院、家庭等特定场所，数字阅读与数字视听从而成为当代人的一种生活方式。

从功能设置来看，"互动性是数字出版产品的一个典型属性"，它体现在人与人之间的对话、人与设备之间的交互以及人与内容之间的适配。学者彭兰认为，连接是互联网的内在法则之一，人与人的连接始终是各种互联网应用的核心。因而以数字出版产品为中介物，用户之间得以建立起一种松散的弱连接。以微信读书为例，授权链接微信好友关系，点赞、评论他人想法，组队领取无限卡等机制都创造了启动社交、展开互动的平台可供性。此外，人与设备之间的交互已不限于以超链接、超文本、超媒体作为互动的入口来获得阅读信息的即时反馈，而广泛拓展至动作识别、语音识别、触觉交互等多种技术。如将AR、VR技术融入少儿读物中，以专业设备刺激

① 周蔚华，陈丹丹. 2021年中国出版融合发展报告［J］. 科技与出版，2022（5）：60-69.
② 陈前进. "十四五"时期中国网络文化"走出去"：构建"网络文化共同体"［J］. 出版广角，2022（4）：22-27.
③ 张新新. 变革时代的数字出版［M］. 北京：知识产权出版社，2016.

儿童的视觉、听觉、触觉等感官，还原高度真实的信息虚拟环境，生动形象地展示抽象概念和内容，不仅降低了阅读理解的难度，增加了阅读的趣味性与沉浸感，而且提升了儿童的认知能力，激活其全身感官。[①] 人与内容之间的匹配得益于智能技术对于海量数据的挖掘与分析，借助不同维度的数据交叉分析用户使用行为，描绘用户画像以便精准把握用户需求，最终实现内容的精准分发。如独立出版商卡利斯特传媒公司（Callisto Media），通过开发智能算法挖掘用户感兴趣的出版蓝海市场，然后根据大数据分析结果，聘请专业撰稿人创作图书，仅用短短九周便完成了从发现选题到新书上市的图书出版发行全过程。凭借该模式，卡利斯特的营业额在2012—2014年间增加了833%，并成为最具影响力的独立出版商之一。[②]

（四）定价策略与商业模式灵活

首先，数字出版产品生产成本结构具有特殊性，即开发、制作成本极高，复制成本低甚至为零。换言之，固定成本高，边际成本低。这决定了数字出版产品不可能存在供应曲线，无法像竞争性市场那样按边际成本曲线来定价。其次，数字产品消费上的规模效应使边际效用递减规律失效，因此数字产品也无法根据需求定价。[③] 再次，由于数字出版产品会产生明显的网络外部性，即随着购买该产品及互补品的消费者数量的增加，产品价值相应增加。这意味着数字出版产业容易形成高度的市场垄断。

以上三个因素共同决定了数字出版产品可以采用灵活的定价策略，包括差别定价策略、捆绑定价策略、读者主导定价策略和价值取向定价策略等。[④] 但无论采用何种定价策略，总体来说，数字出版产品对用户的价值（效用）决定价格[⑤]，某种程度上价格反映的是用户对数字出版产品的接受程度或支付意愿。

三、数字出版产品的定位

数字出版产品实现其价值的前提是做好产品定位。所谓产品定位，指的是企业为满足目标消费者或目标消费市场的需求而提供对应的产品。从营销学上讲，产品定位是对目标市场的选择与企业产品结合的过程，是将市场定位产品化的工作。从技术创新学角度来看，数字出版产品本身强调技术创新价值，具有创新产品选择（Choice of Innovative Products，简称CIP）特征，即企业根据自身的创新能力和所面临的市场、技术和产业等外部环境条件，寻求产品创新的机会，并从可感知的创新产品中做出选择。[⑥]

① 丁燕伟 . AR/VR技术在少儿出版物中的应用初探［J］. 出版广角，2022（7）：88-91.
② 徐丽芳，彭雨虹 . 卡利斯特传媒：基于大数据的图书出版模式［J］. 出版参考，2017（7）：20-22.
③ 任国瑞 . 关于数字产品定价问题研究的文献综述［J］. 商业时代，2011（13）：40-41.
④ 徐丽芳，刘锦宏，丛挺 . 数字出版概论［M］. 北京：电子工业出版社，2013.
⑤ 王晓玲，孙德林 . 数字产品及其定价策略［J］. 当代财经，2003（12）：17-19.
⑥ 傅家骥 . 技术创新学［M］. 北京：清华大学出版社，1998.

因此，数字出版产品的定位可界定为数字出版企业为满足目标用户需求，根据自身创新能力和外部环境条件，选择并提供相应的数字出版产品的过程。围绕产品定位，需要明确产品的目标、范围、特征等约束条件，重点做好产品描述和用户需求分析等工作。

（一）产品描述

现实中有大量的数字出版产品，如一本电子书、一部Kindle阅读器，或是某个数字阅读社区、知识库平台等。不同的数字出版产品往往形态各异，功能也有所不同，但都符合产品这一本质，即被人们使用和消费，并能满足人们某种需求或解决某个问题。

因此，产品描述可简略地表达为面向某类用户提供某些功能，具有某种特色。这一界定突出了产品的使用群体、主要功能和产品特色，能让大众在较短时间内对产品形成一个较为直观的印象。而完整的产品定义则是确定产品需要做哪些事情，通常用产品需求文档（Product Requirement Demand，简称PRD）来进行描述，涉及产品的愿景、目标群体、竞争分析、产品功能详细描述、功能优先级、产品用例等。

（二）用户需求分析

用户需求是指在具体场景中，目标用户的目标事件。这里涉及的核心关键词是目标用户、用户目标和使用场景。

1. 目标用户

目标用户是根据数字出版企业的定位和任务而确定的服务对象，既包括现实用户，也包括潜在用户。明确的目标用户有助于企业将服务集中于某一类特定群体，竭尽全力满足其需求，从而实现产品的差异化。比如根据学习动机，将知识付费用户区分为自我提升型用户、个人成就型用户、课程应考型用户等，并选取其中某一类用户作为目标用户。

2. 用户目标

用户目标是用户使用产品时需达到的目的。在激烈的市场竞争中，企业往往因为过度关注产品本身，而忽略了对用户隐性需求的关注。著名的"颠覆式创新理论"提出者、哈佛大学教授克里斯坦森（C.Christensen）曾在《创新者的任务》一书中提出"用户目标达成理论"（Jobs To Be Done）。[1]该理论指出，用户试图完成某件事，并且他们"雇用"某些产品或服务，以便在实现目标方面取得进展。针对用户目标这一关键要素的分析，正是试图突破具体产品功能和用户行为的遮蔽，找到用户使用产品的最终目标，从而实现产品的精准定位。

3. 使用场景

使用场景是数字出版产品用户需求分析的关键所在。所谓使用场景，指在一定的时间、空间内发生的一定任务行动或因任务关系所构成的用户使用产品的状态，它由一组条件变量构成，对应明确的用户意图，由特定事件触发。由于时间、空间的变化，用户行为也会发生相应的变化，由此创造出全新的用户场景。比如期刊数据库的使用就有明显的场景特征，一般是科研用户在相

---

① （美）克莱顿·克里斯坦森，等. 创新者的任务［M］. 洪慧芳，译. 北京：中信出版社，2019.

对安静的办公环境下进行文献资料搜集，而假设数据库厂商应市场需求尝试开发该产品的移动版本，就需要重新思考用户的使用场景，并结合相应的场景设计不同的产品功能，比如在用户前往办公地的路程中，增加音频摘要等服务模块。

第二节　数字出版产品分类

一、数字出版产品的分类标准

分类是根据对象种类、等级或性质进行分别归类。分类方法的应用有助于将事物对象系统化、条理化，区分和认识不同事物的差异和联系，从而更准确地把握事物本质。数字出版产品纷繁复杂，对其进行合理的分类是认识其性质的前提，因此选择合适的分类标准具有重要意义。

根据不同的分类标准，数字出版产品可以分为不同类型。按照产品形态，同时考虑与传统出版物是否有承继关系，数字出版产品可分为传统出版物的数字化产品与网络新兴出版物，前者包括电子书、数字期刊、数字报纸等，后者诸如数据库、在线教育平台等。按照出版物载体区分，数字出版产品可分为磁盘出版物（软盘、硬盘）、光盘出版物〔普通只读光盘、交互式光盘（CD-I）、照片光盘（Photo-CD）、高密度只读光盘（DVD-ROM）、集成电路卡（IC Card）〕、网络出版物（PC互联网、移动互联网和卫星网出版物）等。按照信息类型，数字出版产品可分为文本型、图形图像型、音频型、视频型和多媒体型等。最后按照产品所处的细分行业，数字出版产品又可分为大众类、教育类、专业类等。

二、数字出版产品的具体分类

结合以上分类方式，我们重点从产品形态、信息类型、用户类型和细分行业等角度进行概述。

（一）产品形态角度

产品形态是指通过设计、制造来满足顾客需求，最终呈现在顾客面前的产品状况，一般包括产品传达的意识形态、视觉形态和应用形态。

作为数字出版产品最为普遍的分类方式，尤其对传统出版产品来说，产品形态具有直观可见、继承性等显著优势，但是分类过于细碎，难以概括性地提炼某些产品的共同特征。从产品形态的角度出发，数字出版产品一般可分为电子书、数字报纸、数字期刊、数字音像制品、网络数据库、有声书等。

（二）信息类型角度

根据DIKW模型①可以得出，信息是知识的基础。按照媒介信息的表现类型，数字出版产品可分为文本型、图形图像型、音频型、视频型、动画型以及多媒体型。

一种出版物可以对应一种或多种信息表达类型，如全文数据库主要是文本型数字出版产品，有声书则是音频型产品，而在线教育产品既包含课件等文本、图像信息，还有课程录制的视频与音频等信息类型，属于多种信息类型综合的多媒体型产品。

（三）用户类型角度

随着出版业深度融合进程的推进，数字出版产品也逐渐呈现出互联网产品的特征，因此数字出版产品的分类也可以借鉴互联网产品的分类方法。根据面向用户类型的差异，数字出版产品可划分为to B和to C产品。

to B产品主要面向企业用户，由企业代表完成决策，用户可能是不同角色。从用途来看，to B产品往往服务于机构的业务和工作需求，偏向后台工作，更强调对特定功能目标的满足。比如中国法律应用数字网络服务平台"法信"、中国临床决策辅助系统——"人卫助手"系列知识服务数字平台等产品都属于to B产品。

to C产品主要面向独立用户，纯粹由个人完成购买和使用的决策。从用途来看，to C产品偏向于用户的前台生活，要求产品具有简单易用、方便上手的特点，侧重于用户体验。比如得到APP作为一款知识服务产品，主要针对个人用户的知识需求，属于典型的to C产品。

当然，部分to B和to C产品并没有清晰的分类界限，不少产品可能介于中间地带。②此外，部分产品本身作为平台就包含了to B和to C产品两种属性。比如在线教育平台，除了具有面向师生个体的备课、学习等功能，还有面向学校机构的教学管理功能，是融合to B和to C的混合型数字出版产品。

（四）细分行业角度

根据细分行业对数字出版产品进行划分是一种较为常见的分类逻辑。自2019年起，国家开始实施数字出版精品遴选推荐计划，该计划按照主题出版、大众出版、专业出版、教育出版、少儿出版五类推出具有示范推广价值的精品项目。这五大类别基本涵盖了当下各类数字出版产品，对于总结产品的特定发展模式有一定的借鉴意义。

1. 主题出版领域

主题出版领域的数字出版产品是党和国家在数字时代充分实现自身宣传功能的重要体现，有利于弘扬时代主旋律和社会主流价值，推动习近平新时代中国特色社会主义思想以生动活泼的形式深入人心。近几年，在全国出版单位的努力下，该领域涌现出了一批思想先进、内容优质、技术创新的数字出版产品，如《习近平新时代中国特色社会主义思想三十讲》有声读物，其在纸质图书的基础上进行有声化加工，以适应大众个性化的学习需求，且在录制生产环节进行了严格的品控管理，筛选具有专业素质和声音基础的播讲人，为保障产品质量打下了扎实的基础。在营销

---

① DIKW模型，即"数据（Data）、信息（Information）、知识（Knowledge）、智慧（Wisdom）"模型。
② 苏杰．人人都是产品经理（入行版）：互联网产品经理的第一本书［M］．北京：电子工业出版社，2021．

推广环节，产品借助微信公众号、喜马拉雅FM等平台进行引流，扩大了传播力和影响力。[①]

2. 大众出版领域

在五大领域中，大众出版领域的数字出版产品种类最为丰富，市场影响力较大，对于引领出版业高质量发展，满足人民日益增长的精神文化需求起到了至关重要的作用。相较于传统出版产品，该领域的数字出版产品呈现形态多元、创新技术应用程度更高、上下游产品联系更加紧密的特点。如2022年的开年大戏《人世间》一经播出，便收获了不菲的成绩，同时也为出版业融合发展提供了成功的范例。2017年，《人世间》的纸质书和电子书上线；2018年，其有声书在喜马拉雅FM成功上线；随后又走上了"出版+影视""出版+话剧"的道路，收视率持续飙升，市场反响热烈。同时，原创IP海外输出的进程也在同步进行，《人世间》影视改编剧在拍摄之际便与迪士尼签署了海外独家发行权协议。[②]除构建纸、电、声、影的一体化融合出版生态外，版权方也向实体文创产品发力，由《人世间》授权的"人世间杂货铺"推出了人世间故事书写笔、四季福碗、心意杯三款系列产品。[③]

3. 专业出版领域

专业出版领域的数字出版产品资源特色鲜明，用户画像清晰，具有明显的垂直市场特性。专业出版机构主要通过挖掘自身的存量资源，利用内容资源优势为用户提供精细化、个性化、场景化的产品和服务。比如广西科学技术出版社推出的"中国—东盟传统医药全媒体出版平台"，策划出版了一批以中医药、广西民族医药为基础的传统医药纸质图书和数字出版物，并推出网站和多媒体资源库"中国—东盟传统医药数据库"。

4. 教育出版领域

教育出版领域的数字出版产品种类丰富，包含电子书、数字教材、复合型内容软件、知识链等，覆盖学龄前教育、义务教育、职业教育、高等教育等各阶段用户及特殊人群。该领域产品对内容质量要求较高，不仅要求内容本身准确规范，还需要充分考量受众的学习特点，搭建合理的知识层次。由于技术创新、内容呈现和功能维护主要基于平台，因而用户对于平台具有较强的依赖性。比如服务于职业院校师生和职业培训者的"智慧职教"，就是借助云计算、大数据、区块链、人工智能等先进技术，汇聚海量优势资源，构建起"三平台""三学院""三系统""一课堂""一中心"的在线教学服务系统。[④]

5. 少儿出版领域

少儿出版领域的数字出版产品注重多感官交互，用户画像清晰，运营呈现出泛娱乐化生态的

① 《习近平新时代中国特色社会主义思想三十讲》有声读物［EB/OL］.（2021-04-08）［2021-07-12］. https://m.gmw.cn/baijia/2021-04/08/34751363.html.

② 冯国军. 深融时期大众出版的成功探索——以《人世间》为例［J］. 出版广角，2022（7）：67-70.

③ 《人世间》成现象级作品　文创产品打通IP内容生态［EB/OL］.（2022-07-12）［2022-08-08］. https://culture.gmw.cn/2022-07/12/content_35877304.htm.

④ 柯进. "智慧职教"在线教学服务系统入选数字出版精品遴选推荐计划［EB/OL］.（2020-12-17）［2022-06-01］. http://www.jyb.cn/rmtzcg/xwy/wzxw/202012/t20201217_382958.html.

特征，擅长通过发掘IP产品的长尾效应来推动跨界合作。[①]比如洪恩识字APP课程主要面向3—8岁儿童，倡导边玩边学，借助个性化的学习方式让儿童在趣味互动中轻松牢固地掌握汉字；同时注重技术的创新使用，通过先进的图形互动引擎、3D技术和AR互动技术，研发出专属儿童的AI智能语音测评系统。

第三节　数字出版产品分析

由于不同分类标准存在较大差异，其中依据产品形态的分类在数字出版实务工作中具有较为广泛的应用，因此，本节关于数字出版产品的分析主要采用产品形态的分类标准，选取主要的数字出版产品重点分析产品概念和产品特征。

一、电子书

电子书（Electronic Book），又称为电子图书、数字图书，简称E-book。2010年，原新闻出版总署发布的《关于发展电子书产业的意见》提出，电子书是指将文字、图片、声音、影像等信息内容数字化的出版物，具体所指的是植入或下载数字化文字、图片、声音、影像等信息内容的集存储介质和显示终端于一体的手持阅读器。[②]根据原国家新闻出版署出版专业资格考试办公室推出的《数字出版基础：2020年版》，电子书被定义为将文字、图片、声音、影像等信息内容数字化的出版物。这里所指的电子书并非狭义上的阅读器，而是包含了内容和载体。

一般认为电子书包含以下三个基本要素：一是电子书的内容，即文字、图片、声音、影像等数字化内容；二是电子书阅读器，即各种个人计算机、平板电脑、智能手机和专用电子书阅读器；三是电子书的阅读软件，如Adobe Reader、掌阅iReader及Amazon Reader等。

2022年6月2日，亚马逊公司宣布将在2023年6月30日停止Kindle电子书业务在中国的运营。此消息一出，可谓一石激起千层浪，一度成为互联网的热议话题。Kindle的入场和谢幕映射着中国电子书的发展历程和现存问题，也警示着新的入局者。

2013年6月7日，Kindle正式进入中国。为了成功打开中国市场，亚马逊早早就开始了布局。早在2011年，亚马逊就拜访了中信出版社，介绍自身的团队、观念、商业模式，并主动了解中信的情况，调研中国出版市场现状。Kindle在中国推出后，其价格、版权等诸多方面吸引了中国读者的关注。在价格方面，贝索斯（J.Bezos）以低价甚至亏本甩卖硬件，极限压缩了以汉王为代

① 林丽. 媒介化语境下我国少儿数字出版的现状与趋势［J］. 出版发行研究，2018（11）：33-36.
② 新闻出版总署. 新闻出版总署关于发展电子书产业的意见［EB/OL］.（2010-10-10）［2022-06-01］. https://www.nppa.gov.cn/nppa/contents/772/76609.shtml.

表的国内电子书阅读器生产商的生存空间。在版权方面，在2010年前后，亚马逊就已经有了超过60万种电子书、杂志以及博客订阅。进入中国后，它积极与国内出版商洽谈版权合作事宜，要求他们在Kindle渠道给出最低价格的定价。

除此以外，亚马逊也在文化上进行了诸多本土化改造和适应。如2015年，亚马逊推出了专为中国女性打造的白色阅读器。后来，亚马逊改变了单调配色，以中国传统颜色为灵感，推出雾蓝、烟紫、玉青等多配色产品。2017年，它与咪咕阅读达成合作，推出Kindle×咪咕电子书阅读器，将咪咕阅读的40万余种网络文学作品纳入书库。2018年，亚马逊还推出了咪咕-Kindle党员学习版设备。此外，亚马逊也曾与故宫合作，推出了联名礼盒。

低价优势、正规版权、海量图书库存、墨水屏技术和本土化运营都成为Kindle在中国华丽登场的坚强后盾。一时间，Kindle风光无限，成为读书人的身份象征，仅用短短三年，中国就成为Kindle销售的全球最大市场。

即便如此，Kindle在中国的退出也并非无迹可寻，在多种因素的冲击下，Kindle在中国的销售早已增长乏力。首先，墨水屏的主打优势被打破。一方面，Kindle屏幕一旦受到轻微磕碰，就会留下难以修复的光斑，闪屏、跳屏问题也时有发生。另一方面，墨水屏技术已不再归亚马逊所独有，比如微信读书也推出了自己的墨水屏阅读器，并附赠无限年卡。其次，Kindle的功能过于单一。移动终端的加速迭代以及5G通信技术的普及给予了用户更多样的选择，因而承载综合功能的iPad远比单纯看书的Kindle更能获得用户的青睐。另外，国内同类型如多看、文石、掌阅、科大讯飞等研发的阅读器更贴近国内读者的需求。再次，商业模式难以为继。国内数字阅读的盈利模式已从单一的电子书售卖走向广告收入、图书出版、版权运营甚至用户打赏等多元方式，Kindle却仍然固守着订阅付费，这与国内读者的心理预期和消费习惯也是相悖的。

二、数字期刊

数字期刊（Digital Periodical）是指用数字化方式存储于光盘、磁盘等介质或网络中并通过数字媒体发行和阅读使用的一种连续型数字出版产品。目前，数字期刊出版以网络版数字期刊出版和期刊在线数据库出版两种方式为主。数字期刊有不同的分类方式，按照载体形式，可分为光盘版、网络版和数据库版；按照付费模式，可分为免费型和盈利型；按照内容类型，可分为学术类和大众类。随着数字技术在期刊领域的应用持续深入，以学术期刊为代表的数字期刊表现愈加活跃，而大众数字期刊则呈现出低迷态势。

学术期刊作为记录、传播和交流科技创新成果的重要载体和工具，一直以来在推动人类文明传承和知识创新的过程中扮演着重要角色。学术期刊数字化进程的加快，使得刊载内容得到扩充，传播速度和空间也有所提升和扩展，满足了读者快速检索、接收最新学术成果的需求，对于加快学术交流、共享文明成果、推动科学进步大有裨益。目前，大多数国际数字学术期刊主要由西方国家的学会、协会和出版集团掌控，2021年全球五大学术出版集团分别是励德·爱思唯尔、汤姆森·路透出版集团、威科集团、施普林格出版集团和约翰·威利父子出版公司。在资本、技术和资源的多重驱动下，学术期刊出版商持续朝数字化和专业化方向发展，从提供全文期刊数据库的单一服务模式转变为基于数据和用户需求驱动的多元深度服务模式。我国数字学术期刊则主要以中国知网、万方、维普三大期刊商业数据库为主，它们收录了国内大部分学术期刊。

兴起于20世纪90年代的开放获取是数字学术期刊领域不容忽视的现象。2002年，《布达佩斯开放获取倡议》（BOAI）正式确定了开放获取的概念，同时指出开放存储（Self-Archiving）和开放获取期刊是开放获取的主要实现路径。[①] 开放获取期刊又称为"金色OA"，指的是论文发表后，用户即可通过期刊网站进行免费访问、获取和使用。按照开放程度，开放获取期刊可分为完全开放获取期刊、部分开放获取期刊和延时开放获取期刊。当前，国际开放获取期刊相关实践内容主要表现在预印本平台、开放获取倡议计划、开放获取周、开放获取行动计划、学术机构与出版商合作等方面。

三、网络文学

网络文学（Network Literature），西方国家通常以遍历文学、数码小说、电子文学、互联网文学等术语来指称。围绕网络文学的概念，国内外学者提出了不同见解。国外学者大多从技术视角出发进行定义，强调文学或故事表达手段的超媒体、超文本和超链接等技术因素。而国内学者在定义中兼顾了技术因素和内容特色。目前，学者欧阳友权提出的关于网络文学的定义获得了广泛的认可。他认为，"广义的网络文学是指经电子化处理后所有上网的文学作品，即凡在互联网上传播的文学都是网络文学，这种网络文学同传统文学仅仅只有媒介和传播方式的区别；从中观层面上看，网络文学是指发布于互联网上的原创文学，即用电脑创作、在互联网上首发的文学作品，这个层面的网络文学不仅有媒介载体的不同，还有了创作方式、作者身份和文学体制上的诸多改变。从狭义上说，最能体现网络文学本性的是网络超文本链接和多媒体制作的作品，这类作品具有网络的依赖性、延伸性和网民互动性等特征，不能下载出版做媒介转换，一旦离开了网络它就不能生存。这样的作品与传统印刷文学完全区分开来了，因而是真正意义上的网络文学"。而从业界实践来看，网络文学仅涵盖狭义层面的界定，它是以互联网为媒介载体，借助互联网进行传播，以互联网用户为创作群体和消费群体的产品形态。

网络文学有以下三个特征：

第一，审美趣味大众化。网络文学依托互联网进行创作、出版和传播，降低了文学创作的门槛，因而以往文学创作的精英化色彩有所淡化，而转向草根群体。来自各行各业、不同年龄的群体都能够轻易参与其中，加之电子媒介天然的非线性表达方式，促使网络文学摆脱了传统文学崇高、精致与经典的审美趣味。它不再热衷于描绘阳春白雪，对于情感的表达也更加率真，少有朦

---

① Read the Declaration［EB/OL］.（2002-02-14）［2020-09-04］. https://www.budapestopenaccessinitiative.org/read/.

胧含蓄的情绪描写。网络文学这种通俗的表达方式和写实的题材选择很大程度上满足了普通大众的文化需求。然而，过分迎合读者娱乐性需求的网络文学作品不免陷入低俗与意义消解的泥淖，部分作品成为俗套烂梗的排列组合，文本叙事逻辑不再依附于情节自然推动和主题升华的需要，而只为铺垫"梗"的出现。①还有一些作品内容本身存在严重的价值导向问题，不利于青少年读者正确价值观的培养和形成。

第二，创作、消费群体年轻化。从读者角度来看，根据中国社会科学院发布的《2021中国网络文学发展研究报告》，"95后"青年成为网络文学主力军，并且引领了网文阅读新风尚。2021年，阅文集团旗下的起点读书APP新增用户中，"95后"占比超过60%，相较于其他年龄的读者，作为"数字原住民"的他们拥有更为敏锐、前卫的"网感"，更擅长与其他读者、作者建立亲密的互动关系，更习惯于在各大社交媒体平台表达自己关于作品的意见等。从作者角度来看，"95后"正接棒网络文学的创作。中国作家协会网络文学中心发布的《2020中国网络文学蓝皮书》统计结果显示，自2018年以来，实名认证的新作者中"95后"占比达到74%。阅文集团的数据也显示，2021年网络文学榜样作家"十二天王"中将近一半为"95后"，这表明"Z世代"作者已成为网络文学创作队伍的中流砥柱。年轻化的作者群体推动网络文学创作生态呈现出新的特点，比如科幻、"二次元"等多元化的题材，突破了传统题材的已有框架，开创了新的写作方法。②可见，年轻化的创作与消费群体为网络文学注入新的增长动能，推动产业走向多样化、高质量发展道路。

第三，目的商业化，兼顾社会价值。自2003年起点中文网引入VIP付费制度以来，国内网络文学平台始终走在商业化运营的道路上。目前网络文学行业已形成在线付费阅读、广告收入、IP运营三大较为成熟的商业模式。尤其在IP运营方面，网络文学不止局限于作品版权售卖，而是形成了包含影视、动漫、游戏改编，周边衍生品开发，纸质书出版以及电子版权分销等在内的全方位版权开发模式，撬动了整个泛文娱产业。同时，伴随着产业规模的日益壮大，网络文学成为国民数字阅读的重要组成部分，国家相关部门出台了一系列政策积极引导和监督网络文学平台，从宏观上对作品的价值导向进行把关。比如近年来，阅文集团通过组织各种网络原创现实主义题材征文比赛和作家培训班等活动，引导作者将现实主义融入作品的创作中，造就了一大批类似《复兴之路》《中国铁路人》《上海繁华》之类的优质作品。③

随着国家政策扶持引导力度的加大，以及平台海外影响力的扩大，2021年，网络文学的海外传播已经实现了阶段性跃升，从初级的作品出版、网文翻译、IP分发进化为产业模式的输出。从地域来看，网络文学的海外传播从东南亚、东北亚、北美扩展到欧洲、非洲，目前已遍布全球，而且在不同国家都搭建起适应本土的阅读平台。网文的成功出海为讲好中国故事、传播中国声

① 王迪. 网络文学出版活动中的作者角色研究［D］. 南京：南京大学，2021.
② 中国社会科学院文学所"网络文学发展研究报告"课题组. 2021中国网络文学发展研究报告［R/OL］.（2022-04-07）［2022-07-01］. http://www.cssn.cn/wx/xslh/202212/t20221231_5576959.shtml.
③ 于福苗. 阅文集团网络文学出版研究［D］. 保定：河北大学，2020.

音、提升中华文化的感召力和影响力树立了典范，同时也是建立中外友好关系的纽带和媒介。然而不可否认的是，当前网络文学的海外传播仍然面临着一些严峻的挑战：首先，网文质量堪忧，存在同质化、模板化的问题。当海外读者一旦厌倦网文的固定套路，进一步推广必将难以为继。其次，不同国家之间的文化差异显著，日新月异的网络语言和中华文化特色词汇成为翻译难点，给海外读者带来理解的困难，同时也阻碍了文化底蕴深厚的作品的传播。再次，网络文学作品在海外传播的过程中也面临着严重的盗版问题。由于海外取证艰难、侵权内容难以监控以及小网站发现难度大等原因，中国企业即便发现盗版现象，维权的难度和成本也相当大。[①]

四、视听产品

2020年最新修正的《中华人民共和国著作权法》对作品类型进行了修改，将"电影作品和以类似摄制电影的方法创作的作品"统一改为"视听作品"，涵盖范围包括短视频、直播等新兴领域。《视听作品国际登记条约》中对视听作品的定义为：由一系列相关的固定图像组成，带有或不带伴音，能够被看到的，并且带有伴音时，能够被听到的任何作品。所谓视听产品，是在视听作品基础上，被人们使用和消费，并满足其某种需求的产品类型。在数字出版领域中，视听产品一般包括有声书、短视频和直播等。

（一）有声书

有声书（Audio Book），又被称作有声读物。美国有声书出版商联盟对有声读物的定义为："有声读物是包含不少于51%的文字内容，利用音频技术进行制作、包装和复制，以磁带、唱片、CD、数字文件等形式传播的录音制品。"[②]随着数字技术的发展，有声书摆脱了笨重的固体介质，形态和载体都有所丰富和发展，已有的定义已无法解释变化的业态，因而不少学者对有声书给出了不同的定义。广义的有声书包含两种形态：一是纸质书、网络文学作品的有声化改编；二是不以文本内容为基础，而是直接录制的有声出版物，如脱口秀等。而狭义的有声书仅指前者。2020年，由《中国知识产权报》发表的《有声读物平台如何规避侵权风险？》文章，将有声读物定义为"运用现代数字技术，以文字作品为内容，固定表演者声音并存储于数字文件之中，利用网络平台向公众传播的录音产品"。[③]本书将以此定义为准。

（二）短视频

2016年是短视频元年，随后短视频在国内迎来了爆炸式增长。然而目前关于短视频的定义，学界尚未达成一致。Social Beta网站对于短视频做出如下定义：时长在30秒以内，能够借助智能终端实现快速轻松的拍摄和编辑，并在社交媒体平台上实时分享的一种新型视频形式。这一定义

① 欧阳友权.中国网络文学海外传播的形态、动力与屏障[J].贵州师范大学学报（社会科学版），2021（6）：115-123.
② 杨航.我国"听书"产业在网络下的发展和标杆性策略分析[J].编辑之友，2011，179（8）：73-76.
③ 有声读物平台如何规避侵权风险？[EB/0L].（2020-09-29）[2023-05-28].http://www.iprchn.com/cipnews/news_content.aspx?newsId=125089.

基本涵盖了短视频的关键要素——时长、传播载体和分享互动特点。

短视频具有草根性、碎片化、丰富性、嵌入性的特点。首先，随着智能终端的普及和拍摄、剪辑软件的成熟，短视频的创作难度和成本大幅降低。短视频的出现打破了专业媒体机构对于传媒资源的垄断，实现了话语权的下放和赋予，提升了边缘群体的"可见性"，因而短视频的传播呈现出去中心化的趋向。其次，短视频短小精悍，容易在短时间内抓住用户的眼球，迎合用户快速获取信息的需求。同时，与文字、声音等单一的符号语言相比，短视频的表意元素更为多元，除文字、声音、影像外，滤镜、模板元素、声音特效也是视频表达手法的有机组成部分。最后，短视频往往较少作为独立的文本存在，而是嵌入微博、微信等媒介内容中，因而社交媒体的搭载也推动了短视频的病毒式传播和社交价值的发挥。

目前，伴随着互联网人口红利的消失殆尽，增量市场转向存量市场，短视频产业也放慢了扩张的脚步，迎来稳步增长的态势。根据第49次《中国互联网络发展状况统计报告》，截至2021年12月，我国短视频用户规模达9.34亿，较2020年12月增长6080万，占网民整体的90.5%。[①]从整体产业格局来看，短视频已逐渐形成"两超多强"格局，抖音、快手领跑整个行业，同时，微博、微信、小红书纷纷于2020年上线视频号，加速布局短视频赛道。这些发展势头强劲的社交媒体的加入让短视频行业的竞争更加激烈，同时也激发了其自身的跨界融合潜能。[②]"短视频+教育""短视频+政务""短视频+游戏"等诸多模式的出现为短视频注入新的动能，同时也促使短视频由粗放走向精细，更加垂直化、细分化。

（三）直播

网络直播最早可追溯到Web1.0时期，是由平台制作方利用互联网进行的内容直播，然而彼时的直播等同于电视直播的网络版，仍然由专业媒体机构控制传媒资源，无法体现当前网络直播的平民性。本书所关注的网络直播，是在移动终端上捕捉实时视频并与在线用户实时分享互动的传播形态，专业媒体机构发起的直播活动不在讨论范围之内。[③]网络直播具有实时性、社交性、互动性、移动性的特点，具体可分为秀场直播、游戏直播、泛娱乐直播和电商直播等类型。

2016年是我国的网络直播元年，用户规模和直播平台都迎来井喷式的增长。截至2021年12月，我国网络直播用户规模达7.03亿，与2020年同期相比增长8652万，占网民整体的68.2%。可见，当前直播已经渗透每个人的日常生活，成为媒介化生存的突出表现。同时，电商直播已经成长为价值千亿元的"红海市场"，是提振经济的重要增长点，它促进了平台端、需求端和供给端连接效率的提升，倒逼传统产业升级迭代，以满足"Z世代"用户的核心需求。[④]基于直播的海量用户规模，传统出版业积极拥抱新渠道，持续加码电商直播。不少出版社都开始尝试以直播营销

———————

① 中国互联网络信息中心. 第49次中国互联网络发展状况统计报告［R/OL］.（2022-02-25）［2022-07-01］. http://www.cnnic.net.cn/NMediaFile/old_attach/P020220721404263787858.pdf.

② 黄楚新. 我国移动短视频发展现状及趋势［J］. 人民论坛·学术前沿，2022（5）：91-101.

③ 吴占勇. 网络直播的内容生产与权力博弈［D］. 武汉：武汉大学，2019.

④ 喻国明，陈雪娇. 技术迭代视域下的直播电商：动力模型与操作逻辑［J］. 新闻与写作，2021（2）：60-66.

为核心，建立私域流量池，盘活优质图书资源，增强品牌自身的曝光度。然而出版业仍处于直播带货的探索实验期，面临诸如超低折扣打破图书市场平衡，自建渠道投入成本高、流量低且转化弱的困境。[①]

五、数据库产品

关于数据库的定义，国内外学者众说纷纭，从不同的角度对其范围进行界定。根据欧洲议会和欧盟理事会颁布的《欧盟数据库法律保护指令》，数据库是指经系统或有序的编排，并可通过电子或其他手段单独加以获取的独立的作品、数据和其他材料的集合。这表明法律意义上的数据库不仅指电子数据库，还包括字典等非电子数据库。[②]而根据我国学者提出的定义，他们所认为的数据库仅指电子数据库，本书研究的也是此类形式的产品。

按照信息处理的层次，数据库可分为参考数据库和源数据库，前者主要包括书目数据库和指南数据库，后者主要包括全文数据库和数值数据库；按照存储介质，可分为磁带数据库、磁盘数据库、光盘数据库、网络数据库；按照信息表达方式，可分为文本数据库、图片数据库、音频数据库、视频数据库和多媒体数据库；按照建库目的，可分为自用数据库和商用数据库。还有一些其他特定类型的数据库，如学术数据库、特色文献数据库、专题数据库、民族文献数据库、古籍数据库等。

由于数据库种类繁多，难以在有限的篇幅内全部涵盖，因而本书主要着眼于学术数据库。数据库出版作为学术出版的三种路径之一，在缩短出版时滞、知识成果共享、推动学术交流方面扮演了极为重要的角色。在国内，主流的学术数据库包括中国知网、万方、维普、国家哲学社会科学学术期刊数据库、中国高校系列专业期刊网、人大"复印报刊资料"系列数据库等，基本形成了商用数据库知识垄断与科研机构数据库开放共享分庭抗礼的格局，但两者之间并非泾渭分明，而是存在着广泛的灰色地带。[③]

六、在线教育

对于在线教育（E-learning）这一概念的定义，目前国内外学者众说纷纭，但大都一致认为它是基于网络环境下的在线学习。本书对于在线教育的概念界定主要借鉴美国教育部2000年度《教育技术白皮书》中对在线教育的内涵阐释。首先，它是借助互联网提供教育服务；其次，它与传统教育模式不同，能够跨越时空的阻隔，为终身学习提供优质教育资源；再次，教学者的角

① 马光辉，郑苏晖. 出版业图书直播带货的困境与纾解 [J]. 现代出版，2022（2）：99-104.

② 参见《欧盟数据库法律保护指令》第1条第2款。

③ 束开荣. 知识基础设施视角下的学术期刊数字出版：网络化的知识生产及其传播实践 [J]. 编辑之友，2022（3）：40-47.

色定位以及教与学的关系发生了转变；最后，它并非传统学校教育的替代品，而是为了实现特定教育目标。[①]

与传统教育相比，在线教育具有以下特点和优势：

一是学习时间和方式自由灵活。与传统教育模式下固定教学时间和场所不同，在线教育环境下学习者可以根据自身需求和现实条件，选取合适的时间，选择合适的内容进行学习，尤其对于在职工作人员，在线教育有助于缓解学习和工作之间的矛盾，拓展终身学习空间。

二是在线教育具有丰富的教学互动功能。随着新兴技术在教育领域的应用，越来越多的在线教学尝试通过引入互动教学模式来提升学习效果，比如借助线上教学平台，每一位同学可直接进行学习成果分享展示，其他同学则借助投票工具对分享内容进行实时评价。除此之外，部分实验课程运用VR设备，可以让师生获得沉浸式互动教学体验。

三是在线教育具有更广泛的学习资源和共享渠道。随着大规模开放教学平台的涌现，如中国大学MOOC等，教师借助互联网可以获取大量优质教学资源，并将其引入课堂，有助于打破原本封闭式的教学模式，培养学生自主学习和信息检索的能力。

七、沉浸式出版物

沉浸式出版物是在以VR、AR、MR为代表的新兴技术兴起后出现的新型出版产品。

VR技术建立在计算机模拟和沉浸式多媒体技术的基础上，关键在于高度逼真地模拟现实环境，并使得使用者身临其境地体验与交互。AR技术借助计算机生成的场景或系统提供的信息叠加于现实环境以增加使用者对现实世界的感知。MR技术通过搭建一个虚拟与现实融合的环境，以增强用户体验的真实感。基于沉浸式技术的沉浸式出版物是未来媒体技术的重要应用方向。

虽然VR、AR、MR技术在出版物中的具体应用场景有所差异，但是作为新兴技术，它们有着共同的特性。首先是沉浸交互性。传统出版物的交互性主要体现在读者与书中内容的思想交互，且这种交互因人而异，极易受到外界环境的干扰。而搭载VR、AR、MR技术的出版物能够创造一个全感官沉浸的环境，用户作为参与者与这个环境中的不同事物进行互动。视觉、听觉、触觉等多重感官的调动提高了用户的专注度，增进了他们与出版物不同要素的交互。其次是仿真形象性。与传统出版物相比，沉浸式出版物在原有内容之外进行了全方位的延展，用户不需要调动自己的想象力就能真实感知场景中的具象化呈现。

当前，不少出版企业都纷纷开始研发少儿出版领域的VR/AR出版产品，此类出版物更符合儿童的认知规律与学习习惯，也更能激发他们对于阅读的兴趣，拓展知识的边界。随着5G技术的普及，MR技术必将成为引领新一轮出版融合创新的重要技术。然而VR/AR技术仍处于发展初期，在出版物的应用中依旧面临着诸多难题和困境。第一，投入成本较高，对于一向深耕内容的出版机构而言，打造VR/AR产品需要大量资金和高端技术人才的投入，一旦遭遇市场风险，损失将会非常惨重。第二，VR/AR出版物的产品体验标准和运行规范尚不完善，目前VR/AR技术尚不成熟，因而使用前需要扫描二维码或者下载APP，使用中需要长时间佩戴VR/AR眼镜，而且产品呈现效果不稳定，用户难以获得理想体验。[①]可见，沉浸式技术与出版的深度融合依旧道阻且长。

八、知识服务

知识服务概念的提出在我国最早可追溯到20世纪90年代。随着信息技术的更新，知识服务的内涵也发生了拓展和演化。图书情报领域的学者从服务对象、服务目的、服务方式、服务资源等不同视角对知识服务做了定义。目前，学者对于出版领域的知识服务达成了基本共识：知识服务是指为了满足目标用户的知识需求，出版机构通过汇集整合大量显性和隐性知识资源，向用户提供关键信息、知识产品和解决方案的信息服务活动。[②]

中国新闻出版研究院副院长张立认为，出版业数字化转型发展可分为电子出版、互联网出版、数字出版、知识服务四个阶段。[③]可见，知识服务是当前出版机构实现转型升级的重点业务领域，同时出版机构具备发展知识服务的优势。首先，出版机构拥有海量的优质资源。扎根内容产业多年的出版机构积累了大量内容资源、作者资源和编辑资源。强大的制作班底和强势的内容资源是支撑开展知识服务的核心优势。其次，出版机构拥有健全的知识生产体系。出版业在悠久的发展历史中已经形成了选题策划、编辑出版、生产印刷、发行营销的标准生产流程，并且恪守三审三校等制度，审核把关制度相对完善，能够最大限度保证知识的准确性、科学性和全面性。[④]

当前，知识服务产品主要包括数字图书馆、数据库产品、知识库、大数据知识服务平台、MOOC/SPOC在线教育平台、VR/AR图书等。然而，出版社在开拓知识服务的过程中也面临诸多问题，比如缺乏用户思维，始终把重心置于前沿技术应用和内容资源的完善上，内容设计却较少考虑用户体验。另外，无论是在内容分发推广、扩大产品曝光、增强用户黏性，还是在增加营销利润上，大多数出版机构都收效甚微，盈利模式有待进一步升级拓展。[⑤]

① 丁燕伟. AR/VR技术在少儿出版物中的应用初探［J］. 出版广角，2022（7）：88-91.

② 张立，吴素平，周丹. 国内外知识服务相关概念追踪与辨析［J］. 科技与出版，2020（2）：5-12.

③ 谢新洲，黄杨. 技术创新：数字出版发展与管理的新路径——专访中国新闻出版研究院副院长张立［J］. 出版科学，2019（6）：14-18.

④ 朱葛嫣然. 我国出版企业知识服务现状及提升策略研究［D］. 青岛：青岛科技大学，2021.

⑤ 唐京春，张洪建. 知识服务热潮背后的问题剖析与对策思考——以深化新闻出版业转型升级为视角［J］. 中国出版，2018（10）：35-38.

思考题

1. 说一说数字出版产品的概念与特点。

2. 数字出版产品的分类标准有哪些？

3. 选择你熟悉的某类数字出版产品，分析这类产品的特性。

4. 请结合当前的数字出版业态和前沿技术，分析一款数字出版产品，并说明其产品定位、内容和功能特点。

5. 思考传统出版产品和数字出版产品的关系，并说明理由。

第五章
数字出版用户

数字出版时代，用户体验成为决定数字出版产品和业务成败的关键。用户体验是数字出版产品研发和设计的出发点，用户反馈和评价成为数字出版产品和运营优化的方向。本章首先对数字出版用户相关概念进行辨析，明确数字出版用户的范畴，进而对数字出版用户需求调研展开分析，最后结合相关理论模型介绍用户体验和需求分析相关内容。

第一节　数字出版用户概述

所谓用户，一般指的是某种技术、产品、服务的使用者。在商业领域中，"用户"往往与"消费者"混用。进入21世纪后，随着信息技术与互联网产业的迅猛发展，"用户"的使用频率越来越高，通常指互联网产品的使用者。数字出版产业与互联网产业存在广泛的交融，因此"用户"作为一个重要概念逐渐进入数字出版领域。

一、数字出版用户及相关概念

在数字出版实务中，与用户概念最相关的包括读者和出版物消费者。读者这一概念源于图书馆学，结合出版业实际情况，编辑出版学领域的读者可定义为具有阅读能力，由自己或通过他人购买获得书刊或阅读器，并阅读其中文章等内容的人。该定义强调了读者自身的阅读行为，还强调了购买行为，与图书馆学中的借阅者存在区别。[①]出版物消费者作为出版业市场经济发展的概念表征，反映了出版学主动吸收市场营销学相关理念的过程。出版物消费者指的是对出版物有现实或潜在需求的人，这个人可以是出版物购买决策的发起者、影响者或执行者，也可以是出版物

① 王鹏涛. 读者学研究重启的必要与可能 [J]. 现代出版, 2013 (1) : 11-15.

阅读者或其他方式的使用者。考虑到图书是当前出版物市场最主要的产品形态，出版物消费者一般以图书消费者为主。

基于上述分析，我们认为数字出版用户与读者、出版物消费者之间既存在相互联系，又有一定区别。数字出版用户与读者的共同点在于都有使用者的含义，不局限于某种产品的消费者身份；但两个概念的起源不同，前者主要受到互联网产业的影响，涉及范围更广，既包括数字化书报刊，还涉及网络游戏、网络动漫、网络视频、网络文学等新型业态的使用者，而后者更多是来自图书馆阅读服务，更多体现在以书报刊为主的阅读产品和服务上。当然，随着图书馆线上服务的拓展，两者概念的适用范围会有一定重叠。数字出版用户与出版物消费者的共同点在于都包含市场环境下人们对数字内容产品的接触，侧重于通过商业和技术手段来挖掘用户需求，提供个性化服务；但不同之处在于前者更多是产品和服务的使用者，并不一定直接发生购买行为，而后者更多是以购买者或购买决策者的身份出现。

基于此，本书将数字出版用户定义为某一数字出版产品或服务的使用者。在数字出版环境下，用户成为产业发展的核心，数字出版产品是为满足用户信息需求而生产的，数字出版资源是围绕用户信息需求进行组织和配置的，数字出版服务是根据用户个性化信息需求而设计的。[①]

二、数字出版用户现状

近几年，随着移动互联网的迅猛发展，数字出版用户规模呈现快速上升态势。根据中国互联网络信息中心发布的第49次《中国互联网络发展状况统计报告》，截至2021年12月，我国网民规模达到10.32亿，较2020年12月新增4296万，互联网普及率达73.0%；手机网民规模为10.29亿，较2020年12月新增4298万，网民中使用手机上网比例为99.7%。[②]

广义的数字出版用户包括网络视频、网络游戏、网络音乐、网络文学等相关领域的用户。网络视频方面，截至2021年12月，我国网络视频（含短视频）用户规模达9.75亿，其中短视频用户规模为9.34亿，占网民整体的90.5%。网络游戏方面，截至2021年12月，我国网络游戏用户规模达5.54亿，较2020年12月增加3561万，占网民整体的53.6%，近五年使用率维持在相对平稳状态。网络音乐方面，受到版权环境重塑和多领域业务创新因素影响，截至2021年12月，我国网络音乐用户规模达7.29亿，较2020年12月增加7121万，是2017年用户规模的1.33倍，占网民整体的70.7%。网络文学作为数字出版的重要细分领域，近几年强化与音视频平台合作，开拓IP市场空间，推动大众数字出版持续发展，截至2021年12月，我国网络文学用户规模达5.02亿，较2020年12月增加4145万，占网民整体的48.6%。

随着数字出版细分市场竞争的日趋激烈，围绕数字出版用户的相关需求调研、挖掘、分析工作变得愈加重要，这引起了数字出版机构和从业者的高度重视。

---

① 郭亚军.基于用户信息需求的数字出版模式研究［J］.档案学通讯，2010（3）：52-55.
② 中国互联网络信息中心.第49次中国互联网络发展状况统计报告［R/OL］.（2022-02-25）［2022-06-12］.http://www.cnnic.net.cn/NMediaFile/old_attach/P020220721404263787858.pdf.

第二节 数字出版用户需求调研

《创业36条军规》的作者孙陶然说过："一切成功均源于需求。"在个人层面，"需求"就是满足必需的人类需要。而在社会层面，"需求"则关系到产业的兴起和就业机会的创造。[①]所谓数字出版用户的需求，指的是用户对数字出版产品及相关服务的要求的总称。无论是对于数字出版产品策划，还是销售运营来说，理解用户需求是关键的一步，也是最重要的一步。而在理解用户需求这一关键环节中，首先要做的是尽可能多地收集信息，即开展需求调研，通过研究用户来更好地满足其需求。

一、需求调研来源

根据需求获取来源是一手还是二手，可将需求调研分为一手调研和二手调研。

一手调研（primary research）又称为一手资料调研，即调研者直接向有关对象采集资料信息，并基于此展开的研究分析。二手调研（secondary research）又称二手资料调研，指的是查寻并研究与调研项目有关资料的过程，这些资料是经他人收集、整理的，有些是已经发表过的。

两种调研方式的区别主要体现在以下几点：一是及时性不同，一手调研往往基于调研者需求及时展开调研活动，获取信息的时效性较高，二手调研一般存在一定的滞后性；二是可靠性程度不同，一手调研是直接获取资料信息，信息的准确度往往更高，二手调研依赖的资料是经过他人加工处理的，存在信息失真的问题，因此需要对其分析结果进行批判吸收；三是成本不同，一般来说，一手调研需要借助相应的人力、物力和关键资源渠道来实施调研，收集过程较为复杂，因此在资金、时间、技术等方面的成本相对更高，二手调研则可借助现有数据集、研究报告等二手资料，成本相对更低。

具体而言，一手调研的信息来源主要包括观察法、访问调查法等实地调研，此外还有人际情报、专家咨询法等。二手调研的信息来源主要分为内部资料和外部资料，前者包括机构内部相关账目销售记录、前期经营报告等，后者包括政府机构、国际组织、行业协会、专门调研机构等发布的报告文件等，如国内的中国互联网络信息中心、艾瑞咨询等定期发布的分析报告，国外的普华永道、德勤、高德纳（Gartner）等机构报告。2020年，当当网联合艾瑞咨询发布的《2020年中国K12阶段学生"分级阅读"白皮书》，其中就有针对中国父母关于分级阅读认知进行的调查分析，这些二手数据对开展相关数字阅读产品开发具有重要的参考价值（见图5-1）。

[①]　（美）亚德里安·斯莱沃斯，卡尔·韦伯. 需求：缔造伟大商业传奇的根本力量 [M]. 龙志勇，魏薇，译. 杭州：浙江人民出版社，2013.

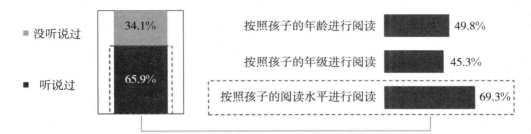

图5-1 《2020年中国K12阶段学生"分级阅读"白皮书》调查数据①

在数字出版领域，由中国新闻出版研究院发布的《中国数字出版产业年度报告》和《全国国民阅读调查报告》是行业内公认的权威报告，也是二手调研的重要资料来源。自2007年首次发布《中国数字出版产业年度报告》，中国新闻出版研究院已连续发布近20年，主要对前一年度我国数字出版产业全方位梳理，统计数字出版产业规模，总结数字出版产业发展特点和存在的问题，并结合重要领域和典型机构对未来趋势进行预测并提出建议，对数字出版从业人员具有重要的借鉴和参考价值。《全国国民阅读调查报告》是针对国民阅读的权威调查报告，截至2022年，已经连续发布19次，其中关于数字化阅读方式的调查结果对政府部门、数字阅读服务机构、科研机构开展相应的决策和研究提供了参考（见图5-2）。

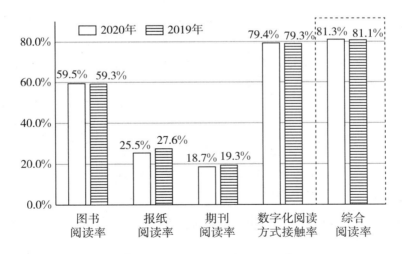

图5-2 第十八次全国国民阅读调查②

---

① 艾瑞咨询. 2020年中国K12阶段学生"分级阅读"白皮书［EB/OL］.（2020-11-13）［2022-07-16］. https://www.iresearch.com.cn/Detail/report?id=3685&isfree=0.

② 中国新闻出版研究院. 第十八次全国国民阅读调查成果发布会［EB/OL］.（2021-04-23）［2022-07-16］. https://mp.weixin.qq.com/s/SUf0yKDZRyxQf_szDR8c0g.

在实际运作层面，并没有严格区分一手调研和二手调研，而是基于调研目标灵活组合。如案头调研作为重要的二手调研方式，就为实地调研提供了必要的背景资料，使实地调研的目标更加明确，节省相应的时间和资金成本，为后续调研活动的开展打下坚实的基础。

二、需求调研方式

根据需求获取方式的不同，需求调研方式可分为不同类型：按照需求信息类型，可分为定性研究和定量研究，其中定性研究是通过观察、交流等主观方式获取用户需求，定量研究则是通过数据等客观方式进行需求判断；按照需求表达方式，可分为"说"和"做"，"说"是指需求来自用户直接表达，"做"是指需求来自用户行为分析。

之所以要进行这样的区分，本质上是因为用户需求的复杂性。现实生活中，我们经常发现用户说的和做的是不一致的。假设通过访谈问读者"平时阅读哪些类型的书""阅读时长多少"，在特定场景下用户出于自尊需要或是记忆不清，可能会说出不真实的答案，而如果通过对用户实际阅读行为的数据进行分析，会发现特定用户的真实阅读偏好。另一方面，虽然"做"能够掌握用户真实行为，但对于行为背后的原因往往无从知晓，而"说"就能更大限度地挖掘用户行为背后的深层次动机。因此，在实际的需求调研中，应有效地将"说"和"做"结合起来，相互验证，使其发挥各自最大效用。

定性研究与定量研究的区别在于调研样本的规模。定性研究一般针对用户样本量较小的场景，偏向于了解用户个体情况；而定量研究往往针对成规模的用户对象，能够进行大样本甚至全样本的数据采集和统计分析。两种方式同样也存在缺陷：定性研究存在"以偏概全"的问题，容易以小样本用户的调研结果代表整体；而定量研究则存在"以表代本"的问题，容易依据表面结果试图说明背后原因。因此，在进行用户调研活动时，同样需要注意定性与定量相结合。

如果将上述四种调研方式两两组合，可以得出四种不同的需求调研方式，具体表现为：定性地"说"——用户访谈；定量地"说"——问卷调查；定性地"做"——可用性测试；定量地"做"——数据分析（见图5-3）。

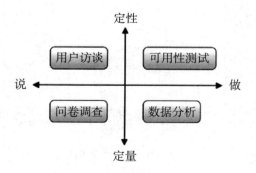

图5-3 四种需求调研方式[①]

---

① 苏杰. 人人都是产品经理2.0 [M] . 北京：电子工业出版社，2017.

（一）用户访谈

用户访谈作为典型的定性研究方法，在数字出版用户研究中被广泛使用。一般在用户访谈中，研究人员通过引导参与的用户尽可能多说话，实时观察用户的语言和面部表情，引导用户说出内心真实想法，从而为产品开发和设计提供参考。

依据访谈结构化程度，可将用户访谈分为结构式访谈、半结构式访谈和开放式访谈。结构式访谈又称标准化访谈，是一种准定量的调研方式，调研者按照一定的标准和方法选取访谈对象，同时访谈过程也是高度标准化，在确保结果可靠性的同时实现结果的可量化。半结构式访谈事先虽然会设置一定的题目和假设，但实际问题没有具体化。目前大多数深度访谈都是采取这种方式，事先准备部分问题，在访谈过程中深入内部，保持必要的开放性。开放式访谈又称无控制访谈，事先没有设置明确的问题，而只有大致的范围和大纲，通过问题发散尽可能多地获取用户内心的真实想法，帮助产品设计师理解隐藏的诉求或潜在动机。

依据访谈的人数规模，用户访谈一般分为个人访谈和焦点小组访谈。个人访谈是调查者针对调查对象采取一对一的访谈，被访者可以独立回答调查者的问题，有利于调查者了解被访者对某一问题的真实看法或涉及个人隐私的问题，避免因为第三者在场引起的不必要的干扰。焦点小组访谈是参与者以互动讨论的形式，围绕问题展开访谈的一种方法。研究人员基于人口统计特征、心理特征等因素，招募6—10人，将他们召集在一起，由主持人根据事先拟好的提纲，在规定时间内与这些参与者进行讨论。该方法要求访谈前确立明确的目的和提纲，选择合适的受访者，确保测试空间尽可能自然，由一位优秀的主持人掌控局面，并在完成后整理提交记录材料。

（二）问卷调查

问卷调查是一种常见的定量调研方法，是调查者借助统一设计的问卷，向被调查者获取相关信息的方法。依据问卷发放方式，问卷调查可分为线下调查和线上调查。随着互联网交流方式的日趋普及，同时考虑到问卷收集的效率，现在大多数研究采取线上调查的方式，即通过互联网渠道，设计问卷由用户填写和回答，回收问卷并统计用户反馈信息。

问卷调查一般包括以下步骤（见图5-4）：

①确定调研问题，如希望了解用户对某数字出版产品的满意度等；

②设计抽样方法，从调查总体中抽取部分样本进行调查，用所得结果说明总体情况，确定目标总体之后，制定抽样方式和估计方法，计算必要的样本容量，提出精度和可靠性要求；

③设计问卷，这是问卷调查的核心环节，大致分为前言、主体和结语，其中主体部分应包含调查的主要内容与答题说明，部分问卷需要参照现有量表规范进行设计；

④实施调查，依据调研计划，按照制定好的抽样和问卷设计方案，组织相关人员开展相应的问卷调查工作，一般在正式调查前，研究者会针对有限样本群体开展预调查，以避免正式调查时出现错误；

⑤整理和统计分析数据资料，将问卷调查获取的原始资料经过一定程度加工、整理，按照科

学的方法进行审核、分组、汇总，使之条理化、系统化，以说明现象总体数量特征，针对统计结果的可视化分析也是该步骤的重要内容；

⑥撰写调研报告，这是问卷调查的最后一项工作内容，相应的调研成果将体现在最后的调研报告中。

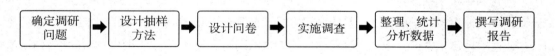

图5-4 问卷调查流程

（三）可用性测试

可用性测试起源于人因工程（human factors），是一种用于以用户为中心的交互设计的技术，通过让用户使用产品的设计原型或者成品，设计开发人员观察、记录、分析用户的行为和感受，进而改善产品可用性。可用性测试可用于不同类型的产品，如网站、软件工具等。相应的测试内容可以是早期图纸上的原型，也可以是后期成品。对于数字出版用户的需求调研来说，可用性测试从用户实际使用产品的行为中分析用户需求，对于新产品需求的验证非常有效。

可用性测试的主要作用体现在以下三个方面：第一，发现产品和服务设计中存在的问题，如某款在线教育产品在教师用户上传教学资料过程中是否出现卡顿等情况；第二，发现提升产品和服务的机会点，比如某一产品原先主要用于英语学习交流，但在测试后发现用户不仅使用产品进行交流，还利用该产品的打卡和分享功能获取关注，从而提高学习效果；第三，理解用户行为和偏好，很多时候某些功能设计中并未考虑到不同类型用户群体的特定偏好，但通过测试可以及时发现，并且更深入地理解用户的需求。

由于可用性测试需要提供相应的测试方案和关键物料，因此相较于用户访谈和问卷调查，其操作难度和要求更高。整体而言，可用性测试可分为测试准备、测试实施与测试结果分析三个环节。

1. 测试准备

该环节需要进行任务设计，具体包括明确测试目的，选取合适的用户对象，细化测试流程，搭建测试环境。其中测试环境、人员和物料准备是关键。

①选择测试方式，根据测试需要和现实条件决定采用现场测试还是远程测试；

②准备测试脚本，具体包括访谈提纲、任务流程、关键要点和预估时间，从而把握好测试节奏；

③测试用户，根据测试目的招募代表性用户，一般6—10名，如果是to B产品需要通过联系对口机构进行招募，如果是to C产品则公开招募或从身边朋友中挑选；

④测试设备，最好让测试者使用自己的设备，避免因陌生设备增加学习成本，导致误差，另外要做好录屏设置；

⑤准备物料，包括交互原型、录屏录音、任务卡以及测试礼品等。

2. 测试实施

该环节按照预设的流程开展测试，一般包括五个步骤：

①测试热身，为了保证测试顺利进行，营造轻松自然的氛围，测试前有必要进行简单的交流互动，以达到热身目的；

②确认用户基本情况，首先询问用户的基础信息，包括人口统计学信息和平时行为习惯，可以了解用户是否使用过类似产品，对于产品功能有什么想法等；

③发放任务卡，给用户模拟一个真实场景，在该场景下告诉用户需要完成的任务，可以提前打印发给用户，也可在测试时发给用户；

④观察并记录问题，这个环节注意避免给用户提示，以免干扰用户的正常使用行为，同时在测试中观察用户表情和肢体动作，做好相应的记录；

⑤记录用户体验，用户完成任务后，通过向被测试者提问来总结和确认用户需求，结合实际场景中出现的问题，并用开放性问题来鼓励用户表达。

3. 测试结果分析

测试后需要根据记录和记忆，迅速进行需求分析。例如，针对测试结果中发现的大量问题进行分析和归纳，区分问题的类型，如哪些是属于产品功能结构层次的问题，哪些是属于交互设计层次的问题。最后输出本次可用性测试的分析报告（见图5-5）。

图5-5 可用性测试流程

（四）数据分析

这里的数据分析主要指用户行为数据分析，通过获取用户使用产品的基本数据，对有关数据进行统计、分析，从中发现用户行为规律，结合产品设计和运营目标，为制定产品决策提供依据。数字出版产品往往面对较大规模的用户，单纯的问卷调查、用户访谈无法精准掌握目标用户需求，因此通过数据分析能最大限度地考察用户实际需求。这里提到的数据分析是一种广义概念，在实际运作过程中包括以下步骤：明确分析目的、数据采集、数据处理、数据分析、数据呈现。

数据分析的来源有很多，最常见的是用户使用产品日志、客户管理系统信息、网站访问数据等。相应的分析方法，包括使用Excel进行简单的统计分析，借助SPSS等统计软件或数据库软件，写程序解决等。相比学术研究中的统计分析，针对用户的数据分析不追求数据分析方法的复杂性，而是为了通过数据发现现象和问题，并结合行业认知对其进行解读。

这里以分析数字出版用户行为为例，介绍针对数字出版产品可以利用的数据来源。

1. 产品日使用基础数据

该数据具体包括用户每日打开时间、频率和使用时长等，这些数据经过统计形成日使用人数、日使用频次等，能让相关产品运营人员对产品目前的状态形成一个基本了解（见图5-6）。

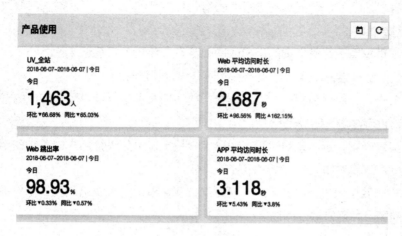

图5-6　产品日使用基础数据

2. 用户使用行为数据

用户使用行为是用户使用数字出版产品的核心行为。用户使用产品、使用时长、更改设置等行为均会被记录在行为日志中。通过提取这些数据，可以分析用户使用产品时所体现的特征。图5-7以在线教育课程的用户学习时长为例，展示用户使用行为数据。

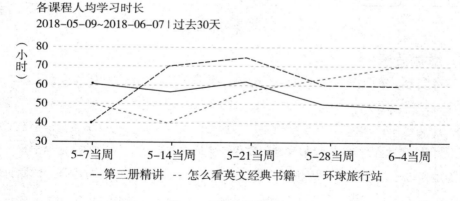

图5-7　用户使用行为数据

3. 用户购买行为数据

用户购买行为直接关系到产品的营收状况，是销售部门最关心的数据，具体包括充值金额、消费金额、营销活动所产生的收入等。通过数据埋点，可以统计每个具体产品的营收情况，也可发现不同类型消费者的购买行为偏好（见图5-8、图5-9）。

各课程销售量
2018-06-01~2018-06-07 | 过去7天

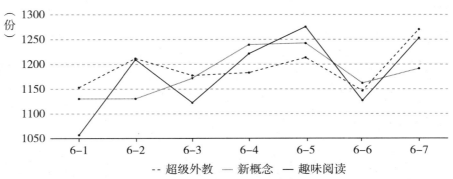

图5-8 用户购买行为数据

各难度等级用户复购情况分布
2018-06-01~2018-06-07 | 过去7天

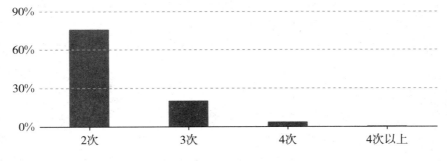

图5-9 用户复购行为数据

4. 用户搜索行为数据

用户搜索行为是用户对产品主动探索的行为表现，直观反映用户的偏好。用户常用的搜索词可以反映用户对数字内容产品的偏好，用户对搜索结果的点击可以反映搜索系统的精准程度。

5. 用户分享行为数据

用户分享行为主要包括产品内分享和产品外分享。产品内分享存在于具有初步社交系统的应用中，如学习平台中的社群。产品外分享存在于几乎所有的应用中，通过社交分享接口，可以将产品信息甚至部分内容分享到微博、微信朋友圈、豆瓣网等社交平台上（见图5-10）。

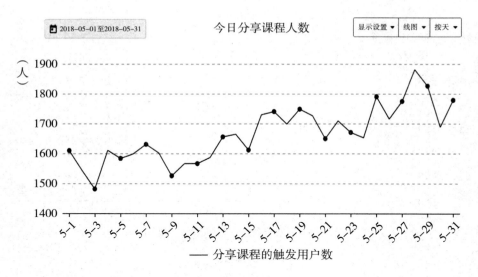

图5-10　用户分享行为数据

6. 用户评论反馈数据

用户评论反馈数据既包括用户对于数字出版平台中某个产品的具体评分和评价，也包括用户对于平台整体的反馈意见。评论数据可用于内容的运营和对产品功能的改进。如果一段时间里用户反馈数据陡然变多，有可能是产品功能出现了重大问题，一般出现在产品新版本的发布初期。

7. 通知系统数据

通知系统指的是应用软件内部给用户发送通知的系统。这一部分数据主要关注的是通知系统设置情况（如是否有关闭通知推送）以及单次通知的点击率、后续行为的转化率。通过提取用户在应用软件的行为数据，可以分析出用户的使用行为偏好，为营销活动决策提供数据基础。

以上四类需求调研方式适用于数字出版产品调研的不同阶段，调研者可有针对性地选择和使用。具体而言，一般采取"Z字形需求调研法"，以实现螺旋上升的循环。在产品规划阶段，采取听用户"定性地说"方式，抽取一定数量的用户做访谈，形成需求清单，以确定产品大致方向。在项目早期阶段，以听用户"定量地说"为主，如通过大规模问卷发放，确定用户需求的优先级，最终由数字出版产品经理决定优先做哪些内容和功能。在项目实施阶段，以看用户"定性地做"为主，通过对优先级靠前的需求进行可用性测试来验证需求满足情况。产品上线后的优化阶段，以看用户"定量地做"为主，根据用户使用情况进行数据分析，并基于数据结果持续优化产品。

三、需求调研分析

以下以某数字阅读公司关于用户留存意愿的调研项目为例，概述用户需求调研过程。

（一）项目背景

该产品出自国内有一定影响力的数字阅读平台，已覆盖Web端和安卓、苹果手机移动端，用户数量较多，但面临增长困难、留存率下滑的问题。针对该情况，公司希望通过调研了解用户留存意愿以及流失原因。具体而言，一是了解新用户使用产品的真实情况与使用感受，推断其留存意愿，分析新用户流失原因；二是了解新用户对产品的需求和痛点。

（二）调研过程

该调研分为三个阶段，分别是调研准备、产品使用反馈和解决方案输出。具体研究方法包括案头调研、用户日志法、观察法、焦点小组访谈法。后台数据追踪持续时间为19天。访谈时间为10天，选取访谈样本数量12名，采用随机抽样方式，以阅读平台用户招募和社群招募为主（见图5-11）。

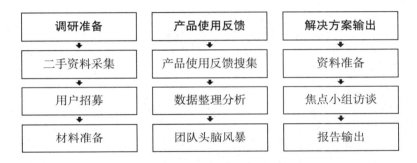

图5-11 调研过程

（三）调研结果

本研究将留存用户定义为在试用产品后出现连续阅读行为的用户，将流失用户定义为在完成指定任务后未出现后续阅读行为并且无前台操作行为的用户。

通过对数据的分析发现，用户在前期功能探索阶段和用户行为模式形成阶段流失较少，但在内容探索阶段流失较为严重，初步判断用户容易因为找不到感兴趣的阅读内容所以使用积极性下降甚至放弃使用（见图5-12）。

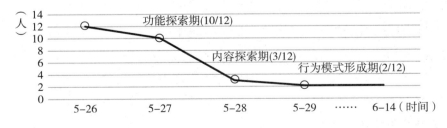

图5-12 新用户留存数据

通过对访谈的进一步分析，得出以下主要结论：一是目标用户不明确，对于深度阅读用户和新闻浏览用户，在功能设置上未做精准区分；二是产品引导设计不合理，用户无法便捷地找到感兴趣的内容；三是内容分类过于笼统，存在部分归类错误的情况，给用户使用造成困扰。

根据上述调研结果，调研人员进一步对其原因展开分析并提出优化建议。首先，作为一款定位于阅读的产品，和一般的资讯产品存在区别，前者通过系统的内容组织分类呈现，后者则主要依靠信息流方式呈现，用户在使用本产品时的预期是阅读，因此有必要将现有的内容进行合理的归类，明确以阅读为主的产品定位。其次，在用户使用过程中，部分重要功能应更加突出，如将订制功能放到首页，必要时可增加用户引导设计，但引导应避免过分复杂而造成干扰。最后，基于用户的搜索习惯，将搜索频率较高的关键词放在搜索界面下方，以辅助用户查询感兴趣的内容。①

▌第三节　数字出版用户体验与需求分析

一、用户体验

用户体验是用户在使用一个产品或系统之前、使用期间和使用之后的全部感受，包括情感、信仰、喜好、认知印象、生理和心理反应、行为和成就等各个方面。根据ISO 9241-210标准"交互系统以人为本的设计"（Human-centred Design for Interactive Systems），用户体验（User Experience，简称UE）被定义为"人们对于针对使用或期望使用的产品、系统或者服务的认知印象和回应"。

用户体验是数字出版产品设计的重要方面，也是制约当前数字出版产品价值实现的关键障碍。②目前不少传统出版社开发数字出版产品经验不足，将过多精力集中于内容和功能本身，而对用户体验关注不够、了解不多、理解不深。事实上，无论是基于传统出版内容的数字化产品，还是面向移动互联网的知识服务平台，用户体验的好坏在一定程度上决定了产品最终能否被消费者接受和持续使用。

用户体验咨询公司Adaptive Path创始人杰西·詹姆斯·加勒特（Jesse James Garrett）在《用户体验的要素——以用户为中心的Web设计》中，将互联网产品的用户体验要素分为五个层次，分别为战略层、范围层、结构层、框架层和表现层（见图5-13）。依据该基础架构，可以针对不同类型产品（如功能型产品和信息型产品）的用户体验问题进行讨论。以下结合数字出版产品对其用户体验的五个层次展开分析。

---

① 根据杭州研究院《网易云阅读新用户留存意愿调研报告》改写，部分内容已进行调整处理。
② 余庆. 数字出版产品的用户体验研究［J］. 编辑之友，2012（10）：83-85，91.

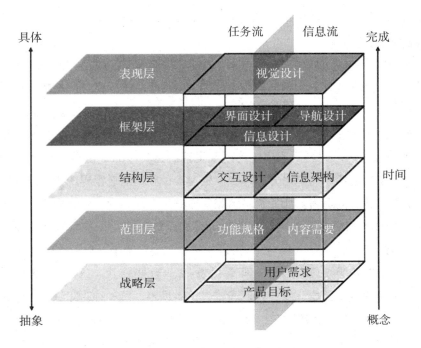

图5-13　用户体验的五个层次

（一）战略层

造成数字出版产品失败最常见的原因不是技术，也不是交互体验，而是在产品策划前的目标定位。在战略层，企业需要回答两个最基本的问题：一是要通过这个产品得到什么；二是用户要通过这个产品得到什么。第一个问题是描述产品目标（product objective），第二个问题是提出用户需求（user need）。产品目标和用户需求构成了战略层的核心。假如某家出版机构推出一款数字阅读产品，希望增加公司本年度数字出版业务收入10%，这就是明确的产品商业目标；或者说，公司希望通过该产品来树立在大学生市场中的品牌形象，这可以被认为是产品的品牌目标。与此同时，企业在推出产品时必须考虑用户通过产品得到什么。根据"颠覆式创新理论"提出者克里斯坦森的"用户目标达成理论"，企业只有搞清楚用户在特定情境下需要达成什么任务，才能有效将产品价值传递给用户。只有这样，企业才能准确定义产品并进行精准创新设计。

（二）范围层

在范围层，产品开发团队需要从战略层的抽象问题——"我们为什么要开发这个产品"转向一个具体的问题——"我们要开发的是什么"。在范围层，功能型产品和信息型产品考虑问题有所区别，前者考虑功能规格（functional specification），即哪些应该被当成产品的功能以及相应的功能组合；后者关注内容需求，即哪些内容应该被放入产品，这与传统编辑活动相关。通过范围层，产品团队进一步明确了要做的究竟是什么，也明确了不需要做什么。因此，在范围层产品团队需要评估需求的优先级，即哪些功能应该放在当前一期的项目中去做，这取决于该需求是否能满足战略目标，同时实现这些需求的可行性有多大。

（三）结构层

在定义好用户需求并排列好优先级别之后，企业对于产品的特性有了基本了解，但并没有明确分散的内容单元和功能点是如何组成一个整体的。这就是结构层需要完成的任务，即为产品创建一个概念框架。针对功能型产品，主要考虑交互设计（interaction design），即为用户设计结构化体验。针对信息型产品，主要通过信息架构（information architecture）来构建用户体验，包括对内容的组织、管理、分类、顺序排列以及呈现。这其中的关键是概念模型（conceptual model）。概念模型主要用于信息世界的建模，是现实世界到信息世界的第一层抽象，是用户与数据库设计人员交流的共同语言。比如针对特定领域的专业知识库，就需要确定知识库内部的信息架构，运用概念模型将相关知识内容有效组织起来。概念模型一方面具有较强的语义表达能力，能直接表达产品的各种语义知识；另一方面相对比较直观简单，易于用户理解。

这一阶段，图书馆学的知识组织理论也发挥了重要作用。受控词表（controlled vocabulary），又称控制词汇表、受控词汇表或者控制词表，是一种对知识加以组织整理，以便后续进行检索的手段。用户在使用数字出版产品时，需要明确产品的命名法（nomenclature）。通过创建并遵守一个反映用户语言的受控词表，并确保内容的一致性，能够在很大程度上解决用户查找并获取信息的问题。元数据则是"关于信息的信息"，是以一种结构化的方式来描述内容的信息。如一本书就包含相应的元数据，包括作者名、出版日期、内容类型、图书名称等。好的元数据全文搜索引擎能提供可靠的搜索结果，帮助用户快速地找到内容。

（四）框架层

建立在具有概念模型的结构层的基础上，框架层需要进一步提炼这些结构，确定详细的界面设计、导航设计和信息设计。

界面设计（interface design）就是大家熟知的按钮、输入框等界面控件，可以帮助用户完成目标任务。每一个界面包含一组不同的界面元素，这些功能在界面上如何被用户认知就属于界面设计的范畴。

导航设计（navigation design）是专门用于呈现信息的一种界面形式，一般在网站上使用居多。导航是为用户提供一种在网站间跳转的方法，能传达出不同元素与他们所包含内容之间的关系，以及这些内容与用户当前浏览页面之间的关系。一般来说，导航系统包括全局导航、局部导航、辅助导航等。

信息设计（information design）作为不同设计要素的黏合剂，用于呈现有效的信息沟通，是功能型产品和信息型产品都必须有的。通过调整文字、图片、图形等可视化信息元素在版面布局上的位置、大小，以用户易于接受的方式分类和排列相关信息元素，可以使版面布局条理化。

将界面设计、导航设计和信息设计放在一起，就能形成一个统一的、有内在凝聚力的架构。线框图（wireframe）是整合界面设计、导航设计和信息设计要素的一种方法：通过安排和选择界面元素来整合界面设计；通过识别和定义核心导航系统来整合导航设计；通过放置和排列信息组成部分的优先级来整合信息设计。把这三者放到一个文档中，线框图就可以确定一个建立在基本概念结构上的架构。

（五）表现层

表现层是用户体验五个层次的最上层，主要针对产品的感知呈现问题，通过关注视觉设计，决定视觉上应如何呈现。在表现层，内容、功能和美学汇集形成一个最终设计，既完成了其他四个层次的所有目标，又满足了用户的感官感受。总体而言，设计感知覆盖人类的多个感觉器官，包括视觉、听觉、嗅觉、触觉和味觉。对于大部分数字出版产品来说，视觉和听觉是最主要的感知方向，比如有声书产品，就需要通过良好的视觉设计来吸引用户，同时用优质的听觉设计来留住用户，形成强大的用户黏性。

二、需求分析

数字出版产品设计中经常提到的"需求分析"，其核心是实现从问题到解决方案的转化，或者说是从用户需求到产品功能的转化，将需求调研结果挖掘出深层次需要，进而推出更有价值的产品方向和功能。

通过对用户体验的深入分析，我们进一步结合相关理论模型对用户需求分析展开讨论。

（一）Y模型

"Y模型"是一种常用的需求分析方法，它能分析每个用户的需求，并找到对应的马斯洛需求层次，从而抓住人性，挖掘本质需求，避免伪需求，最终做出真正满足用户需求的产品功能（见图5-14）。

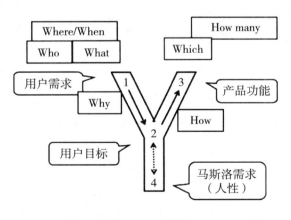

图5-14　Y模型

其中"1"指的是用户需求，一般指用户自己表达的观点和行为，较为表象，是需求分析的起点，也是第一层深度。

"2"是用户目标，即从用户提出的需求表象中分析其背后的目标和动机，这是需求的第二层深度。当然，在分析用户目标的同时，也要结合企业、社会、产品目标。

　　"3"是产品功能，即由需求转化形成的解决方案，能为产品开发人员提供明确的描述信息。

　　"4"是需求背后的深层次需要，或者说隐性需求，一般表现为人性、价值观，这是需求的第三层深度，也是需求的本质。

　　Y模型可以引导数字出版产品经理在需求分析的不同阶段回答相应的问题。具体而言，"1"这个阶段主要回答"Who"（用户）、"What"（需求）、"Where/When"（场景），如通过问卷调查数字出版用户的阅读行为，了解不同年龄段用户的阅读习惯、阅读内容、阅读方式和阅读时间等基本信息。

　　"1"到"2"、"2"到"4"这两个阶段是不断挖掘需求的本质。正所谓"用心听，但不要照着做"，如果仅仅依据用户表达出来的观点就直接转化到"3"的功能开发环节，往往会出现严重的目标偏差，因为用户很多时候并不能够真实准确地描述自己的想法，即便是真实描述，其背后的动机也未必能够被清晰地挖掘，这就需要产品经理具备对用户目标以及人性的深刻洞察的能力，从而将底层需求给挖掘出来。这个阶段产品经理可以借鉴马斯洛需求层次理论，该理论将人的需求分为五个层次，分别是生理（食物和衣服）、安全（工作保障）、社交（友谊）、尊重和自我实现。上述五种需求是最基本的，也是与生俱来的，构成不同的等级水平，激励并驱动个体行为。一般而言，五种需求是逐级递推的，高级需求出现之前，必须先满足低级需求。基于此，产品经理需要从用户需求的表象出发，挖掘深层次需求。比如社交媒体产品普遍具有的社群分享功能，其表面上是用户分享的需求，更深层次则是用户希望借由社群分享，满足其社交和获得尊重的需求。

　　"4"到"2"再到"3"是最挑战产品经理能力的阶段，在这一阶段需要将思考结果输出，回答"How"的问题，即如何针对用户目标和深层次需求，提供尽可能简单的解决方案。

　　"3"这一阶段主要回答"Which"和"How many"的问题，包括选择哪一种方案，包含多少功能项，哪个功能优先推出等。这里涉及对价值的判断，需要充分结合用户需求、产品目标和资源条件来进行有效把控。

（二）KANO模型

　　"KANO模型"是日本东京理工大学教授狩野纪昭（Noriaki Kano）设计的对用户需求分类和优先排序的工具，以分析用户需求对用户满意度的影响为基础，体现了产品性能和用户满意度之间的非线性关系。

　　受到"双因素理论"[①]的启发，狩野纪昭教授在1984年提出了KANO模型，将其用在产品质量管理领域中，意在从用户的角度评价产品服务质量，以提升用户的满意度。KANO模型作为研究用户满意度的重要辅助性工具，是一种能提高顾客满意度的有效方法，具有方便操作，可进

---

① 20世纪50年代末，赫茨伯格（F.Herzberg）在匹兹堡进行研究发现：属于工作本身或工作内容方面的因素（例如挑战性的工作、认可、责任）使职工感到满意；属于工作环境或工作关系方面的因素（例如地位、工作安全感、薪水、福利）使职工感到不满意。前者被赫茨伯格称作激励因素（motivational factors），后者被称作保健因素（hygiene factors），因而"双因素理论"也被称为"激励—保健理论"。

一步明确各要素对用户满意度的影响程度，深挖用户需求和产品价值等诸多优点，且应用范围广泛。在KANO模型中，从用户的角度来说，某种产品或服务的存在或许并不能增加用户的满意度，反而对用户无影响甚至增加用户的不满；取消某种产品或服务，也许会让用户得到更好的使用体验，进而提升用户的满意度。

KANO模型将产品需求属性分为五种类型（见图5-15）：

（1）必备需求（Must-be Quality）。这一需求体现产品或服务"必须存在"的属性。此类产品或服务存在时，用户认为是理所当然的，不会使其满意度提高；当产品或服务好到超出用户的预期时，用户也不会表现出过多好感；当产品或服务缺乏时，用户表现为非常不满意甚至会放弃使用。

（2）期望需求（One-dimensional Quality）。当一种产品或服务能够满足用户的需求时，用户的满意度会随着产品或服务对用户需求的满足程度而递增；而当产品和服务质量不佳、用户的需求得不到满足时，用户的满意度也会显著下降。

（3）魅力需求（Attractive Quality）。当产品或服务被提供时，用户满意度会大幅度提升；而当产品或服务未被提供时，用户满意度也不会降低，即无论产品或服务的质量有多低，用户都不会感觉不满意。而伴随着产品或服务质量的提升，用户会表现出明显的满意态度。

（4）无差异需求（Indifferent Quality）。这一需求下，产品或服务的提供不会提升用户的满意度，而产品或服务的缺失同样不会使用户的满意度降低，即无论产品或服务是否存在，用户满意度都不会发生变化。

（5）反向需求（Reverse Quality）。用户没有针对此项产品或服务的需求，提供产品或服务后用户的满意度反而会下降。具备这一需求的产品或服务与用户的期待背道而驰，是用户不希望得到的。

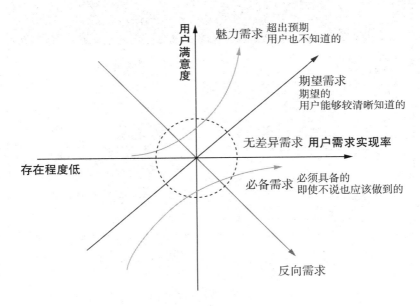

图5-15　KANO模型

利用KANO模型，数字出版产品经理可以对不同类型的产品需求进行差异化处理。如针对必备需求，以阅读产品为例，如果没有一定规模的内容资源，用户肯定是无法接受的，但即便内容再丰富，这也只是阅读产品的基础，无法提升用户满意度，只能消除不满。针对期望需求，以手机为例，早期大多数手机的拍照功能都比较弱，无论是清晰度还是个性功能都存在不足，而随着智能手机的普及，一些手机厂商加大了对拍照功能的开发，推出"美颜"等个性功能，获得用户好评。

（三）用户画像

用户画像，也称为人物角色，以数据挖掘和大数据分析为基础，通过分析用户的社会属性、生活习惯、消费偏好等数据而抽象出用户的隐性需求和模糊需求，并使之显性化，其核心是给用户贴"标签"。

用户画像也是能代表整个真实用户需求的虚拟人物。通过创建人物面孔和名字，可以将用户调查以及细分过程中得到的分散资料重新关联起来，并确保在整个产品设计过程中始终将用户放在心上。[1]用户画像通过对真实的用户数据进行数据建模，抽象地描绘出用户的主要特征，模型越能反映用户的真实需求，说明用户画像构建越成功。[2]

对于数字出版活动来说，建立完善的用户画像体系，具有重要的战略意义。基于用户画像建立起的分析平台，可用于产品定位、竞品分析、营收分析等，为产品方向和决策提供数据支持和事实依据。而在产品设计和优化环节，用户画像能够帮助企业更深入地理解用户需求，从而提升用户体验。图5-16就是数字阅读的典型用户画像，涉及用户基本属性、信息需求、产品使用情况和需求痛点等方面。

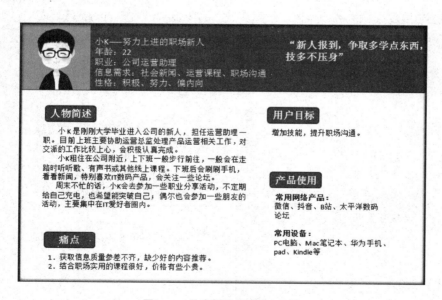

图5-16　数字阅读典型用户画像

---

① （美）杰西·詹姆斯·加勒特. 用户体验要素：以用户为中心的产品设计［M］. 范晓燕，译. 北京：机械工业出版社，2011.

② 代杨，裴永刚. 基于用户画像的出版企业知识服务商业模式探析［J］. 中国编辑，2021（5）：48-53.

创建用户画像一般分为四个步骤，分别是目标分析、标签构建、用户画像构建、用户画像可视化。

1．目标分析

明确用户画像的目标是构建用户画像的第一步，也是设计标签体系的前提。不同目标下，标签采集的方向和类别有所不同，因此必须明确画像的目标。有的用户画像目的是改进产品功能，提升用户使用体验；有的则是强化宣传营销，增加产品销量。

2．标签构建

在分析完画像的目标之后，需要进行标签体系的制定。用户画像建立在数据深入分析的基础上，因此脱离真实数据的画像是没有意义的，而真实数据来自不断给用户贴的"标签"。标签构建既需要丰富的数字出版业务知识，又需要相当的大数据知识，因此往往由本领域专家和数据工程师共同参与完成。

标签体系是层次化的，首先需要区分几个主要大类，然后在每个大类的基础上逐层细分。例如图5-17这个标签体系就覆盖了用户的人口属性、行业偏好和购物偏好，在人口属性的基础上又进一步区分出基本属性和地理位置，在基本属性的基础上再区分出性别、年龄、学历等底层标签，达到可以直接采集和获取的程度。这里需要注意：每个标签只能表示一种含义，要避免标签本身含义上的冲突。另外，标签必须有一定的语义，便于不同成员准确理解。

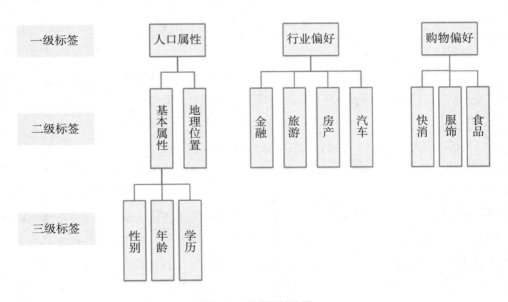

图5-17　常用标签体系

依据标签的抽象程度，可以把标签区分为事实标签、模型标签和高级标签（见图5-18）。具体而言，事实标签是基于原始数据得出的标签，一般从数据库中或以简单统计的方式得到。这类标签获得难度低、含义明确，可作为挖掘模型标签的基础。模型标签是标签体系的核心，也是用户画像最难的部分，大多需要用到机器学习、自然语言处理技术。高级标签是基于事实标签和模型标签进行统计建模得出的，其构造多与实际业务紧密联系，如调研用户消费能力、留存意愿等。

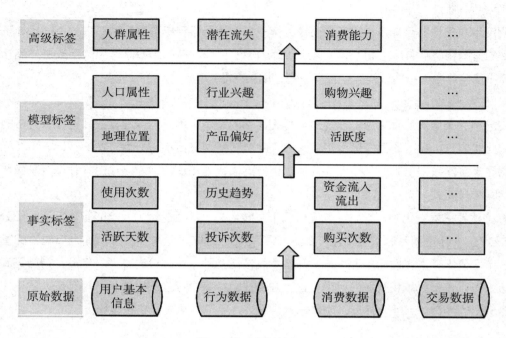

图5-18　不同标签级别

3. 用户画像构建

用户基础数据采集和标签体系构建好之后，就可以进行画像构建了。用户画像的描绘是一个不断扩充和完善的过程。一般而言，用户画像涉及的标签主要包含人口属性、兴趣属性和地理属性。

（1）人口属性包括年龄、性别、学历、职业、收入水平、消费水平等，这些标签相对稳定，一般不会做太多更新。如表5-1是一张人口统计学信息表，大部分人口属性的底层标签都与该表相关。

一般而言，人口属性标签涉及的用户基本信息，是在用户注册使用某产品或服务阶段填写的信息。但现实中，考虑到个人隐私等问题，愿意主动填写完整个人信息的用户占比较少，在这种情况下，一般会以填写了个人信息的用户作为样本，把用户行为数据作为特征训练模型，对无标签的用户进行人口属性预测。这种将有标签用户的标签传给与他行为相似的用户的分析模型，被称为标签扩散模型。[1]

---

[1] 参见：用户画像的流程、方法，一篇文章看明白［EB/OL］.（2021-07-14）［2022-07-23］. https://zhuanlan.zhihu. com/p/389658875.

表5-1 人口统计学信息表

性别	男		卫生/社会工作
	女		水利/环境
	未知		住宿/餐饮
年龄（岁）	12以下		广告/营销/公关
	12~17		航天
	18~19		农林牧渔
	20~24		汽车
	25~29		计算机/互联网
	30~34		建筑
	35~39		教育/学生
	40~44	从事行业	能源/采矿
	45~49		金融/保险/房地产
	50~54		政府/军事
	55~59		服务业
	60~64		传媒/出版/娱乐
	65及以上		医疗
	未知		制药
月收入	3500元以下		零售/批发
	3500~5000元		电信/网络
	5001~8000元		旅游/交通
	8001~12500元		其他
	12501~25000元		小学
	25001~40000元		初中
	40000元以上		高中
	未知		中专
婚姻状态	未婚	教育程度	大专
	已婚		本科
	离异		硕士
	未知		博士

（2）兴趣属性在互联网和新媒体领域中被广泛使用，许多广告推荐、精准营销都以兴趣标签为基础。兴趣属性是从海量用户行为数据中进行核心信息抽取、标签化和统计分析得出的，这其中涉及对用户行为的内容进行内容建模。内容建模的关键在于把握标签的粒度，如果粒度过细，会导致标签缺少泛化能力，推荐效果不理想；而粒度过粗，则会导致标签缺乏区分度。因此，可以尝试同时用几个不同粒度的标签去匹配用户兴趣，兼顾标签的准确性和泛化性。

由于数字出版内容数据有不少属于非结构化的数据，因此需要人工构建一个层次化的标签体系。以下以互联网体育新闻为例，介绍层次化的兴趣标签构建（见图5-19）。

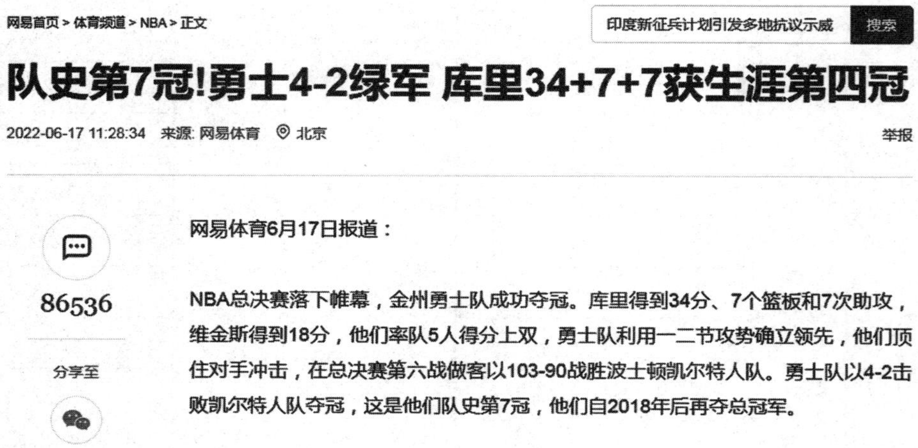
网易首页 > 体育频道 > NBA > 正文

印度新征兵计划引发多地抗议示威 搜索

队史第7冠!勇士4-2绿军 库里34+7+7获生涯第四冠

2022-06-17 11:28:34 来源: 网易体育 北京 举报

86536

分享至

网易体育6月17日报道：

NBA总决赛落下帷幕，金州勇士队成功夺冠。库里得到34分、7个篮板和7次助攻，维金斯得到18分，他们率队5人得分上双，勇士队利用一二节攻势确立领先，他们顶住对手冲击，在总决赛第六战做客以103-90战胜波士顿凯尔特人队。勇士队以4-2击败凯尔特人队夺冠，这是他们队史第7冠，他们自2018年后再夺总冠军。

图5-19　体育新闻实例

首先，将“体育”作为标签表示用户的兴趣，但这个标签粒度太粗，如果用户只是对篮球感兴趣，这一标签就不足以准确反映用户的需求。其次，可以使用该新闻中的关键词，尤其是人名、队名等专有名词，如“库里”“勇士”“凯尔特人”等，这些词反映了用户的兴趣但又过于精细，容易忽略用户可能感兴趣的其他内容。最后，通过加入中间粒度标签，对关键词进行聚类，生成像“篮球”这样粒度的主题标签，从而形成“分类—主题—关键词”三层标签体系的内容建模。具体如表5-2所示。

表5-2　三层标签体系

	分类	主题	关键词
使用算法	文本分类、SVM、LR	PLSA、LDA	TF-IDF、专门识别、领域词表
粒度	粗	中	细
泛化性	好	中	差
举例	体育、娱乐、财经	篮球、足球、理财	库里、C罗、股市
量级（个）	10—30	100—1000	上百万

（3）地理属性一般分为两种，分别是常驻地标签和GPS（全球定位系统）标签。地理标签的时效性跨度很大，常驻地标签一般不用更新，而实际居住地会根据GPS定位实时更新。

常驻地包括国家、省份、城市三级，一般细化到城市粒度。通过对用户的IP地址进行解析，对应到相应的城市，再对用户IP出现的城市进行统计得到常驻地城市标签，并根据不同城市的出行轨迹识别出差人群、旅游人群、固定生活人群。例如，"今日头条"就会根据用户所在城市推送与该城市相关的新闻资讯，这就涉及对地理标签的使用。GPS标签依赖从手机端采集的GPS数据，根据2021年颁布实施的《个人信息保护法》，收集个人信息应当限于实现处理目的的最小范围，不得过度收集个人信息。因此，一般情况下大部分手机应用软件都没有权限获取用户的GPS信息，只有部分导航类APP有条件获取。

4. 用户画像可视化

用户画像可视化是为了更加清晰直观地展示用户画像的分析结果，不同标签的数据对比、趋势变化都可通过可视化方式监测。如针对用户基本属性标签，可以用饼图、柱状图等对标签的人数、比例进行直观展示。

用户画像最重要的目的是将抽象的标签转化为具体的用户形象，结合用户标签多维度展示用户特征，形成真实用户的虚拟代表。一般来说，用户画像要具备"PERSONAL"八要素：

（1）P代表基本性（Primary）：指该用户角色是否基于对真实用户的情景访谈；

（2）E代表同理性（Empathy）：指用户角色中包含姓名、照片和产品相关的描述，该用户角色是否引起大众的同理心；

（3）R代表真实性（Realistic）：指对那些每天与顾客打交道的人来说，用户角色是否看起来像真实人物；

（4）S代表独特性（Singular）：指每个用户是不是独特的，彼此的相似性是否很低；

（5）O代表目标性（Objectives）：指该用户角色是否包含与产品相关的高层次目标，是否包含关键词来描述该目标；

（6）N代表数量性（Number）：指用户角色的数量是否足够少，以便设计团队能记住每个用户角色的姓名以及其中的一个主要用户角色；

（7）A代表应用性（Applicable）：指设计团队是否能使用户角色作为一种实用工具进行设计决策；

（8）L代表长久性（Long）：指用户标签的长久性。

借助用户画像，数字出版产品经理和开发人员可以进一步明确用户需求，更有针对性地为用户提供相应的服务。

思考题

1. 数字出版用户与读者、出版物消费者之间的联系和区别有哪些?

2. 一手调研和二手调研有哪些不同?

3. 数字出版用户调研的二手信息来源有哪些?

4. 数字出版用户的需求调研方式分为哪几类?

5. 说一说问卷调查的基本概念和过程。

6. 说一说可用性测试的基本概念和过程。

7. 说一说数据分析的基本概念和过程。

8. KANO模型包含哪几种需求类别?

9. 尝试分析KANO模型与Y模型之间的关联。

10. 说一说用户画像的概念和作用。

练习题

1. 结合实例,分析某一款数字出版产品用户体验的五个层次。

2. 借助Y模型,分析一款数字出版产品的用户需求。

第六章
数字出版业务流程

　　数字出版业务流程是数字出版业务活动有序进行的关键和落脚点。对出版机构而言，从传统出版业务流程转变到数字出版业务流程是一个系统转型。因此，需要充分理解业务流程与流程再造的本质，并将其与新型产品和业务方向有机融合。以下将结合业务流程的基本概念和理论，对数字出版的一般业务流程和典型业务流程进行分析。

▌第一节　数字出版业务流程概述

一、业务流程的概念

　　关于业务流程，爱迪斯（IDS Scheer）公司的创始人舍尔（August-Wilhelm Scheer）将其定义为公司以产出产品和服务为目标的一系列连贯的、有序的活动的组合，业务流程的输出结果是为内部或外部的"客户"所需的，并为"客户"所接受的产品和服务。埃森哲战略变革研究院主任达文波特（T.H.Davenport）认为，业务流程是一系列结构化的、可测量的活动集合，并为特定的市场或特定的顾客产生特定的输出。ISO9000标准则将业务流程定义为一组将输入转化为输出的相互关联或相互作用的活动。

　　基于上述定义，本书认为数字出版业务流程是为达到数字出版机构的价值目标和出版用户需求等输出结果的一系列连贯有序的活动组合。对于出版企业而言，业务流程不仅对企业的关键业务进行了抽象描述，还对企业业务运营具有重要的指导意义。

二、业务流程再造

　　随着数字技术在出版领域的持续渗透，出版机构数字化转型被提上议事日程，相应的业务流程再造成为转型的关键。业务流程再造（Business Process Reengineering，简称BPR）最早由迈克尔·哈默（Michael Hammer）和詹姆斯·钱皮（James Champy）提出，在20世纪90年代受到管理学界和实业界的广泛关注。他们将业务流程再造定义为对企业业务流程进行根本性的再思考和彻底性的再设计，以取得在成本、质量、服务和速度等衡量企业绩效的关键指标上的显著性进展。[①]业务流程再造理论自提出以来，经历了一个不断发展、完善的过程。早期业务流程再造的中心思想是整个业务流程的重新规划，其变革是整体的、系统的、彻底的改变[②]，常采用激进方案。进入21世纪后，业务流程再造理论开始将根本性变革与持续改善相结合，更注重流程设计的水平化，提高流程的运作效率。[③]

传统出版业务流程是一个基于纸介质的线性工作流程，存在环节多、人工运作线下流转、内容输出形态单一等弊端，无法满足移动互联网时代知识生产与传播的需要，无法支撑产业的转型升级和发展。[④]一般来说，图书出版流程大致经过以下几个主要环节：选题策划、组稿、编辑加工、排版校对、装帧设计、印刷、发行、营销（见图6-1）。

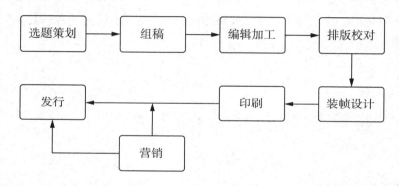

图6-1　传统出版业务流程

在数字环境下，传统出版业务流程面临诸多问题。

一是无法适应融合出版业务需求。当前以纸质出版物为基础的传统出版业务流程与数字出版业务流程存在"两张皮"的现象，所谓的数字出版业务流程只是在现有纸质出版流程的基础上，通过对排版文件的二次加工，以实现出版产品的数字发行和营销（见图6-2），并未实现全流程数字化。

二是无法满足用户的多元化、个性化需要。相比传统读者，数字出版用户更习惯于互联网浏览、消费和阅读的方式，因此对于互动反馈、个性化定制以及跨平台阅读等的需求更加强烈，而现有的出版业务更多地延续了线性工作流程，出版周期较长，反馈不及时，缺乏必要的需求响应机制。

①　（美）迈克尔·哈默，詹姆斯·钱皮. 企业再造 [M]. 王珊珊，等译. 上海：上海译文出版社，2007.

②　同上.

③　石风波. 业务流程再造的比较研究文献述评 [J]. 现代管理科学，2008（9）：109-111.

④　张凡，钱俊. 浅议图书编辑出版业务流程再造 [J]. 中国编辑，2019（11）：55-60.

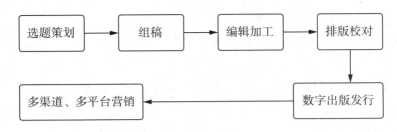

图6-2　面向数字发行的出版业务流程[①]

三是无法有效实现出版价值和效益。出版效益包含出版物的社会效益和经济效益，前者取决于出版物质量，后者取决于出版物发行量。传统出版业务中的流程管控大部分仍采取人工方式，信息化程度偏低，责任编辑对书稿流程进度的了解存在不全面和滞后的问题，因此严重影响了出版物的出版质量和发行效率，阻碍了出版效益的实现。

引入数字技术，对出版业务流程进行系统改造和重构，有助于推动融合出版业务发展，满足用户多元化、个性化需要，实现出版物社会效益和经济效益的双赢。

三、数字化对出版业务流程的影响

随着计算机网络技术的发展，数字化给传统出版业务流程带来巨大的影响，具体表现在以下方面：

（一）对选题策划环节的影响

选题策划是指编辑人员开发出版资源、设计选题的创造性活动，一般包含信息梳理、选题设计、选题论证和选题优化四个步骤。[②]数字化对选题策划环节的影响主要表现在以下两个方面：

一是改变了原有选题策划单一产品类型的局限。传统选题策划更多是以特定出版物为对象，分为图书、期刊、音像制品等不同类型。而数字出版选题策划是一种整体策划，不仅涉及立体化的多元产品类型，还表现为对数字出版产品从创意、研发、生产到销售的全过程构思和设计。如有的出版社在选题策划阶段就考虑到多种产品类型，包括有声书、移动学习APP、数字课程、流式电子书等，以便在实际内容开发过程中适应不同产品形态的呈现需要。

二是有助于采集丰富的选题信息和内容资源。相比传统信息资源，在数字环境下，编辑人员可以充分利用互联网资源检索与选题相关的信息，并借助必要的技术工具对相似选题产品的市场表现、用户反馈进行调研。如通过调研抖音等平台上相关主题图书的短视频直播反馈，了解用户需求，并为开发相关选题产品确立合适的目标定位。同时，借助互联网平台，编辑可以采集丰富的选题内容资源，为后期的编辑加工和产品开发提供支撑。

①　胡硕磊. DG出版社数字出版的业务流程再造研究［D］. 大连：大连理工大学，2018.

②　国家新闻出版署出版专业资格考试办公室. 数字出版基础：2020年版［M］. 北京：电子工业出版社，中国书籍出版社，2020.

（二）对编辑加工环节的影响

编辑加工指的是对书稿内容按照出版的要求进行检查、修改、润饰、标注、整理，提高质量的过程。数字化对编辑加工环节的影响主要表现在以下三个方面：

一是拓展了编辑加工对象。传统编辑加工主要是针对以图文为主的书稿内容，而数字环境下的编辑加工需要面对多种媒体形态的内容，包括文字、图片、音频、影像以及沉浸式内容等，同时为适应个性化的出版知识服务需要，编辑需要处理不同粒度的知识单元，涉及数据集等新型出版对象。

二是催生了数字内容管理业务需求。随着内容资源数字化程度的提高，针对数字内容资源的深度开发和利用成为出版的重要业务活动，这改变了传统编辑手工作坊式的管理方式。编辑需要根据内容资源的表现形式、来源方式、结构化程度以及加工环节等对其进行分类管理、存储，并结合最终产品需求进行相应的开发利用。如按照数字内容的加工环节，可将其分为素材型内容资源和产品型内容资源，前者是有待编辑加工的素材，后者是发布后形成的具体出版物。

三是提高了编辑加工流程的效率。随着自动化稿件处理和编辑加工系统的引入，编辑加工流程的效率得到显著提升：一方面借助数字管理系统，编辑和作者可以同步、交互式地对稿件进行编辑加工和修订，有效缩短出版周期；另一方面由于突破了传统地理范围的局限，编辑可以在更大范围内选择审稿专家，并结合新型开放评议方式提升出版效率。

（三）对生产印制环节的影响

生产印制是将出版物印刷制作的过程。数字化使得传统出版活动中针对纸质出版物的环节被直接取代或大幅简化。一方面新型数字出版产品在完成内容创作、编辑加工和设计之后可直接在线上发布，不需要通过印刷、复制、装订等环节大批量生产作品的复制件，减少了印制环节的相关资源投入；另一方面，基于数字技术按需印刷的普及，印数较低的出版物同样可以相对合理的成本完成出版，不仅减轻了传统出版的库存压力，还为个性化出版提供了可能。

（四）对发行环节的影响

发行是指图书以商品销售的形式由生产单位传送给读者的一系列活动。数字化对发行环节的影响表现在多个方面：

一是发行渠道多元化。相比传统出版，数字环境下出版物发行渠道日益丰富，网络零售商的兴起改变了传统实体书店的发展前景。据开卷数据显示，2021年实体店的销售码洋规模较2019年下降超31%，与之相对应的是线上渠道的销售规模占比持续上升，2021年占比接近80%。

二是新兴营销推广方式层出不穷。随着自营电商和短视频电商的快速兴起，图书销售被重塑，基于社交网络与视频的营销推广方式受到广泛关注。2022年《抖音电商图书行业发展数据报告》显示，抖音电商图书消费规模发展迅猛，平台日售图书超45万本，月消费人数超1000万，同比增长205%。截至2021年12月，直播带动图书销售额同比增长143%，短视频带动销售额同比增长64%。2021年，抖音平台内图书出版企业号的数量持续增长，到年底已接近1万，同比增长134%。目前，机械工业出版社、浙江文艺出版社、中信出版社等头部出版机构都将短视频直播电商作为重点营收渠道。

　　三是基于互联网的运营服务的重要性不断提升。相比互联网企业，传统出版机构并没有专门的运营岗位。随着线上业务活动比重的不断提升，面向书店的机构销售模式转变为面向用户的运营服务模式。具体而言，出版机构需要通过一系列运营手段（如拉新、引流、转化等）强化并维系产品与用户之间的联系。目前，国内部分出版机构通过运营微博、微信公众号、抖音等社交媒体账户，与用户持续互动，一方面带动了相关产品的销售，另一方面也提升了出版机构的品牌效益。

第二节　一般数字出版产品业务流程

　　数字出版业务流程由一系列紧密相连的步骤组成。根据2018年实施的新闻出版行业标准《数字出版业务流程与管理规范》，数字出版业务流程包括数字出版的产品策划、资源组织、产品设计、内容审校、加工制作、产品发布、运营维护和售后服务。[1]以下参考上述步骤，对数字出版业务流程进行逐一介绍（见图6-3）。

图6-3　数字出版业务流程

一、产品策划

　　产品策划作为数字出版业务流程中的重要环节，是一种基于数字网络环境、适应数字内容消费的产品策划，是出版机构开展数字出版业务的基础和前提。做好产品策划，对数字出版业务活动具有重要意义。一是有利于规范数字出版产品和服务的研发过程。数字出版产品的研发是包含产品策划、资源组织、产品设计、资源加工等多个环节的业务流程，涉及产品策划人员、内容管理人员、设计人员、审核人员等多个角色和岗位，能最大限度地保证不同角色人员在不同环节上实现高效合作。二是明确数字出版产品的目标定位。目标定位是产品策划的前提，具体包括明确产品的目标市场和目标用户，进而对产品的类型和服务模式予以确认。三是把握数字出版产品的内容导向。数字出版产品以内容为核心，而内容导向性和质量是数字出版产品的生命线，必须高

① 全国新闻出版标准化技术委员会. 数字出版业务流程与管理规范: CY/T 158—2017 [S]. 北京: 中华人民共和国国家新闻出版广电总局，2017: 11.

度重视，综合把握内容质量、创新意义、社会效益和经济效益等多方面因素。

具体来说，产品策划包括如下工作：

（一）用户需求分析

用户需求分析是从目标用户类型、竞争产品和服务、用户使用场景以及用户购买力等方面，对用户需求进行分析。

（二）市场调研

市场调研是了解数字出版产品的目标市场状况，对市场供需现状、销售价格、产品竞争力等进行采集和分析，形成市场调研报告。

（三）产品形态策划

产品形态策划是根据市场需求和出版机构的自身情况，选择电子书、数据库、知识库、在线慕课平台、混合现实出版物等不同形态，研发适销对路的数字出版产品。

（四）商业模式策划

所谓商业模式，指的是描述企业如何创造、传递和获取价值的基本原理，是一种简化的商业逻辑。商业模式策划则是根据行业特征和市场需求，选择适合企业和产品的商业模式。

在实际运作过程中，出版机构可以参考"商业模式画布"工具，进行商业模式的描述、可视化和评估。具体来说，包括九个模块，分别是客户细分、价值主张、渠道通路、客户关系、收入分析、关键资源、关键业务活动、关键合作伙伴和成本分析。这九个模块覆盖商业模式的四个视角：客户、产品或服务、基础设施、财务能力（见图6-4）。

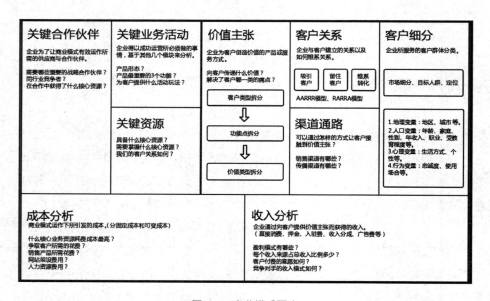

图6-4　商业模式画布

（五）策划方案撰写

根据调研和分析结果，遵循价值性、适应性、效益性和可行性原则，对数字出版产品的产品形态、商业模式、推广策略、执行计划等内容进行描述和撰写，形成策划方案。策划方案要兼顾研发和销售，确保数字出版产品具备较强的稳定性和较长的生命周期。

（六）方案论证与优化

策划方案要提交审核，审核通过之后，再经过数字出版产品论证会论证；审核未通过的，要按照程序进行回退、修改、补充和完善，之后再次进行审核和论证。

方案论证一般包括精神文化价值判断（可从引导性和独创性两方面评估）、市场适应性判断（可从针对性和前瞻性两方面评估）、效益性判断（可从社会效益和经济效益两方面评估）、可行性判断（可从内容合理性和技术可行性两方面评估）四个方面。

方案论证通过后，若遇到新的市场或政策变化，产品策划人员应及时对策划方案进行调整，通过不断优化策划方案，提高方案的准确性和可操作性。

二、资源组织

区别于一般互联网产品，数字出版产品大多属于内容产品，内容资源的获取和组织对于后续的产品设计和开发具有重要作用，因此需要优先解决。

（一）内容资源获取

在出版机构内部，内容资源往往分散在不同的业务单元，为了便于管理和控制内容资源的利用，出版机构一般要求集中获取、存储和管理相应的内容资源。一般来说，内容资源获取可分为两种类型：一是存量资源获取，即出版机构根据策划方案，在存量资源范围内选取所需的内容资源，并根据不同的数字出版产品形态，提出数字化、碎片化需求；二是增量资源获取，即出版机构根据策划方案采取资源购置、定向索取、公开征集、资源置换、网络采集等多种方式，获得所需的内容资源。

（二）内容资源组织

内容资源组织是利用一定规则、方法和技术对数字内容的外部特征和内容特征进行揭示和描述，使信息从无序集合转化为有序集合，方便后续的存储和利用。一般来说，根据使用目的和特性，内容资源可以划分出不同类型的资源组织。

1. 基于知识体系的内容资源组织

构建概念型、事实型等类型的知识元，确立知识元相互之间的逻辑关系，从学科层面构建知识体系，以知识体系为依据，对内容资源进行标引和组织。

2. 基于行业应用的内容资源组织

以特定行业或特定领域的应用需求为基础，对文字、图片、音频、视频等各种类型的内容资源进行组织。

3. 基于用户定制的内容资源组织

根据具体用户的特定需求，围绕应用场景，对相关内容资源进行组织、聚类和关联。

三、产品设计

产品设计是将数字出版产品由抽象的策划转为具体的形象化的处理过程。首先需要明确数字出版产品的定位，将策划书中的用户需求进行细化；其次从内容需求和功能需求两方面对数字出版产品进行分析，列出内容需求表和功能结构图；之后画出线框图和产品原型；最终形成数字出版产品需求文档，以便进行后续的设计开发。

（一）产品定位

产品定位是在研究产品策划中有关产品目标、任务、范围等约束性条件的基础上，进一步明确产品设计的方向，从而统一数字出版产品设计团队对产品的理解。产品定位大致分为两个部分：一是定义产品，即用一句话概括某个产品，如该产品主要面向某类用户，提供某种功能，具有某种特色；二是明确用户需求，即具体场景下使用数字出版产品的是哪些人群，这些人群有什么特点，他们在什么情况下使用产品，使用产品用于解决哪些问题等。

（二）内容需求

数字出版产品的核心是内容，产品设计团队必须准确定义内容需求，根据内容特点进行产品设计。一般需要对产品的内容进行分类，列出内容需求清单，确定哪些内容必须纳入设计考虑范畴（见图6-5）。

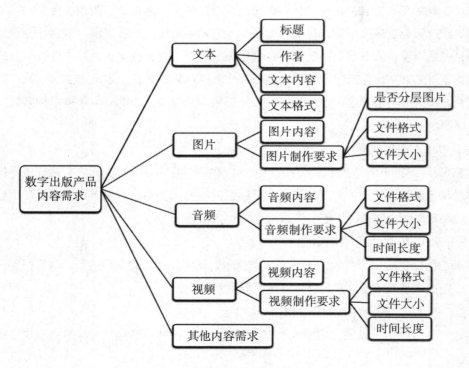

图6-5　数字出版产品内容需求结构图

（三）功能需求

数字出版产品的功能需求常常伴随着内容需求。产品设计人员必须先对数字出版产品的功能需求进行梳理，厘清产品的结构，罗列出产品的功能。罗列功能结构可采用产品功能结构图，产品设计人员通过对功能进行合理的分类和组织，整理出产品的功能逻辑（见图6-6）。

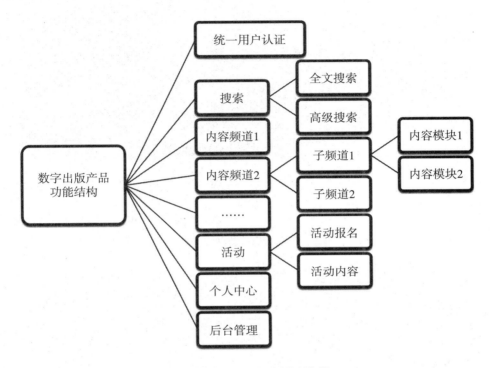

图6-6　数字出版产品功能结构图

（四）交互设计

厘清数字出版产品的内容需求和功能需求后，下一步要将这些需求通过具体的页面展示出来，一般通过绘制产品交互原型的方法实现。原型设计一方面要展现数字出版产品的主要功能、基本界面风格和功能模块之间的相互联系；另一方面要呈现尚未确认的功能模块，以便项目团队讨论和确认。作为将产品策划转变为设计成果的关键环节，原型设计过程需要经过多次编辑、测试和修改，一般来说，会经历绘制草图、画线框图、设计交互原型、原型测试阶段。

1. 绘制草图

原型草图一般通过手绘，将抽象的产品策划转化为初步的产品形态，表现数字出版产品的整体布局、工作流程和功能点。图6-7就是一张典型的原型草图。

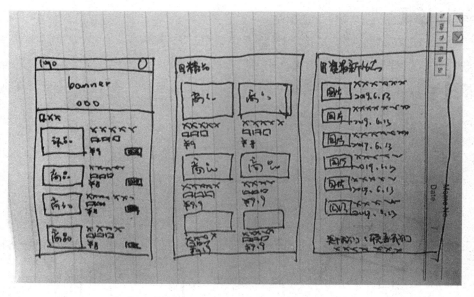

图6-7 数字出版产品原型草图

2. 画线框图

在原型草图的基础上，产品设计人员需要进一步画出线框图。借助线框图，可以确定页面上将要显示的信息，概述页面结构、功能和布局，更明确地传达用户界面的总体方向（见图6-8）。

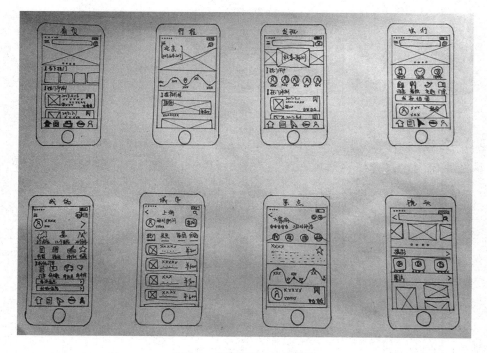

图6-8 数字出版产品线框图

3. 设计交互原型

完成线框图之后，产品设计人员需要根据数字出版产品的基本框架结构，按交互发生顺序，演示产品的不同线框图页面，形成交互原型。交互原型分为低保真原型和高保真原型。前者就是线框图原型，只需要设计出产品的基本布局、页面元素的大致位置和交互形式即可；后者具有高功能性和互动性，关注产品的美观程度，需要经过精心设计，可以在最大程度上展现数字出版产品的每个交互步骤的界面变化。

4. 原型测试

产品设计人员通过让用户测试设计好的原型，获得第一手用户数据，并根据用户反馈对数字出版产品的原型进行修改和调整。原型测试分为三个步骤，分别是测试用户选择、测试任务设计和测试结果分析及原型修改。

（1）测试用户选择。根据数字出版产品的用户范围，选择合适的用户作为测试对象，一般来说5—10人为宜。

（2）测试任务设计。根据数字出版产品的功能特点，设计测试用户使用原型需要完成的目标任务，包括浏览、点击、输入以及各种交互功能的实现，一般任务数量保持在5个以内，每个任务的测试时长不超过45分钟。

（3）测试结果分析及原型修改。对用户测试过程中的行为记录和陈述反馈进行分析，重点关注用户是否能够顺利完成任务，是否会频繁出错，并分析过程中出现问题的原因，以便对原型进行有针对性的修改。

四、内容审校

与纸质出版物一样，数字出版产品同样遵守三审三校制度，以确保产品内容的政治导向正确、专业科学权威，符合语言学逻辑和语法规范。出版机构可根据自身实际情况和对应的数字出版产品形态对内容审校环节做相应的调整，例如运用数字化工具进行编辑加工时，将编辑和校对环节合并，简化审校流程。

（一）内容三审制

数字出版产品要确保符合新闻出版法律法规的要求，其审查过程可采用敏感词过滤、内容审查系统、协同编辑系统等数字化软件，具体包括初审、复审和终审三个环节。

（二）内容三校制

数字出版产品的校对可采取对校、本校、他校、理校的基本方法，有条件的出版机构也可采用人机结合校对、过红与核红、文字技术整理、无纸化校对等现代校对方法。其过程具体包括一校、二校、三校和最后的整理。

图6-9是数字出版产品审校及发稿单，包括数字出版物质量的评价、审校及修改意见，反映了出版机构内部对于数字出版产品内容审校把关的一些具体要求。

数字出版产品审校及发稿单（2018.12版）

出版物名称：				
ISBN：			版印次：	
数字选题编号：			字数：　　千字	
出版形式	□流式电子书　　□有声点读电子书　　□移动学习 APP □声音产品　　□其他（请具体标注）_____			
制作部确认	审校人员： 审校费系数（未填写默认为 1.0 系数）： 　　　　　　　　制作部主任签字：　　　　　　　　日期：			

数字出版物质量的评价、审校及修改意见（审校人员填写）

流式电子书：

1. 电子书阅读功能是否正常，有无文字缺失、掉版、乱码等不正常情况　　□是　□否
2. 版权页是否是电子书形式的版权页，版权页信息是否准确　　□是　□否
3. 电子书封面、内封上包括书名在内的信息是否做了相应调整　　□是　□否
4. 若原书附赠实物，电子书封面、内封、前言后记及正文是否已删除相应信息　　□是　□否
5. 若原书有音频或其他非实物附赠，电子书是否也附赠　　□是　□否
6. 若电子书附赠音频等非实物资源，是否将获取方式转移到新版权页　　□是　□否
7. 若电子书仅为纸书的部分内容，封面、内封、前言后记等是否做了相应调整　　□是　□否
（第4-7项，若无相应情况，可不填写）

有声点读电子书、移动学习 APP

1. 点读功能的使用是否正常，有无内容缺失、乱码等不正常情况　　□是　□否
2. 版权页是否是电子书形式的版权页、版权页信息是否准确　　□是　□否
3. 电子书封面、内封上包括书名在内的信息是否做了相应调整　　□是　□否
4. 音频与内容是否匹配，是否能正常播放使用　　□是　□否
5. 若原书附赠实物，电子书封面、内封、前言后记及正文是否已删除相应信息　　□是　□否
6. 若电子书仅为纸书的部分内容，封面、内封、前言后记等是否做了相应调整　　□是　□否
（第5-6项，若无相应情况，可不填写）

审校意见（对上述两种产品1.此处做整体审校评价；2.上述，若有"否"，请在此处做具体说明；3.声音及其他类产品请在下方填写审校意见）：

审校人：　　　　　接收时间：　　年　月　日／完成时间：　　年　月　日

图6-9　数字出版产品审校及发稿单

五、加工制作

数字内容加工是对出版资源数字化整理和加工的过程，主要包括两种：一是对已经形成纸质图书的存量出版资源重新进行数字化、编码识别、校勘、结构化、重排和标引；二是对已经数字化、矢量化的内容资源进行结构化和各种深度内容标引。

（一）纸质书刊数字化加工

纸质书刊的数字化加工流程分为书刊整理、书刊扫描、图像处理、OCR（Optical Character Recognition，光学字符识别）识别和校对、内容结构化加工、版式/流式文件加工、质量检验（见图6–10）。

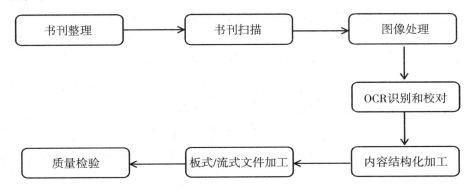

图6–10 纸质书刊数字化加工流程

1. 书刊整理

书刊整理是扫描前的准备工作，是对书刊出版物逐页检查并把影响扫描的污损、粘连等问题页处理好，必要时还需要将图书拆分以便后续扫描。

2. 书刊扫描

书刊扫描是将纸质书刊通过图文扫描仪转换为数字图像，并按照要求的格式存入计算机的过程。根据扫描设备的不同，书刊扫描可以分为平板扫描和高速扫描，后者的效率是前者的一倍以上。

除此之外，针对不同类型的书刊，使用扫描仪有相应的技术要求，例如针对古籍档案资料就需要用到专门的扫描设备。德国麦克布斯公司生产研发的book2net古籍书刊扫描仪，采用的是矩阵式CCD点对点扫描技术，保证了一次性成像的完整性，实现了非接触式的不拆书扫描。

3. 图像处理

图像处理环节是对扫描后的图像进行处理，使图像更适合阅读和识别。常用的图像处理方式有污点去除、版心调整、浓淡调整等。图像处理的目的是提高图像质量，以保证阅读效果，最大程度提高OCR文字识别正确率。

4. OCR识别和校对

OCR识别是指把图像中的文字、符号转化为计算机编码的过程。OCR识别技术可处理多语种混排、多字体混排、简繁体混排以及公式、图表等复杂文本类型，识别率可达到95%以上。

经过OCR识别后的文本还会有较多的编码错误和格式错误，需要人工进一步校对和修改，校对方法有横向校对和纵向校对。横向校对是采用类似传统的人工校对方法，通过人工逐字逐句将识别结果与原始图像进行比对，找到错误并修改。纵向校对是把同一字符和与其对应的全部图像并列显示在计算机屏幕上，并以突出颜色标示可疑图像，以便操作员发现错误和修改。

5. 内容结构化加工

内容结构化加工是对书刊内容进行内容结构的拆分、标引和各种元数据加工的工作。它让图书从以页为基本单元的物理组织形式转换为以篇章节描述的内容组织形式，摆脱了页面的限制，为后期资源利用提供了良好的基础。其过程具体包括以下三个核心工作：

（1）元数据加工。元数据是描述数据的数据，主要描述图书各类属性信息，一般分为图书元数据和篇章节元数据，前者包括书名、作者、CIP信息等。元数据可使用工具软件从出版物内容中提取出来，一般以XML格式存储在内容结构化文件中。

（2）结构化加工。结构化加工以内容为主线，根据产品需要来确定内容结构的层级和粒度，如篇章节、段落或词条。不同粒度的结构单元可根据需要标引分类和属性信息。

（3）内容要素加工。内容要素是区别于文字内容的组成部件，通常包括角标、图片、公式、表格、注释、参考文献等，应按照要求进行加工。例如注释和参考文献就需要标记其属性，通过关联关系的描述与引用点进行关联。

6. 版式/流式文件加工

版式/流式文件加工是在上述几项工作的基础上完成的。

版式文件是指版面固定，并且其页面显示和打印、印刷效果一致的文档，其呈现效果不因显示设备的不同而改变。常见的版式文件格式有Adobe的PDF、方正的CEB等。版式文件是在内容校对环节的基础上加工而来的。

流式文件是以内容逻辑表述为主的文档，一般不严格规定内容的版面呈现效果，在输出时需要按照给定的格式信息对文档内容进行布局运算，然后动态生成符合当前阅读要求的版面。与版式文件相比，流式文件最重要的特征就是版式重排，自适应不同的终端设备环境。典型的流式文件格式有TXT、HTML和EPUB等。它是在内容结构化加工环节的基础上加工产生的。

7. 质量检验

为确保成品的质量，需要对内容的准确性进行检测。检验合格的成品数据方可让后续的数字出版产品制作使用或长期保存。

（二）数字书刊加工

数字书刊是指用于传统印刷的书刊排版文件，其加工过程有别于纸质书刊。由于其内容已经是数字状态，因此可以简化书刊整理和扫描等环节，把重点放在数据整理与格式转换、内容结构化加工环节上。

1. 数据整理与格式转换

在进行内容结构化加工之前，需要收集和整理相关排版文件及关联文件，再将排版文件转换输出为PDF格式文件。为了保证内容结构化加工的效果和效率，在格式转换后需要处理文字乱码、内容缺失、版面错页等问题，为内容结构化加工提供良好的数据基础。

2. 内容结构化加工

数字内容结构化加工在PDF文件上进行，其加工目标和纸质书刊内容结构化加工是一致的。

除此之外，数字内容结构化加工同样也包括元数据加工和内容要素加工。

以下是纸质书刊与数字书刊加工的对比（见表6-1）。

表6-1　纸质书刊与数字书刊加工对比表

	纸质书刊加工	数字书刊加工
数据整理与格式转换	图书整理、扫描、OCR识别和校对等	收集整理排版文件、转换成PDF文件、修改校对
内容结构化加工	数字书刊内容结构化加工的目标与纸质书刊内容结构化加工是一致的	
内容要素加工	数字书刊内容要素的加工要求与纸质书刊一致	
成品数据构成	原始图像、单层图像PDF、双层PDF、单层矢量PDF、图书元数据XML文件、结构化XML文件和图书EPUB文件	单层矢量PDF、图书元数据XML文件、结构化XML文件和图书EPUB文件

（三）产品制作

产品制作是在产品策划、设计方案基础上的产品开发活动。根据市场需求，调取、整合经过审校、加工的内容资源，并将其封装、组织成数字出版产品的过程，既可以是以单本电子书为代表的单一性数字出版产品制作，也可以是以数字图书馆为代表的集合性数字出版产品制作。

六、产品发布

产品发布是数字出版产品在不同媒体平台的呈现，包括平面媒体、电子媒体、网络媒体以及移动社交媒体等。具体而言，产品发布包括如下流程：产品入库、产品DRM封装、产品检测、产品试运行、产品发布、产品更新。

（一）产品入库

将数字出版产品发布到数字出版产品运营系统，由管理员审核该数字出版产品是否可以进入数字出版产品资源库。

（二）产品DRM封装

DRM（数字版权管理）是对各类数字内容，如电子书、文档、音视频节目等，在生产、传播、销售、使用过程中进行的权利保护、使用控制与管理的技术。DRM涉及数字内容生命周期的每一种状态：使用权限的描述、认证、交易、保护、监测、跟踪，以及对使用者和拥有者之间关系的管理。

DRM封装使用数字签名技术或数字水印技术对数字出版产品的内容进行加密，并通过设置身份认证、授权认证等使用限制技术，限制使用范围、非法打印和复制等。

（三）产品检测

产品检测包括内容检测和技术检测，其中内容检测主要针对图片、表格、音视频链接等资源进行检测；技术检测则包含安全检测、链接检测和功能检测等。

（四）产品试运行

数字出版产品检测完成后，根据数字出版产品的设计方案，在实际业务流程中对数字出版产品进行充分试用，试用通过后即可正常对外发布。

（五）产品发布

产品发布指将数字出版产品通过各类媒体、终端、平台对外推送。其中媒体包括传统纸质媒体、网络媒体和移动社交媒体等；终端包括PC端、移动终端以及沉浸式显示终端等；平台包括自营平台和第三方运营平台等。

（六）产品更新

系统可实时向用户推送数字出版产品改进、升级的信息，并通过在线更新和离线下载等方式对产品进行更新。例如微信读书APP就会定期发布相关电子书内容的更新信息，并提醒用户更新版本。

七、运营维护

为保证数字出版产品和服务的正常运行，需要对它进行有效管理、运营和维护。一般来说，需要设立专门岗位来进行运营和维护。

（一）产品运营

产品运营本质上是一切用于连接用户和产品，并产生产品价值和商业价值的业务活动。对于大多数面向C端用户的产品，产品发布后的持续运营能力往往会影响产品最终的成败。

1. 产品运营岗位

针对不同类型的数字出版产品，运营工作往往会侧重不同方面。常见的运营岗位包括内容运营、活动运营、用户运营。

（1）内容运营。内容运营是运营者利用新媒体渠道，用文字、图片、视频等形式将企业信息友好地呈现在用户面前，并激发用户参与、分享、传播的完整运营过程。内容运营的目的是连接用户与其匹配的内容，促使用户进行下一步行动。广义的媒体从业者包括网络编辑、新媒体编辑等，他们从事的工作都属于内容运营的范畴。

（2）活动运营。活动运营是针对不同类型和性质的活动进行运营，包含活动策划、活动实施以及嫁接相关产业力图打造产业链等。活动策划的目的不在活动本身，而在于其背后的运营目标，即企业关注的指标是否有明显提升，例如付费用户转化率的上升等。

（3）用户运营。用户运营是以用户为中心，遵循用户的需求设置运营活动与规则，制定运营战略与运营目标，严格控制实施过程与结果，以达成预期的运营任务与目标。根据产品的不同，用户运营的对象也有所不同，例如单体期刊平台的运营可分为针对作者和读者两种形式，期刊数据库平台的运营则可分为针对个人用户和机构用户两种形式。

2．不同阶段的运营目标

运营活动实际上从产品发布和上线之前就已经启动，不同阶段的运营工作和目标有所不同。

（1）产品上线前。这一阶段的产品运营首先要搞清楚产品定位及目标用户，为后续运营活动的开展奠定基础。

（2）产品内测期，又称验证期。这个阶段的运营目标是验证产品是否能与市场进行良好的匹配，主要工作是收集用户行为数据和相关问题反馈，再和数字出版产品经理一起分析讨论，对产品进行优化。

（3）产品成长期，又称爆发期。产品完成了内测后开始大面积推广，进入爆发期。此阶段产品的核心功能不断被强化，用户数量快速增加，产品运营的主要工作是吸引用户进驻，因此活动策划是必不可少的。

（4）产品成熟期，又称平台期。这一阶段用户数量的增长速度开始放缓，单用户获取成本越来越高，需要依托单用户价值提升来推进项目。这一阶段运营工作的主要目标是激活用户，提高用户对产品的黏性和使用时长。

（5）产品衰退期。这一阶段产品的用户逐渐流失，可能有新的产品准备上线，运营工作是做好用户转移的支持工作，尽量让用户平稳过渡。

（二）产品维护

产品维护的目的是保证产品的安全和正常运转。对处于销售状态或已经销售的数字出版产品，出版机构可设立相应维护人员进行维护和升级，使其具备应有的功能和价值。产品维护主要包括内容维护、功能维护和平台维护。

1．内容维护

维护人员定期或不定期对数字出版产品的内容进行维护，防止数字出版产品出现内容瑕疵或缺陷，确保内容的合法性、合规性。

2．功能维护

维护人员定期或不定期对数字出版产品进行功能、技术上的检测和升级，确保产品保持应有的使用功能，使技术处于正常状态。

3．平台维护

维护人员定期或不定期对数字出版运营平台进行维护，确保平台处于正常运转状态。

八、售后服务

售后服务是在商品出售以后提供的各种服务活动。考虑到不少数字出版产品是面向机构用户，以系统形式存在的，在实现相关产品销售之后，需要由售后服务人员为用户提供培训服务和其他增值服务，并及时与用户进行沟通，获取用户的反馈信息，以便不断更新数字出版产品的内容，改进数字出版产品的技术，为数字出版产品的迭代更新提供策划创意。

第三节　典型数字出版产品业务流程

考虑到不同类型的数字出版产品在业务流程方面存在明显差异，首先将数字出版产品区分为单一型数字出版产品和融合型数字出版产品，前者包括电子书、数据库、数字教材、AR/VR出版物等；后者既可以是传统出版物与数字出版产品的融合，也可以是多种数字出版产品的融合。本节将重点对几类典型数字出版产品的业务流程进行介绍。

一、单一型数字出版产品业务流程

在数字出版初始阶段，大部分出版机构选择以某一类数字出版产品作为业务突破口，较为普遍的包括电子书、数据库、有声书、数字教材等。以下将结合实例对相关产品的业务流程进行介绍。

（一）电子书业务流程

电子书作为典型的数字出版产品，是出版机构盘活优质内容、实现数字开发的初阶形态，也是读者最熟悉的数字出版产品。总体来看，电子书的业务流程大致经历以下几个步骤：市场调研、选题策划、版权获取、内容组织、产品设计、资源加工、产品发布、运营维护。

根据资源组织方式的不同，电子书可分为转化型电子书和原创型电子书，两者的整体业务流程大体相似，但相关环节的操作存在一定差异。

1. 转化型电子书的业务流程

转化型电子书即基于出版机构已出版图书等存量内容资源制作的电子书。相比一般数字出版产品的业务流程，转化型电子书在进入实际业务流程前需要进行版权审查，以便确认是否可以进行开发。以下是转化型电子书业务流程（见图6-11）。

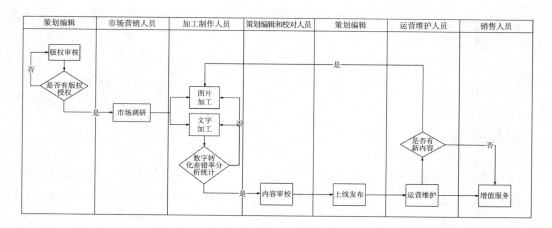

图 6-11　转化型电子书业务流程图

（1）版权审核。对转化型电子书开展相关业务之前，首先要对其版权进行审核，以判断出版机构是否有资格开展该产品的电子书开发业务。一般安排专门的版权工作人员负责审核，主要是查询待转化的纸质图书有无信息网络传播权等相关权利的授权条款。

（2）市场调研。由于转化型电子书是针对已出版纸质图书的产品进行二次开发，因此有必要对该产品纸质版的市场需求和表现进行全面调研，判断是否存在可以进一步挖掘的需求空间以及需求程度如何，最终决定是否对其进行数字化加工制作。

（3）加工制作。转化型电子书需要对纸质图书的封面、序言、前言、目录、正文、后记等部分进行制作，对图片文件进行加工和再制作。针对文字内容，如果具备源文件，可根据源文件运用数字化加工制作软件，将其转化为多种格式的电子书；如果不具备源文件，则需要通过扫描、OCR识别、人工校验等方式，将纸质图书转化为不同格式的电子书。针对封面、插图、表格等图片文件，如存在清晰度、精确度不足的问题，则需要重新设计和制作。

（4）内容审校。经过加工制作后的电子书内容，还需要专门的内容审查人员进行审核校对，以保证电子书与纸质书内容的一致性，图片清晰度、全书差错率等符合相关质量标准。

具体而言，对于电子书的质量有三个方面的要求，分别是有效性、完整性和准确性。[1]

①有效性指电子书能够被相关软件及系统读出，不允许出现数据损坏、异常报错、无法打开等差错；读出的数据应完整，不允许出现编码混乱、图像失真、关联关系无效等无法使用的差错。

②完整性指电子书必须包含封面、版权信息和正文等基本构成要素。

③准确性指电子书应符合以下基本要求：a）文字差错率要求在万分之三以下；b）图像差错率要求在千分之一以下；c）内容结构化差错率要求在万分之三以下；d）关联关系差错率要求在千分之三以下；e）样式差错率要求在万分之三以下；f）音频差错率要求在百分之一以下；g）视频差错率要求在百分之一以下。

（5）上线发布。经过内容审校后的电子书，可通过出版机构发布系统进行发布，也可发布到第三方运营平台，如京东、当当网等。转化型电子书的书号可直接保留和引用原纸质图书的书号。

（6）运营维护。运营人员可将发布后的电子书在自营平台和客户端上进行销售，根据产品性质的不同，选择面向个人和机构的商业模式。运营人员也可将电子书在第三方运营平台上推广销售，与第三方运营平台开展合作运营。

（7）增值服务。根据用户的个性化需求，可在现有电子书功能的基础上，提供针对性的知识增值服务。

2.原创型电子书的业务流程

原创型电子书即编辑根据市场需求调研的结果，结合出版机构的业务特色独立策划、组织、制作、发行的数字内容。相比转化型电子书，原创型电子书未经市场检验，需要充分做好市场调研，并从作者处获得相应的版权授权。以下是原创型电子书的业务流程（见图6-12）。

① 全国新闻出版标准化技术委员会.电子图书质量检测方法：CY/T 114—2015［S］.北京：国家新闻出版广电总局，2015：1.

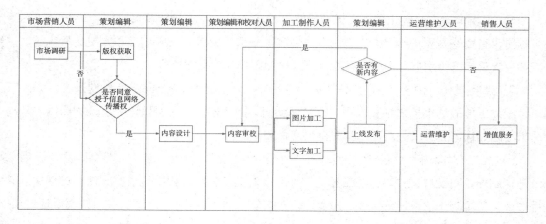

图6-12 原创型电子书业务流程图

（1）市场调研。相比转化型电子书，开发原创型电子书面对的不确定性和风险较大，需要做好充分的市场调研。产品营销团队不仅需要深入调查相关主题的图书产品的需求状况和用户消费能力，还需要研究电子书市场的供需特点，尤其是特定领域的电子书市场分布状况，同时对用户的电子书消费习惯和阅读习惯进行研究。

（2）版权获取。策划编辑需要与作者联系，签订电子书出版合同，获取书稿的信息网络传播权。现阶段大多数出版机构选择采用同步发行模式来制作该类电子书，即在策划图书选题时就获取相关版权，电子书排版制作与转码制作同步进行。

（3）内容设计。策划编辑针对书稿的版式、字体、字号、封面等文字内容和图片内容进行研究和设计。

（4）内容审校。对于原创型电子书产品，同样实行严格的三审三校制度，即初审、复审、终审和一校、二校、三校。经过审查，产品符合数字出版的要求，并且相关质量要求与转化型电子书一致，才算完成稿件的审校工作。

（5）加工制作。经过审校后的书稿，根据出版机构的需要制作成 PDF、EPUB 或其他格式的电子书。

（6）上线发布。原创型电子书的书号，出版机构可根据自身的出版业务范围，参照中图分类法选择适用本企业的标准标识。不同格式的电子书通过出版机构产品发布系统，分别在自营平台或第三方运营平台进行发布。

（7）运营维护。原创型电子书的运营维护与转化型电子书基本一致。由于原创型电子书是初次上市，因此更要注重其上线后的宣传推广，以迅速打开市场。

（8）增值服务。根据用户的个性化需求，可在现有电子书功能的基础上，提供针对性的知识增值服务。

3. 电子书业务流程实例

读客文化公司（简称"读客"）对于内容资源的数字化开发主要分两个方向，即电子书和有声书，两者都是针对纸质书内容的多形态开发。数字内容与纸质书内容相同，因此其在电子书制作之前的流程与纸质书相同。数字出版产品的授权运营及日常销售由数字销售部负责。

读客从 2011 年开始涉足电子书业务，截至 2020 年末，其自主策划且仍在动销的电子书共 1366 种，多为纸电同步的产品，纸质书和电子书同步发行的比例达 80%。其有声书畅销作品有《大江大河》《武则天大全集》《大唐兴亡三百年》等，实现了在喜马拉雅 FM、懒人听书、蜻蜓 FM、微信读书等主流平台的全渠道覆盖。

以下将对读客的数字出版业务流程进行简要介绍（见图 6-13）。

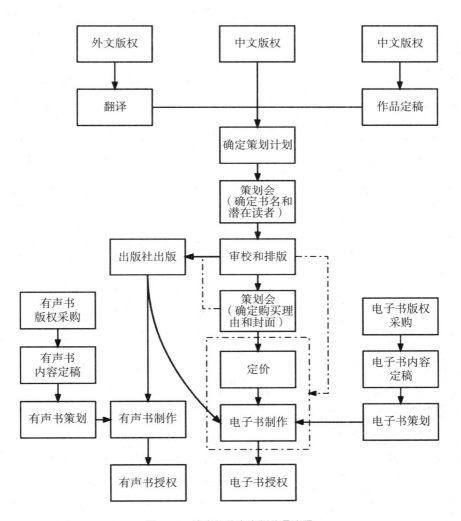

图6-13　读客的数字出版业务流程

（1）版权获取。读客自有版权的电子书，除省略了印制环节外，其业务流程与纸质书流程基本一致。电子书版权大多是签约纸质书版权时同步获取的，还有部分是根据市场需求及战略需要获取的。

（2）电子书制作。制作电子书主要针对数字阅读的特点，对电子书进行排版，并转换成相应的电子书格式。

（3）运营销售。读客与当当网、阅文、掌阅等市场上提供电子书阅读服务的平台进行合作，授权平台使用其制作的电子书。平台提供电子书供用户下载阅读并收取费用，根据合同按比例与读客进行收益分成。

（二）数据库业务流程

数据库出版物是以数据库为内容，提供一种或多种查询途径以方便用户定位并访问数据库内容的大众传播媒体。在数字出版业务活动中，大多数专业出版类数字出版项目会涉及数据库出版，如中国知网的中文期刊全文数据库、维普期刊数据库等。以下是数据库产品的业务流程（见图6-14）。

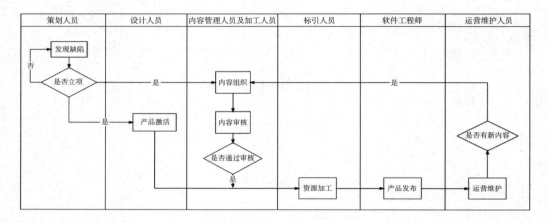

图6-14 数据库产品业务流程图

1. 产品策划

在数据库的产品策划环节，出版机构会根据市场需求形成数据库形态产品的初步描述。这一环节具体包括用户需求分析、资源可行性分析、技术可行性分析、市场可行性分析，并根据调研分析的结果，形成产品计划书。

（1）用户需求分析。用户需求分析主要做好以下工作，分别是产品定位、目标用户分析、竞争产品分析和使用场景分析。

①产品定位。通过不同数据对比及分析，确定所策划产品的功能和目标定位。

②目标用户分析。确定目标用户，分析用户的反馈意见，进行用户细分。

③竞争产品分析。对现有或潜在竞争产品的优势和劣势进行评价，提供制定产品策略的依据。

④使用场景分析。对用户使用产品的重要场景和流程进行分析，形成产品的需求列表，并进行优先级划分。

（2）可行性分析。可行性分析包括资源可行性分析、技术可行性分析和市场可行性分析。

①资源可行性分析。包括内容资源和人力资源分析，产品团队需要明确内容资源的范围和类型，并对资源可利用性、品质、开发价值进行评估分析；人力资源分析涉及编辑人员、技术开发人员、资源管理和维护人员等。

②技术可行性分析。包括对现有软硬件基础和软硬件需求进行分析，一般软件需求涉及本单位数字出版业务的软件使用情况，如内容资源管理系统、ERP系统等；硬件需求包括通用硬件设备，如计算机、服务器等，还有数据库开发需要的专用硬件设备等。

③市场可行性分析。包括市场发展背景、供需状况、价格及未来趋势预测等，产品团队需要对产品在市场上的竞争力有基本的判断。

（3）产品计划书撰写。产品计划书中具体包括产品定位、产品类型和表现形式、内容资源、盈利模式、市场推广方案、效益估算、开发进度、产品角色和职责等内容。

2. 内容组织和审核

数据结构化是数据库系统与一般文件系统的根本区别。因此，在数据库内容组织环节，最重要的是完成资源的结构化加工处理。入库后，结构化内容会被拆分成相应的知识条目，相关人员对知识条目进行审核，如发现错误，则返回到结构化加工流程修改错误。入库成功后，正确的知识条目会被导出，用于数据库产品制作。

针对不同来源的内容，可以采取不同的内容组织方式：

（1）未结构化书刊内容。这类书刊内容主要是已出版的纸质书刊资源，以纸质书刊和排版文件为主，需要进行结构化加工才可以利用。

（2）结构化书刊内容。这类书刊内容已经是结构化的，可以直接使用。

（3）其他未结构化内容。主要包括音视频、课件、动画、试题等，需要通过内容审校后进行结构化加工方可使用。

3. 产品设计

产品设计主要包括以下工作（见图6-15）：

（1）需求分析。对数据库出版物的功能需求进行详细描述。

（2）页面设计。对产品风格和展现形式进行设计。

（3）软件设计。对软件实现方法和详细功能进行描述。

（4）产品开发。实现需求分析中的所有功能，并进行相应的测试，确保相关功能是可以使用的。

图6-15 数据库产品设计流程图

4. 资源加工

资源加工是从资源管理系统中提取结构化内容，按照要求对其进行内容标引。标引的内容包括但不限于知识条目标题、主题词和摘要。加工完成后的内容会被重新入库到资源管理系统。

5. 产品发布

产品发布环节包括以下工作：

（1）产品预发布和测试。对初步完成的数据库产品进行功能测试。

（2）产品试运行。测试完成后进行试运行，运行时间在一个月以上，以便确认各项功能和设备能正常运行。

（3）产品发布。确保运行无误后，便可将数据库产品正式发布上线。

（4）内容更新。针对上线的数据库产品，根据内容资源更新情况和用户需求，不断更新发布内容，以便用户能在线上查询并下载相应内容。

6. 运营维护

数据库产品的使用年限较长，出版机构需要持续进行运营维护，包括产品运营维护、信息反馈、费用结算、客户服务等。其中产品运营维护涉及数据备份、产品问题处理和升级等。

（三）数字期刊业务流程

这里所讲的数字期刊业务流程主要针对单体期刊，不涉及集成性期刊数据库。以下是数字期刊的业务流程（见图6-16）。

图6-16　数字期刊业务流程图

1. 产品策划

数字期刊与传统期刊的策划环节较为类似，主要是明确期刊的总体定位和总体风格。

（1）总体定位。定位是期刊生存发展的关键。准确的市场定位，有助于期刊赢得目标用户关注，为期刊内容设计与品牌建设奠定基础。首先需要明确期刊名称，确定期刊的目标定位，之后针对目标用户群体的基本特征和需求来确定期刊总体定位。同时期刊要选择符合互联网传播的营销方式，以适应新媒体环境。

（2）总体风格。风格是期刊在内容与形态方面的突出特色，有助于吸引目标用户。不同期刊的风格往往差异较大。数字期刊要求强化视觉化效果，在字体选择、标题和图文设计等方面突出其风格特色。

2. 内容组织

内容组织主要针对期刊的关键要素，包括封面、目录、正文和背景等。由于数字期刊一般通过网页、APP或其他社交媒体平台呈现，相应的阅读体验与传统纸质期刊有所区别，因此要注意其页面中的图文排布和背景设计。

3. 产品设计

产品设计主要考虑数字期刊内容的可持续性，一般而言，转化型数字期刊借助传统期刊的品牌优势，在优质内容供应上具有较好的保障；原创型数字期刊则需要加强内容拓展，通过主动邀稿、设置专栏等方式获取优质稿件。

4．资源加工

资源加工主要根据期刊主题和栏目设计需要，对文字、图片、音视频等各类素材进行创作或采集，并结合期刊呈现要求进行必要的加工处理和格式转化。

5．运营维护

运营维护主要围绕不同终端展开，一般数字期刊可以通过官方网站、集成性期刊数据库、社交媒体平台等渠道进行发布，结合不同终端特点制定相应的运营目标。同时，在期刊内容发布后，要注意对用户行为如浏览、下载、分享等进行监测，以得到相应的数据并进行分析，对内容生产和编辑进行必要的反馈。

（四）在线内容服务业务流程

在线内容服务是在线上向用户提供信息内容的出版服务活动。随着信息技术的发展以及用户阅读习惯的变化，市场上涌现出多种内容服务形态，包括主题类型多元的音视频产品、线上学习课程、在线知识服务等。一般在线内容服务的业务流程包括需求提出、产品生产、在线服务和运营维护。以下是在线内容服务的业务流程（见图6-17）。

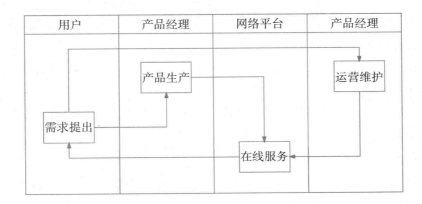

图6-17　在线内容服务业务流程图

1．需求提出

作为产品开发的源头，提出需求对于业务开展至关重要。只有把握真实用户的真实需求，才能有效开展在线内容服务业务。这里主要通过对用户调研和需求分析，挖掘用户的显性和隐性需求，并根据用户在使用中的反馈来改进产品的生产。

2．产品生产

产品生产是为建设该产品所依托的网络平台、内容资源而进行的产品策划、内容组织、产品设计、内容审校、产品开发、产品发布等活动（见图6-18）。

（1）产品策划。产品经理在用户需求分析，资源、技术和市场可行性分析的基础上，制订在线内容服务产品的选题计划，撰写产品计划书。必要时，还可设置产品论证、计划书审核等流程。

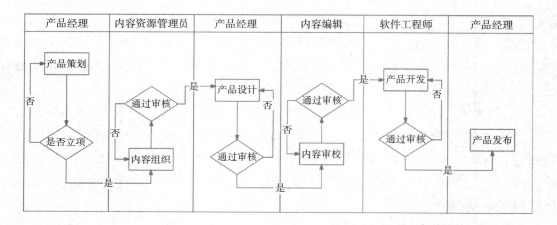

图6-18 在线内容服务的产品生产流程图

（2）内容组织。内容资源管理员根据产品计划书，在可用的内容资源范围内，对内容进行分类、标引、组合等，根据需要设置内容资源提取、内容资源配置方案的审核流程。

（3）产品设计。产品经理根据产品计划书和内容资源配置方案，设计网络平台架构和内容服务方式，具体包括内容检索和定制功能、内容呈现模板、阅读终端适配方案等。

（4）内容审校。对拟上线网络平台的内容，内容编辑将进行内容质量审核、校对，根据需要设置三审三校等审核流程。

（5）产品开发。软件工程师根据产品设计方案编写程序，实现产品功能，根据需要设置产品开发成果的审核流程。

（6）产品发布。产品经理将经过封装、测试、验收的内容资源和应用工具发布到网络平台上，根据需要设置发布内容产品的审核流程。

3. 在线服务

在线服务指通过网络平台向用户提供内容定制服务，具体包括平台推荐、用户定制、用户阅读、用户分享、用户反馈等。

（1）平台推荐。网络平台根据用户的基本信息、行为特征，向用户推送内容资源、推荐关联产品。用户可根据系统推荐或个人偏好，向系统提交需求。

（2）用户定制。用户选择、定制内容，并通过平台提供的内容封装、订单生成、在线支付等服务，完成定制和购买过程。

（3）用户阅读。平台通过分析用户的应用场景，给用户提供在线阅读环境，包括内容呈现效果、内容版式自适应不同尺寸的阅读终端等。

（4）用户分享。用户将产品的宣传信息、试读版本或个人阅读体验，通过微博、微信、抖音等社交媒体平台与其他用户进行分享。

（5）用户反馈。用户向平台提交有关产品质量、使用体验、应用场景、改进建议等反馈信息，平台针对用户反馈的问题给予解答。

4. 运营维护

运营维护是为完善用户体验所进行的平台功能维护和升级、内容更新和内容质量改进等业务活动，具体包括运营分析、内容维护和平台维护。

（1）运营分析。产品经理对平台进行用户、内容、技术、业务、财务等各方面的分析，为改进平台功能、提高内容质量、完善用户体验提供依据，并提出内容和平台的维护方案。

（2）内容维护。网络编辑根据内容维护方案，动态更新产品的内容资源，并实时向用户推送相关信息。

（3）平台维护。软件工程师根据平台维护方案，改进平台的功能，升级平台的技术，并向用户推送相关更新信息。

5. 在线内容服务业务流程实例

目前国内的在线内容服务主要集中于在线知识服务领域，其中得到APP是较早开启相关业务的产品。根据其所在公司北京思维造物信息科技股份有限公司于2020年发布的招股说明书，其业务主要有线上和线下知识服务、电商业务，其中线上知识服务包括软件开发、课程、每天听本书、电子书等。[①]

（1）软件开发。该公司软件产品的研发流程主要包括产品立项和产品研发两个部分，具体流程如图6-19所示。

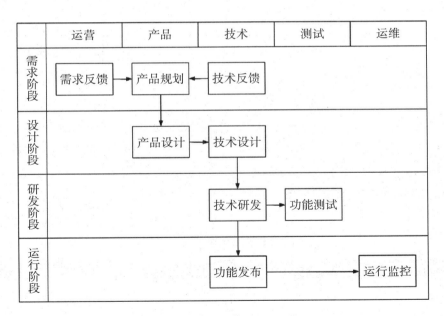

图6-19　得到APP软件开发流程图

（2）课程。课程的业务流程如图6-20所示。

① 一分钟读懂思维造物招股书［EB/OL］.（2020-12-10）［2022-07-23］. https://xueqiu.com/7961123322/150081954.

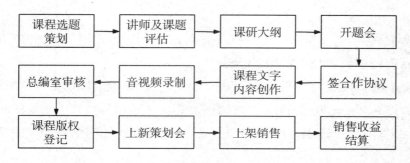

图6-20 得到APP课程业务流程图

（3）每天听本书。每天听本书的业务流程如图6-21所示。

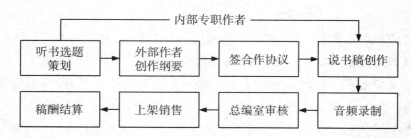

图6-21 得到APP每天听本书业务流程图

（4）电子书。电子书的业务流程如图6-22所示。

图6-22 得到APP电子书业务流程图

　　围绕在线内容服务，得到APP按照《网络出版服务管理规定》《互联网视听节目服务管理规定》《网络音视频信息服务管理规定》及《网络信息内容生态治理规定》等规范性文件相关要求，在从事内容发布工作过程中，制定并落实相关制度，具体包括内容审校制度、用户信息发布管理制度、用户行为管理制度和视频经营管理制度（见表6-2）。

表6-2　得到APP产品相关制度

制度类型	制度名称
内容审校制度	《得到品控手册》
	《新课上线流程》
	《底线审议规则》
	《审校工作规范》
	《关于作品抄袭的"负面清单"》
用户信息发布管理制度	《"得到"APP全量UGC内容审核标准》
用户行为管理制度	《得到用户服务协议》
	《得到网络社区管理规定》
视频经营管理制度	《视频经营管理制度》

《得到品控手册》作为得到 APP 对外公开的知识服务内容生产、策划和运营指导手册，在行业内具有较高的影响力。该手册从 2017 年发布，每年迭代一次，记录知识服务的心法和方法，并向全社会公开。截至 2023 年，该手册已迭代至第九版（见图 6-23）。

图6-23　《得到品控手册9.0》

（五）数字教材业务流程

数字教材是利用多媒体技术将传统纸质内容进行数字化处理，转化为适用于各类电子终端的互动性教材。

2022 年 11 月，由国家市场监督管理总局、国家标准化管理委员会发布的中小学数字教材国家标准开始实施，包括《数字教材 中小学数字教材出版基本流程》《数字教材 中小学数字教材元数据》《数字教材 中小学数字教材质量要求和检测方法》。中小学数字教材是以中小学教科书为内容基础，包含相关辅助资源、工具的，用于教学活动的电子书。其基本业务流程包括选题策划与论证、原型开发与验证、编辑制作、质量检测、产品发布（见图 6-24）。考虑到业务流程的规范性，以下围绕中小学数字教材展开介绍。

图6-24　数字教材业务流程图

1. 选题策划与论证

选题策划与论证包括选题策划、选题论证、选题策划调整。

（1）选题策划。针对数字教材的选题策划应在实际调研的基础上，参照课程标准中的课程目标、课程内容要求，规划出数字教材的使用目的、主要内容、主要功能、技术加工、开发方式、应用场景、出版发行方式、效益预测和风险评估等。

（2）选题论证。选题论证主要从课程教学设计的科学性、技术可行性、发行方式合理性以及产品风险可控性等方面对数字教材的选题策划进行全面考察，在深入分析研讨的基础上对选题策划做出决策性意见。意见主要包括选题通过、选题调整后再论证、选题不通过三类。

（3）选题策划调整。针对选题策划存在的问题和纰漏，对选题策划做出调整。选题策划调整应根据选题论证的意见做出相应的改进，优化策划方案，完成调整后重新进行选题论证。

2. 原型开发与验证

原型开发与验证包括原型设计与开发、版权管理机制确定、原型验证、原型修改。

（1）原型设计与开发。数字教材在正式编辑制作前应根据选题策划方案，针对典型内容、重要功能、技术加工和应用模式进行原型设计和开发。

（2）版权管理机制确定。数字教材的版权管理应在原型开发完成后，依据选题策划的要求、原型内容、技术特点、预期出版和应用场景制定合理的版权管理机制。

（3）原型验证。原型验证是检测和评价数字教材原型在内容模型、功能要求、技术加工、应用模式等方面是否达到选题策划要求的过程，必要时可使用教材原型进行教学实验，对验证过程中出现的问题进行记录并列出问题清单。

（4）原型修改。依据原型验证后列出的问题清单，对数字教材原型设计的内容、技术实现和版权管理机制等方面进行调整，形成新的数字教材原型，并再次验证。

3. 编辑制作

数字教材的编辑制作包括申领标识、内容和功能设计、素材准备、合成与封装、内容审查、内容修改。

（1）申领标识。数字教材在编辑制作时，应根据《电子图书标识》（行业标准号：CY/T 110—2015）中的要求申领电子图书标识。

（2）内容和功能设计。编辑、开发人员应根据选题策划方案和数字教材原型，在教科书的内容基础上对数字教材的内容进行设计，包括教材主体及扩展部分内容，并使数字教材支持阅读、展示、检索、辅助等各项功能，形成数字教材的制作脚本。

（3）素材准备。编辑、开发人员应根据数字教材的制作脚本，撰写、编排数字教材主体部分的内容，制作教材配套的扩展组件，如文本、图片、音视频、课件等，编写数字教材的使用说明。

（4）合成与封装。所有素材准备完成后，编辑、开发人员应将教材主体部分、扩展部分和使用说明等进行关联，完成元数据标注和整体封装，形成内测版，并赋予版本标识。

（5）内容审查。内测版制作完成后，需要进行内容审查，通常采用三审制，包括初审、复审和终审三个步骤，重点对内容的教育性、科学性和适用性进行审查，并提出修改意见。

（6）内容修改。编辑、开发人员根据内容审查的修改意见对数字教材的相关内容和功能进行修改，并将修改结果再次提交审查人员复核。

4. 质量检测

质量检测是针对数字教材内测版进行全面质量检测的过程，需要关注有效性、完整性、规范性和准确性四个质量要素。检测流程和方法要符合《中小学数字教材质量要求与检测方法》（行业标准号：CY/T 165—2017）中的相关规定。

（1）有效性检测。逐一检测数字教材所包含的全部信息及功能是否符合有效性要求，即在规定环境中使用，不应出现数据损坏、异常报错、无法打开等情况，并对检测结果进行记录。

（2）完整性检测。数字教材应包含内容清单、元数据、使用说明、数字版权记录信息和电子图书封面等必备信息（见表6-3），同时提供数字教学用书、电子图书出版标识、标准书号、重大选题备案号、审图号等条件必备信息。其中，数字教学用书中应包含对应的纸质教科书中的所有教学内容信息及编者按语、前言、序、绪言、附录、参考文献、后记等内容信息。若数字教材不以纸质教科书为编写和开发依据，可不包含数字教学用书。另外，数字教材不应随意添加数字教材内容清单中没有的信息。

表6-3　数字教材中的必备信息

序号	必备信息项	说明与要求
1	数字教材的内容清单	是数字教材中包含的所有承载了内容信息的文件
2	数字教材元数据	是用于描述数字教材整体信息的一组数据
3	数字教材的使用说明	应包括数字教材的使用环境说明和使用操作说明
4	数字版权记录信息	在显著位置上记录并显示了版权相关信息，包含数字教材的著作权、责任者、格式、容量等
5	电子图书封面	应包含正式的题名、作者和出版单位信息

（3）规范性检测。规范性检测的内容具体包括元数据要求、版权记录信息要求、标识要求、文本内容要求、图片和图像内容要求、音频内容要求、视频内容要求、内容文件格式的扩展规则等。

（4）准确性检测。准确性检测包括综合准确性和分项准确性两个方面，前者涉及综合差错率等综合性要求，后者涉及文字、图片和图像、音视频等具体的差错率要求。若数字教材的实际设计内容和媒体形式超出质量要求与检测方法的描述范围，应根据具体情况对超出部分进行准确性检测。

（5）生成检测报告。数字教材的有效性、完整性、规范性、准确性检测完成后，便可形成数字教材内测版的检测报告。检测结论分为通过检测和不通过检测，四项质量检测均符合质量要求，则为合格，通过检测；其中有任何一项不合格，则不通过检测。

检测报告的内容包括检测报告编号、送检单位名称、检测单位名称、数字教材题名、提交检测时间、提交材料清单、检测时间、检测人及签名、分项检测结果、检测复核人及签名、检测结论、检测报告附件（检测结果记录）等。

（6）内容修改。完成质量检测后，根据检测报告对数字教材进行修改，并在完成修改后逐一核对检测报告的要求，确保所有问题和差错都已得到修正。

5. 产品发布

产品发布包括产品确认、产品发布、资料归档、产品更新。

（1）产品确认。数字教材内测版的质量检测合格后，应由责任者签字确认可发布产品。

（2）产品发布。已确认可发布的产品通过相关渠道正式发布。

（3）资料归档。产品发布后，将相关选题、编辑制作、质量检测等出版环节中的重要过程文件、资料及加工素材归档保管。

（4）产品更新。对已发布的数字教材产品，根据产品规划和用户反馈情况进行更新。

二、融合型数字出版产品业务流程

融合型数字出版产品主要表现为两种类型，一种是多元类型产品与数字出版产品融合，这一类型突破了一般出版物的范畴，引入教玩具、卡片乃至食物等产品，将其与特定数字出版产品相结合，构成立体化的融合型产品。中国中福会出版社推出的"乐智小天地"就是典型的融合型产品，该产品是家庭儿童学习商品，针对不同年龄段儿童的成长需求制订学习计划，每月给用户寄送一套商品，包含图书、教玩具、视频 APP、DVD 等。另一种是多元数字出版产品融合，即将多元化的数字出版产品形态加以融合，如电子书、有声书、在线课程等，形成叠加的融合产品形态。

（一）融合型数字出版产品业务流程

相比单一型数字出版产品，融合型数字出版产品需要综合考虑多种产品形态，因此在具体业务流程上有所差异。考虑到第一种融合型数字出版产品的业务流程涉及非出版类产品开发，以下重点对第二种融合型数字出版产品的业务流程进行介绍。[①]

1. 策划立项

策划立项是融合型数字出版产品实现用户价值的起点，需要重点做好以下工作：市场需求调研、目标用户选择、产品战略制定。

（1）市场需求调研。市场需求调研是产品决策的基础，要重点明确"何种场景下什么用户存在何种需求"，做好竞品调研和用户调研。竞品调研需要关注相关竞品的目标定位、核心功能、市场表现与运营策略等。用户调研需要区分用户类型，结合对用户特征和行为表现的数据挖掘与

---

① 参见：姜钰，季兴安. 融合出版产品研发运营的关键问题探析——以"京师书法"为例［J］. 科技与出版，2021（6）：51-56.

分析，明确用户需求。由于融合型数字出版产品的用户往往会使用多种产品，因此要对用户使用不同产品的需求和方式加以关注。

（2）目标用户选择。在市场调研，尤其是用户调研的基础上，要锁定目标用户，这是产品策划环节的关键。具体而言，是要在相对宽泛的用户范围内聚焦目标用户，深入挖掘并瞄准目标用户的刚性需求，从而确立产品方向。

（3）产品战略制定。产品战略是在综合各类复杂因素的情况下，对产品方向和实施策略的商业选择。考虑到融合型数字出版产品所面临的现实挑战，产品策划团队需要综合考虑市场竞争状况、目标用户需求和企业资源禀赋等因素，确定需要覆盖的产品形态和优先级。譬如在相关设备环境和技术条件不成熟的情况下，是制作 VR 出版产品还是成熟的音视频产品，就需要谨慎做出判断。而在同类产品竞争非常激烈的情况下，在保证产品基础阅读功能的前提下，是优化功能方向还是设计阅读效果评分等差异化功能选项以达到吸引用户使用的目标，也是需要认真思考的。

2. 产品研发

融合型数字出版产品的研发是对用户需求的确认和实现，具体包括需求分析，产品交互原型设计，用户界面设计，软件研发与测试，内容研发、审核与测试环节。

（1）需求分析。需求分析即采用第五章中提到的"Y模型"，对从不同来源获取的用户需求进行分析，挖掘用户深层次需求，并转化为产品需求的过程。针对产品需求，通常采用产品需求文档进行描述，包括内容资源、呈现形式等特点。产品需求文档完成后，需要召集产品研发人员、内容编辑人员、设计人员和营销推广人员进行多方评审，确定最终方案，并实施立项。

（2）产品交互原型设计。产品交互原型设计是基于项目需求清单，通过原型清晰呈现产品交互逻辑的设计过程。融合型数字出版产品涉及多元产品，因此需要不同的交互原型设计方案，充分涵盖不同场景下的交互方式、异常情况等，准确定义交互逻辑。交互原型设计完成后，需要结合产品实际应用场景对原型进行测试评估，从而为后期研发提供保障。

（3）用户界面设计。用户界面设计是在产品交互原型的基础上充分考虑界面布局、视觉效果、色彩、图表等因素的设计过程。设计团队可以根据用户体验的五个层次对相关因素进行逐一考虑。界面设计完成后，设计团队会发起评审，与产品团队和技术团队共同讨论确定最终版本。

（4）软件研发与测试。软件研发是基于产品交互、界面文档，根据功能优先级安排程序开发的过程。产品研发涉及时间周期、项目事件和关键里程碑等部分。融合型数字出版产品涉及多元产品形态，而不同产品相互之间又存在内容上的重合，因此需要有效的设计路线图，以避免在研发过程中出现项目事件冲突和停滞现象。软件测试则是对即将上线的版本进行系统验证的过程，以判断产品是否存在问题。

（5）内容研发、审核与测试。一般情况下，内容研发与产品研发可以同步开展。在确认需求后，内容生产团队基于产品功能规划来策划内容选题，并对内容稿件进行三审三校，确保内容质量符合产品要求。内容测试更偏重于页面内容测试、资源适配测试等，目的在于确保内容的正确性、适配性以及资源的规范性。

3. 运营推广

运营推广是发布运营融合型数字出版产品，启动多元营销推广，提供高质量用户服务的过程。

（1）发布运营产品。该环节可进行最小化可行产品（Minimum Viable Product，简称MVP）试点验证。MVP是埃里克·莱斯（Eric Ries）在《精益创业》一书中提出的产品理论，是精益产品开发的核心思想，指的是让开发团队用最小的代价实现一个产品，以最大的限度了解和验证对用户问题的解决程度。借助MVP，产品团队可在产品验证阶段判断其是否满足市场需求，能否解决用户需求，是否具备商业价值等。

（2）多元营销推广。融合型数字出版产品需要综合考虑产品特性、用户使用习惯和渠道属性，建立相应的营销推广模式。现有的营销模式包括以下几种：一是"基础功能免费＋增值服务收费"模式，依靠免费的基础功能吸引用户使用，随着用户使用黏性不断提高，推出相应的有高附加值的服务，提供给部分有刚性需求的用户，比如不少学术服务产品，不仅提供用户查询相关领域的学术资讯的功能，也推出定制一对一项目指导服务，后者会收取相应的费用；二是针对to B产品，通过特定渠道向高校科研单位、政府部门等机构推广；三是将相关产品纳入区域地方相关服务整体解决方案，如面向中小学的教学系统等，确保相关产品的价值实现。

（3）高质量用户服务。区别于传统出版产品，融合型数字出版产品更强调用户服务环节。由于用户在产品使用过程中会持续产生行为数据和需求反馈，产品运营团队可通过对用户数据和反馈信息的深入分析，得出产品设计和运营策略方面的优化建议，从而推进产品的迭代升级，确保用户服务的可持续性。

（二）融合型数字出版产品业务流程实例

H出版社自2015年正式开启全方位数字化转型，并将深化融合发展提升至企业发展战略地位，企业定位也从为用户提供优质图书的传统出版商升级为为用户提供多元知识的新型内容服务商。经过多年的探索尝试以及对流程不断地调整优化，现阶段已初步形成了符合其业务特色、管理要求、发展需要的融合出版业务流程。基于该业务流程，H出版社已全面实现了其传统出版物与对应内容数字出版产品的同步策划、同步制作与同步营销，同时也已实现同一内容的多次利用、多种开发和多元盈利，不仅做到了优质内容与新兴技术的有机融合，而且通过精准满足不同场域用户的差异化需求，实现了优质内容资源效益的最大化。

目前，H出版社的融合出版产品业务流程主要包括策划立项、资源组织、加工审校、发布运营四个环节。

1. 策划立项

H出版社的数字出版产品多为以内容资源为根本，着眼于市场需求，策划创意与数字技术深度结合的产物。因此该社所有的融合出版产品在研发和投入制作之前均需要经过深度的市场调研，对选题内容及具体产品形态形成具体的方案。其策划思路通常是结合现有的业务板块做横向或纵向的挖掘，而关于产品形态则结合数字技术发展阶段，设置包含电子书、有声点读电子书、声音产品、数字课程、数字题库、数据库等多形态产品在内的半封闭选项，供编辑选择和参考。

H出版社的优势业务板块是外语学习类书籍，在策划融合出版产品时，会基于现有的外语零基础入门学习、国内外外语考试、外语阅读三条产品线进行发散性思考，孵化能够更好地发挥内容价值的融合出版产品。譬如针对外语零基础入门学习类的词汇书，可策划有声点读电子书、声音产品、背词小程序或是讲解词汇及有关记忆方法的数字课程等；针对国内外外语考试，可以策划备考专项数字课程、刷题讲解课程或数字题库等；针对外语阅读，除了开发基础的电子书（版式电子书、流式电子书）、声音产品（有声书、广播剧）外，还可策划大师解读课、阅读训练营等数字课程。

完成深度的市场调研并形成具体的选题策划方案之后，编辑即可进行选题申报，申报的选题需要经过三级论证，只有通过了三级论证的选题才能够在社内立项，并进入后续的业务流程（见图6-25）。三级论证即编辑、编辑室、社领导分别对选题进行论证。

此外，H出版社为了更好地促进精品融合出版产品的孵化，还设置了融合出版重点选题制度。编辑进行重点选题申报时须对选题的基础信息、目标用户、使用场景、产品形态、对标竞品、产品优势等进行具体的陈述，论证委员会则会从选题的内容价值、产品设计、创新价值、示范效应、盈利前景等维度对选题进行综合评估，当各项评价指标都获得较高得分时，选题即可获评"融合出版重点选题"，后期可获得相应的资源倾斜及各类运营支持。

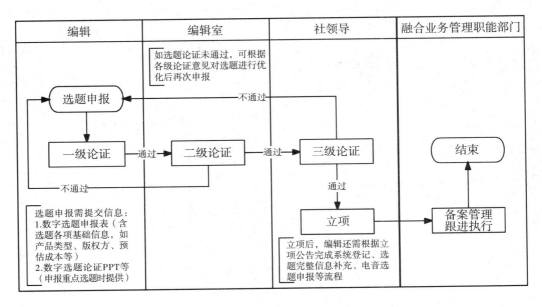

图6-25 H出版社融合出版产品策划立项流程

2. 资源组织

目前，H出版社已经进入图书产品和数字产品同步策划、同步开发的阶段，因此其融合出版产品的内容资源组织环节，实际上就是图书产品的内容资源组织环节。策划编辑需要在与版权方签署《著作权使用合同》时，获得开发、运营数字产品的相应权利及前述权利的转授权。

但也存在两种特殊情况。第一种是某个融合出版选题为编辑根据已有图书内容资源策划的，即基于存量内容资源的衍生开发，该情况下需要先对产品涉及的内容进行数字版权审核，确认是否已获得相应权利，若此前已获得相应权利或内容属于委托创作作品、职务作品等，则可直接进入后续流程；若此前未获得相应权利，则需要单独与著作权人签署补充协议（针对著作权人的单个作品）或数字版权授权协议（针对著作权人的多个作品）。第二种是某个融合出版选题为编辑根据市场需求独立策划的，现阶段没有对应的图书产品选题，即属于扩充的增量资源，该情况下需要策划编辑在与版权方签署数字出版合同之后，根据前期的选题策划书与其进行沟通交流，共同制定内容提纲、确定产品细节，从而完成内容资源的组织工作。

3. 加工审校

为实现规范管理和效率提升，H出版社针对融合出版产品的不同类型明确了不同的制作责任人，并严格执行三审三校制度。该社融合出版产品的制作加工流程如图6-26所示，具体加工将根据产品形态的复杂程度灵活选择自制或外包。

根据编辑三审三校过程中提供的书面审校意见，制作责任人会安排相应的修改和调整，直至该融合出版产品通过内容质量检测、各项功能检测，达到合格标准。制作责任人会将融合出版产品的最终成品上传本社资源管理平台，对其进行归档存储，以便后续调用和修改。具体审校发稿流程见图6-27。

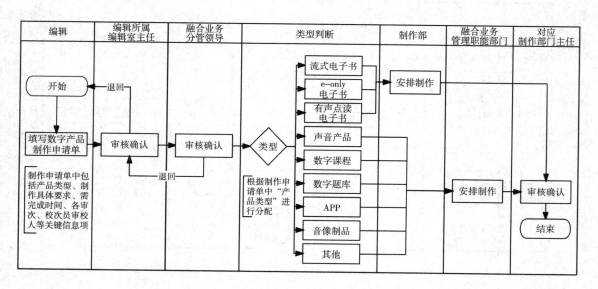

图6-26　H出版社融合出版产品制作加工流程

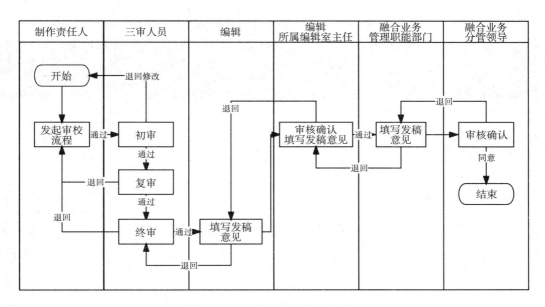

图6-27 H出版社融合出版产品审校发稿流程

4. 发布运营

在产品发布层面，为规范管理，H出版社设置了专门的产品发布申请流程（见图6-28）。

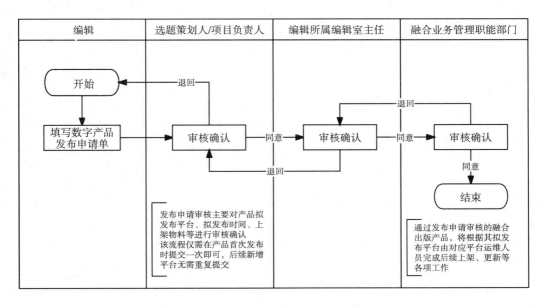

图6-28 H出版社融合出版产品发布申请流程

此外，为提升工作效率，缩短上架周期，H出版社还为编辑提供了素材标准库，针对目前市场上已有的主流数字出版产品平台的上架物料规范进行了说明，该说明文档为动态更新文档，便于编辑快速、实时地获取物料的最新标准，减少沟通成本。例如，针对现阶段大多出版社在使用的技术服务商小鹅通，H出版社对于物料提交标准做出了如下说明（见表6-4）。

表6-4　H出版社小鹅通平台物料提交标准说明表

序号	产品类型	类别	尺寸规范（单位：px）	格式规范	大小规范	命名规则	备注
1	图文	图文封面	750×560	JPG、PNG	小于5M	图文名称+尺寸规范	以Word形式提交
		图文名称			最优14字以内，支持45个字		
		图文详情页	宽750，高不限	JPG、PNG	小于5M		
2	音频	音频文件		MP3、M4A	不超过500M		推荐采样率44kHz，比特率192kbps或128kbps
		音频名称			最优14字以内，支持45个字	课程序号+课程名称（如"1.咏鹅"）	
		音频封面	750×560	JPG、PNG	小于5M	音频名称+尺寸规范	
		音频详情页	宽750，高不限	JPG、PNG	小于5M		图文皆可，图片参考前述参数，支持插入外部链接
3	视频	视频名称			最优14字以内，支持45个字		
		视频文件		MP4、AVI、WMV、MOV、FLV、RMVB、3GP、M4V、MKV	小于5G	课程序号+课程名称（如"1.咏鹅"）	720P或1080P，编码用H.264
		视频封面	750×560	JPG、PNG	小于5M	视频名称+尺寸规范	
		视频贴片	750×422	JPG、PNG	小于5M	视频名称+尺寸规范	
		视频详情页	宽750，高不限	JPG、PNG	小于5M		图文皆可，图片参考前述参数，支持插入外部链接
4	电子书	电子书书名			最优14字以内，支持45个字		
		电子书作者			最优14字以内，支持45个字		
		电子书文件		PDF、EPUB	小于100M；PDF不超过500页		
		电子书封面	318×480	JPG、PNG	小于5M		
		电子书详情页	宽750，高不限	JPG、PNG	小于5M		图文皆可，图片参考前述参数，支持插入外部链接

（续表）

序号	产品类型	类别	尺寸规范（单位：px）	格式规范	大小规范	命名规则	备注
5	考试	题库素材		XLSX			①不要删除模板里的sheet或更改表格格式，可以删除表格多余内容，按格式要求填表 ②小鹅通Excel批量导入模版"0629.xlsx"
		考试名称			不超过45个字		
		考试封面	750×420	JPG、PNG、JPEG	小于5M		
		考试详情页	宽750，高不限	JPG、PNG	小于5M		图文皆可，图片参考前述参数，支持插入外部链接
		试卷名称			不超过45个字		

在产品运营层面，H出版社除设置专职运营人员负责产品在平台上的日常维护、活动申报、客服答疑之外，也非常注重通过融合出版产品进行本社私域流量池的扩充，如在融合出版产品的露出页面（图书出版物、网页等）附上二维码和说明文字，引导用户关注对应服务号。H出版社为了给用户提供精准服务，实现用户资源的聚拢和转化，除出版社官方账号外，还针对出版业务板块注册了多个公众号，涉及K12、英语、日语、韩语、社科、理工等领域，安排专职的新媒体运营编辑负责运营。新媒体运营编辑不仅负责公众号的内容发布，也负责引导用户加入读者群，并通过运营多元活动、与用户实时互动以及推荐同类产品，实现私域流量池的盘活和转化。

思考题

1. 说一说数字出版业务流程的概念。

2. 说一说数字化对出版业务流程的影响。

3. 一般数字出版产品的业务流程包含哪些步骤？

4. 电子书业务流程包含哪些步骤？

5. 数字期刊业务流程包含哪些步骤？

6. 在线内容服务业务流程包含哪些步骤？

7. 数字教材业务流程包含哪些步骤？

8. 融合型数字出版产品的业务流程包含哪些步骤？

练习题

1. 按小组的形式策划一个数字出版产品，并介绍该产品的业务流程。
2. 选择某一数字出版产品，运用商业模式画布工具介绍其商业模式。

第七章
数字出版管理

随着数字出版业务的发展，数字出版管理工作的重要性日渐凸显。数字出版管理与图书出版管理有所不同，传统的出版管理方式难以适应传统媒介与数字媒介融合发展的新要求。随着"图书+"类型的数字出版模式进阶到全媒体融合发展模式，传统出版的融合发展越来越需要打破内容、技术、制作以及营销的藩篱，在管理上实现创新。

本章首先介绍了数字出版管理的计划、组织、领导、控制等四项基本职能；然后重点讨论了传统出版融合发展的管理创新；最后介绍了数字出版管理中广泛采用的两种有效工具：目标管理与项目管理。

第一节　数字出版管理概述

一、数字出版管理的概念

管理学大师斯蒂芬·P. 罗宾斯（Stephen P. Robbins）认为，管理是一个协调工作活动使之有效率和有效果的过程，管理包括计划、组织、领导、控制等四项基本职能，管理过程指履行管理职能的一组持续进行中的决策和行动。数字出版管理作为针对一项具体工作的管理行为，同样适用上述概念。所以，我们认为，数字出版管理是针对数字出版活动和行为的一系列涉及计划、组织、领导与控制的管理过程。

数字出版的管理主体以及相应的管理对象涉及三个层面：一是行政主管部门对整个数字出版产业的宏观管理，涉及数字出版政策、全产业规划布局、全产业资源配置及管理措施等，这是宏观层面的管理行为；二是企业对自身开展数字出版工作的管理，涉及企业层面的数字出版发展规划、组织机构设置、人财物等资源的配置、企业管理制度建设以及数字出版的目标设定、考核、评估、激励等，这是中观层面的管理行为；三是针对具体数字出版业务活动的管理，涉及制订生产计划、管控销售推广流程及评估运营效果等，这是微观层面的管理行为。对于数字出版而言，三个不同层面的管理行为都不可或缺，它们的共同运转保障了数字出版的正常开展。但是，三个不同层面的管理行为存在较大差异，管理主体、管理内容、管理方式以及管理效果各不相同，为避免混淆、明确主旨，本章主要从中观层面，即企业（主要是传统出版机构）自身的角度来探讨数字出版管理。

二、数字出版管理的基本职能

数字出版管理是针对数字出版活动和行为的管理过程，它包括计划、组织、领导与控制四项基本职能。计划职能包括定义数字出版目标，制定数字出版战略和长期、中期及短期计划以实现数字出版目标等；组织职能包括设计组织结构、确定责任部门和部门职责、配置人财物资源、制定任务指标以开展数字出版工作等；领导职能包括制定有关激励措施并通过有效沟通和奖惩实现对团队的激励等；控制职能包括监管数字出版业务流程、评估数字出版业务的工作成效、考核评价成效并改进工作等。出版机构的数字出版管理工作围绕上述四项职能展开，在实践中，四项职能并不是按照顺序依次出现的，而是"你中有我，我中有你"，融合在数字出版管理行为之中。在时间维度上，四项职能也是在不同的时间跨度内出现，例如计划职能，有月度、年度、五年规划等；又如控制职能，既包括了对数字出版业务流程的实时监控，又包括了财年结束后对业务绩效的考核与评价。

计划、组织、领导与控制既是管理的四项基本职能，也是管理者开展工作的主要工具。作为数字出版管理者，既要承担这四项管理职责，又要善于运用这四个管理工具。相对于图书出版，数字出版是新兴的出版形式和新的课题，传统出版涉足数字出版本身就是一个充满着变化，需要不断进行探索的过程。在新技术不断变革的背景下，数字出版也在不断地迭代嬗变，传统出版如何扬长避短，发挥优势探索出适合自身的数字出版业务路径，并"因社制宜"地总结出各具特色的数字出版模式，这不仅仅是一个业务探索的问题，更是一个管理探索的问题。可以说，数字出版的健康持续发展一定是以数字出版管理的计划、组织、领导与控制四项基本职能的健全发挥为基础的。

（一）数字出版管理的计划职能

1.计划职能的定义及主要作用

斯蒂芬·P.罗宾斯认为，计划工作（planning）包含定义组织目标，制定全局战略以实现组织目标，制订一组广泛的相关计划以整合和协调组织工作。管理学中的计划，既涉及结果（完成什么样的目标），也涉及手段（如何实现目标）。一般认为，计划的主要作用在于三个方面：其一，计划是组织开展工作、谋求发展的纲领，为组织指明了方向；其二，计划是整合、协调组织工作、组织行为的基础，既能指导组织对包括人力、物力、财力在内的各项资源进行配置，也能指挥组纫成员以分工协作的方式开展工作；其三，计划为评估工作成果设立了标准，是衡量各项工作业绩成效的依据。

对于出版机构来说，做好数字出版计划、明确数字出版发展目标，是开展数字出版工作的第一步。出版机构可以通过制订计划来明确一段时期内的数字出版发展目标，这些目标既包括数字产品发布的数量、销售额、利润额等具体的可量化的经营指标，也包括开发数字平台的数量、在线用户聚集数量、转化率、数字奖项获评数量等运营指标，是开展数字出版工作的方向，同时也是衡量数字出版工作成效的基本依据。

2. 数字出版计划的类型

从数字出版的实践来看，出版机构使用频率最高的是年度计划与跨年度计划，这是一种按照周期长短来划分的计划类型。除此之外，数字出版计划还可以分为战略计划与运营计划、一次性计划与持续性计划等。

(1) 年度计划与跨年度计划

年度计划是出版机构在一个财年内要实现的数字出版工作目标，一般由数字出版品种指标、销售指标、利润指标三个经济效益指标和数字出版获评奖项、社会贡献等社会效益指标构成，非常具体地标识了出版机构在一个年度内要达成的数字出版目标。

跨年度计划（例如"五年规划"）是一种跨越年度的中长期发展规划，是出版机构在相对长的时间内要达成的数字出版发展目标。相比年度计划，跨年度计划弱化了销售额、利润额等定量指标，更强调数字出版发展的阶段性目标或远景目标。跨年度计划的实现依赖于诸如年度计划等短期计划的完成，一个好的跨年度计划应该能被分解到若干个短期计划之中，如此，跨年度计划才具有分步骤实现的可行性。

(2) 战略计划与运营计划

战略计划是着眼于组织整体和长期发展的计划类型，是为组织的长期生存和发展而进行的制定正式战略的过程，该过程通常包括确定宗旨，并为跨年度计划和年度计划制定目标。在具体实践中，出版机构的五年计划（如"十四五"发展规划）可以被视作一种战略计划。例如某出版机构提出的数字出版战略计划（规划）：坚持融合发展方向，以学术资源建设为中心，积极推进数字化转型升级工作，推动传统出版和新媒体出版的融合发展。

运营计划是具体规定如何实现全局性战略目标的计划，具体陈述了实现目标的方式、方法，它往往涉及对人力、物力、财力等资源的配置工作。与战略计划相比，运营计划覆盖的时间较短，如季度、月度乃至周或日。例如某出版机构提出的数字出版运营计划：本年度第一季度在维护并推进与现有新媒体平台合作的基础上，完成 25 种数字产品的上新工作，发起或参与平台营销活动至少 10 场，发布营销推广文案 15 篇，实现数字销售收入 100 万元，同时，为"423 知时节"促销活动与重要合作伙伴保持沟通，准备参与推广活动的产品目录和促销海报。

(3) 一次性计划与持续性计划

一次性计划是为满足特定需要而制订的一次性的计划。例如为开发某个数字产品而制订一个开发计划，该计划随着产品开发完成而终结。

持续性计划则是非一次性的、对具有重复性的活动做出持续性指导的计划，是一套作用于组织活动和组织行为的管理政策、运行规则和操作程序。

3. 动态环境下的计划工作

出版机构制订数字出版计划正面临着越来越大的挑战，这是因为数字出版经常处于动态变化的环境之中。从光盘、互联网到移动终端，从图文、声音、视频再到融合媒体，内容媒介、内容形式和新媒体技术在不断演进，知识服务方式和用户使用习惯也在不断变化，这意味着数字出版所面临的技术环境、市场环境乃至用户需求，都要比图书出版更加复杂，也更具有动态性。然而，计划是在工作开始之前制订完成的，是未来一段时期内的工作蓝图，在计划执行的过程中，环境的动态变化很可能造成早期制订的计划与最新环境相脱节的情况，这就会导致计划失灵甚至产生负效用。

要确保计划工作在动态环境下的有效性，就需要保持应对环境变化的足够的灵活性，在环境变化的情况下对计划做出及时的调整。例如，当一项数字技术被新的技术淘汰时，继续围绕旧技术、旧产品形态制订数字出版计划，显然是不合时宜的。

在动态环境下保持计划的有效性，需要综合运用中长期计划与短期计划的各自作用。中长期计划是对企业宗旨、远景目标进行规划，并不涉及具体任务指标，这是一个总体上的目标任务，所以能在很大程度上规避环境变化的影响；但短期计划涉及具体指标，所以要保持足够的灵活性，在中长期计划的指导之下，短期计划可以进行及时调整。

需要特别强调的是，即使环境存在着持续变化的不确定性，并导致制订和执行计划变得越来越困难，但进行计划工作仍然是必要的。如何在快速变化的环境下制订出适合出版机构发展的数字出版计划，是数字出版管理面临的一项考验。

（二）数字出版管理的组织职能

1. 组织职能的定义及主要作用

管理理论中的组织工作（organizing）有两种定义：一是指创设一个组织结构的过程，而所谓的组织结构（organizational structure）指的是组织中正式确定的，使工作任务得以分解、组合和协调的框架体系；二是在计划的指导下，为企业的经营提供必要的原料、设备、资本和人员的资源配置行为，这种行为无疑是在正式确定的组织结构的框架下进行的。企业的组织结构为企业范围内的资源配置指明了路径，组织结构不同，资源配置的结果也不同，业务开展的结果自然也不同。

对于传统出版机构而言，图书出版一直是主营业务，数字出版是随着新媒体技术的发展而逐步出现的新业务形态，所以，如何在传统出版机构的组织结构中植入数字出版板块，是否需要因此进行组织结构的调整，也就成了开展数字出版工作需要优先考虑的问题。

2. 数字出版管理的职能型组织结构

从出版产业的具体实践来看，传统出版机构一般采用的是职能型组织结构（functional

structure）。在数字出版兴起之后，传统出版机构普遍将数字出版作为一种新职能纳入整体的组织结构中，具体措施是成立数字出版部，并由其承担全社的数字出版工作。自此，数字出版就作为出版机构的必要职能之一，与编辑、印制、营销等出版职能一样，以一个职能部门的形式进入出版机构的组织结构中（见图7-1）。

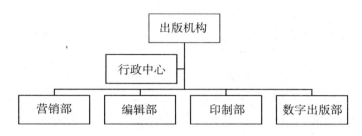

图7-1　出版机构组织结构图

职能型组织结构是一种按照职能来划分部门的组织结构，职能部门化是依据所履行的职能来组合工作，将相同或相似职能的工作组合在一个部门内。在数字出版实践中，数字出版部是由若干个与数字出版相关的工作或岗位组织在一起的部门。由数字出版部负责出版社有关数字出版的全部或主要工作，管理全社的数字出版资源，承担数字出版任务，履行数字出版职责，这是一种典型的职能型组织结构模式。

3. 职能型组织结构的优缺点

一般认为，职能型组织结构的优点是专门化和高效率；缺点是职能岗位之间容易产生隔阂，相互之间不了解，在面对变化的环境时，职能部门间无法形成合力，进而产生片面追求部门目标而忽视企业整体发展目标的现象，甚至形成"本位主义"。

在出版实践中，数字出版的职能型组织结构模式在推动传统出版开展数字出版业务方面发挥了巨大的作用。数字出版部的成立，为数字出版这一新业务开创了有部门负责、有人推进的局面。传统出版机构以图书出版为主体，擅长图书的编印发业务，对数字出版工作既不熟悉，又缺少必要的资源，所以，成立一个部门，由其承担探索、拓展的工作，从无到有逐步积累经验及能力，就成了传统出版开展数字出版工作的常规路径。

另一方面，随着将图书内容转变为新载体内容的数字出版阶段进阶为纸张载体与新媒介载体协同发展的融合发展阶段，职能型组织结构的部门阻隔、职能沟壑、"本位主义"的弊端逐渐显现，阻碍了数字出版的深入发展。毋庸置疑，随着数字出版环境的变化以及数字出版本身的不断演进，数字出版的组织结构也要进行相应的调整，甚至是变革。

在管理理论的演进之中，矩阵型组织结构下的项目管理模式、无边界组织结构下的跨部门管理模式、学习型组织结构下的全产业链管理模式等新的组织结构开始受到关注并逐步得以实践。

4. 数字出版管理的组织变革

科学技术的发展、知识载体的迭代、用户需求的变化，这些因素使数字出版处于一个动态的、变化的环境之中，相应地，这又要求数字出版管理的组织结构能适应这样的环境。

（1）组织变革的动力

环境（包括经济环境、社会环境、技术环境、文化环境等）变化是组织变革最大的动力，是企业组织赖以生存的社会基础。企业组织依赖环境提供各种资源，也为环境提供各种产出，从而成为环境的一部分。具体到数字出版管理，其组织变革的环境因素主要包括技术变革、国家政策、用户需求、竞争因素等。

（2）组织变革的阻力

任何变革都会面临阻力。组织变革的阻力在于结构惯性、群体惯性、个体利益以及对未来的预期等方面。结构惯性指组织固有的机制倾向于维持稳定而对变革进行抵制；群体惯性指组织群体倾向于保持旧的、已习惯的行为方式而对变革不予支持；个体利益指对变革可能带来个人利益损失的担忧；对未来的预期指变革结果预期的不明朗而导致的对变革的抗拒。

（3）组织变革的步骤及方法

在推动组织变革的诸多方法中，最常用的是库尔特·卢因（Kurt Lewin）的"三步模型"。卢因认为组织变革应该遵循以下三个步骤：解冻现状、移动至变革状态、重新冻结。解冻即创设变革的动机，鼓励员工改变原有的行为模式和工作态度；变革即指明变革方向，实施变革，进而形成新的行为和态度；重新冻结即采用必要的强化手段使变革成果固定下来，确保组织变革趋于新的稳定的状态。

（三）数字出版管理的领导职能

1. 领导职能的定义及主要作用

在管理学上，领导（leadership）又被称为指挥。斯托格狄尔（R.M. Stogdill）认为领导是对一个组织起来的团体为确立目标和实现目标所进行的活动施加影响的过程。斯蒂芬·P. 罗宾斯则认为领导是一种影响群体成功实现目标的过程。上述两种有关领导的定义，都强调了管理学意义上的领导，是对团体或组织为实现目标的行为施加影响，帮助、促进团体或组织实现既定目标的过程。

在数字出版管理实践中，管理者的领导职能具有以下两个重要的作用：一是执行资源配置，即根据计划在组织结构下分配人财物等资源，工作重点不同，则资源配置的结果不同。管理者正是通过资源调配，指挥、协调并规范组织成员的行为，使组织成员为共同的目标而开展工作。资源配置采用得比较多的方式有人员配置和年度预算，人员配置是人力资源的安排，年度预算则是资金的安排。具体到某个出版机构，从事数字出版的人员的多少、年度预算中有关数字出版资金投入的多少，直接反映出这家出版机构在数字出版方面的投入程度和重视程度。二是激励，即管理者以满足个体的某些需要为条件，促成组织成员以高水平的努力实现组织目标。激励的效果取决于组织成员的期望、经过努力而取得的绩效与获得奖励之间的关系。激励是管理学中的一项重要内容，也是管理者指挥组织成员行为的最重要手段之一。

2. 激励理论的定义及其作用

激励（motivation）作为领导职能最重要的内容之一，往往与目标设定结合在一起。具体来说，激励是指以满足员工个体的某些需要为前提条件，激发员工通过高水平的努力实现组织目标的过程。人是管理的主要对象之一，而且人的努力程度又是实现组织目标的关键，所以，有关激励的研究是管理理论研究的一个重点。有关激励的理论也非常丰富，从不同的研究视角出发，激励理论主要区分为内容型激励理论、过程型激励理论、行为修正型激励理论。内容型激励理论以人的需求为研究对象，认为实现需求是人产生行为的动机，对需求进行激励就能产生良好的效果，代表性理论有马斯洛需求层次理论等。过程型激励理论以从动机到行为产生的过程为研究对象，建立企业目标、员工需要与行为效果之间的关系，代表性理论有期望理论、目标设置理论等。行为修正型激励理论侧重研究如何促成人行为的改变，代表性理论有强化理论、归因理论等。需要强调的是，并没有一种激励理论适用于所有的管理情境，现代管理学强调根据不同的情境，使用或组合使用不同的激励方式。

数字出版作为新的出版职能，是传统出版机构比较陌生的领域，与传统出版相比，数字出版具有非常大的不确定性，那么如何激励组织成员走出"舒适区"，如何鼓励其积极应对新媒体技术的发展，如何激发其在数字出版领域做出探索，如此等等，都需要管理者从内容激励、过程激励和行为修正激励等多个维度考虑，充分发挥激励的作用。

（四）数字出版管理的控制职能

1. 控制职能的定义及主要作用

在管理学上，控制（control）是监管组织内的各项行动，确保所有的行动都能按照计划进行，保证组织目标能顺利实现的过程，其作用在于纠正企业经营活动中的各种与计划有所偏差的行为。控制的管理过程包括三个步骤：第一，衡量实际工作绩效；第二，以目标或计划为标准，评估工作绩效的完成度；第三，采取激励或奖惩措施，纠正偏差或促进改进。按照控制职能发挥作用的阶段，可以将控制分为三种类型：前期控制、同期控制、反馈控制。前期控制是在行动开始之前的控制，也就是所谓的把问题消灭于萌芽状态；同期控制是一种实时控制，即在行动过程中，发现问题就及时解决问题；反馈控制作用于行动结束后，根据结果评估效果，再以此来决定是否采取措施。

在对新领域的探索中，控制发挥着重要的作用。对于多数出版机构而言，数字出版的开展过程也是一个探索的过程，是一个从无到有的创建过程。随着新媒体技术的迭代，传统出版在融合发展阶段的探索愈发缺少可以借鉴的成型路径或成熟经验，在这种情况下，数字出版管理既要激发创新、激励探索，同时也要把握好方向、控制好节奏、及时纠偏，以确保目标的实现。

2. 领导与控制职能的理论演进

激励与控制是管理学中仍然在不断演进的理论，其原因就在于新技术深刻地改变了信息传播的路径、形式以及人与人之间的互动方式。当代人在满足个体需求和认知、看待世界的视角、获取以及解读信息的方式等方面都发生了重大变化，社会中人与人之间被组织起来的形式和互动方式也因此发生了重大改变，所以，主要以影响人的行为为主要目标的激励方式与管理控制方式自然也需要发生相应的改变。

▌第二节　传统出版融合发展的管理创新

经济学家约瑟夫·熊彼特（Joseph Schumpeter）于 1912 年首次提出了"管理创新"（Management Innovation）的概念。他认为管理创新是指组织形成创造性思想并将其转换为有用的产品、服务或作业方法的过程。从管理学的视角看，管理创新的实质是用创新性的思想指导企业实施计划、组织、领导、控制等管理职能，以协调他人的活动，使别人同自己一起应对新的环境，用新的产品和服务满足用户需求，实现企业目标的活动过程。

数字出版是一种新的业务形态，数字出版的出现，其本身就对以图书为主业的传统出版提出了管理创新的要求。在数字出版实践中，无论是在组织结构设立、计划制订、资源配置，还是在业务流程设计、目标制定、考核评价等方面，数字出版都是传统出版必须面对的新课题。从最初的仅仅将数字出版视作传统出版的补充，到将其作为独立的板块植入传统出版的整个业务流程，再到打破知识载体界限，谋求纸张媒介与数字媒介的融合发展，数字出版对传统出版的影响经历了由产品层面到业务层面再到管理层面的过程。这一过程，既是对数字出版产品、数字出版业务探索的过程，也是出版流程管理创新、管理制度变革的过程。

一、数字出版管理创新是知识载体演进的必然结果

（一）数字技术的进步促成了全新的出版方式

数字出版的出现是科学技术发展的结果，新的知识载体令人类社会得以应用更多的方式进行知识积累和知识传播。

在知识生产的历史长河中，人类一直未曾停止对知识载体的探索，从最初的结绳记事、甲骨文、羊皮书、简牍等，以"刀与火"为特征的知识生产时代开始，到使用造纸术和印刷术，以"纸和油"为特征的知识生产时代，纸质图书作为一种便捷和高效的知识载体登上了历史舞台，极大地促进了人类社会知识积累、知识传播的广度与深度。时至今日，纸质图书仍发挥着重要的作用。进入现代社会，在以"光和电"为特征的知识生产方式下，磁盘、光盘等新的知识载体为人类提供了容量更大、图文及音视频形式并存的多媒体知识传播方式，但是，磁盘、光盘等知识载体并未对纸质图书造成颠覆性影响，这一时期，数字出版尚未以一种独立的方式进入出版的范畴。直至以数字技术为特征的知识生产方式的出现，以及兼具便捷性、高效性、多媒体属性和趣味性的知识载体被读者广泛接受，传统纸质图书的生产方式才受到了颠覆性影响。

数字技术的进步以及读者对数字阅读的接受，促成了传统纸质图书出版之外的一种全新的出版方式，引发了传统出版对数字出版的关注、介入与接纳。所以，数字出版的出现是知识载体演进的一种必然结果。

（二）数字出版对传统出版的运营模式造成冲击

作为一种全新的出版方式，数字出版对传统出版的运营模式造成了冲击。在出版发展历程中，随着纸张媒介的成熟，出版产业逐步形成了编辑、印刷、发行的固定出版流程，同时，围绕这一流程形成了相对固定的出版运营模式。传统出版时期的技术创新，例如激光照排技术等，未曾造成出版运营模式上的变革。但在数字出版时期，内容和技术密不可分，内容的处理方式、知识的生产流程和传播模式均受到新媒体技术的影响，同时数字出版的载体介质处于不断的变化发展之中，大量融合产品推陈出新，新的业务形态不断涌现，例如数字阅读、在线教育、知识服务等。因此，与传统出版时期相比，数字出版时期的产品形态、运营模式均发生了巨大变化，这无疑又倒逼出版机构在计划目标、组织结构、资源配置、生产流程、考核体系等方面进行变革。因此，数字出版管理创新是数字出版对传统出版运营模式产生冲击后的必然结果。

二、数字出版管理创新是媒介融合发展的必然要求

（一）融合出版是数字出版演进的必然方向

1．国家战略层面的因素

2020 年 9 月，中共中央办公厅、国务院办公厅印发《关于加快推进媒体深度融合发展的意见》，从重要意义、目标任务、工作原则三个方面明确了媒体深度融合发展的总体要求，提出"推动传统媒体和新兴媒体在体制机制、政策措施、流程管理、人才技术等方面加快融合步伐"[①]。这是国家从政策层面对包括出版业在内的媒体提出的深度融合发展的要求，特别强调了体制机制、流程管理和人才技术等对于融合发展的重要作用，深刻说明了融合发展并不仅仅是单纯的涉及业务范畴的问题，还是一个涉及制度、流程和人才的管理范畴的问题。所以，除了注重业务层面的发展，融合发展更需要推进管理层面的创新。而构建适应融合发展的管理模式，既是传统出版融合转型过程中容易被忽视的重点，也是推进融合发展的难点。

2．数字阅读普及的因素

事实上，国家在宏观层面推动媒体深度融合是对新媒体技术的普及以及知识（信息）获取方式多元化的一种政策反应，媒介融合不仅仅是政策驱动的结果，更是新媒体技术发展与应用普及的必然结果。第 49 次《中国互联网络发展状况统计报告》显示，截至 2021 年 12 月，我国网民规模大幅增长至 10.32 亿，互联网普及率达到 73%。[②] 知名市场调研公司 Counterpoint Research 的统计数据显示，截至 2022 年 1 月，中国智能手机市场的 5G 普及率已经达到 84%，为全球最高。[③]

---

① 中共中央办公厅，国务院办公厅．关于加快推进媒体深度融合发展的意见［EB/OL］．（2020-09-26）［2022-04-C1］．http://www.gov.cn/zhengce/2020-09/26/content_5547310.htm.

② 中国互联网络信息中心．第49次中国互联网络发展状况统计报告［R/OL］．（2022-02-25）［2022-03-01］．https://www.cnnic.net.cn/NMediaFile/old_attach/P020220721404263787858.pdf.

③ 中国成全球5G普及率最高国家［EB/OL］．（2022-03-24）［2022-04-01］．https://baijiahao.baidu.com/s?id=1728172137276648467&wfr=spider&for=pc.

由上述调查数据可知，互联网和 5G 智能手机的普及使用，为媒介深度融合创造了条件。第十九次全国国民阅读调查显示，基于新媒体技术的普及，2021 年我国有 77.4% 的成年国民进行过手机阅读，有 71.6% 的成年国民进行过网络在线阅读；有 27.3% 的成年国民在电子阅读器上阅读，有 21.7% 的成年国民使用平板电脑进行数字化阅读。从阅读形式来看，2021 年有 45.6% 的成年国民倾向于拿一本纸质图书阅读，有 30.5% 的成年国民倾向于在手机上阅读，有 8.4% 的成年国民倾向于在电子阅读器上阅读，有 6.6% 的成年国民倾向于网络在线阅读，有 7.4% 的成年国民倾向于听书，有 1.5% 的成年国民倾向于视频讲书。[①] 数字阅读逐步成为一种重要的阅读方式，因此围绕内容进行全媒体出版，形成以内容为中心的融合出版，成为出版业的必然选择。

（二）融合发展对数字出版管理创新提出了要求

在融合出版时代，产品形态、运营模式、读者获取知识的方式都在不断变化，传统的图书产品、围绕图书而形成的生产运营方式、单一的纸张介质阅读形式都已不再适应数字阅读时代的要求。面对变化的环境，管理创新的必要性体现在以下两个方面：其一，通过调整计划，协调组织内部的资源配置，及时改革组织结构和业务流程，以应对变化的环境，实现企业的目标；其二，通过变革管理制度，制定新的企业内控制度和新的流程规范，对企业员工应对变革的行为进行激励，形成应对新变化的合力，最终生产出符合数字时代要求的产品与服务。

融合发展是传统出版面临的新问题，对传统出版的管理模式提出了挑战。面对变化的环境，唯有与时俱进，在业务创新的基础上积极推进管理创新，才能推动数字出版的良好发展。

三、出版机构传统管理模式与融合发展要求的不相适应

在融合发展的探索中，传统出版机构做了诸多尝试，虽然取得了一定成果，但总体而言，出版融合发展的水平仍然较为落后，融合转型仍然是一个亟待突破的关键问题。其关键原因在于，传统出版的融合发展往往偏重于业务层面的探索，而在管理创新实践上却着力不多，传统管理模式与融合发展的不相适应，制约了融合发展的成长空间。

习近平总书记在中共中央政治局第十二次集体学习时指出："推动媒体融合发展，要坚持一体化发展方向，通过流程优化、平台再造，实现各种媒介资源、生产要素有效整合，实现信息内容、技术应用、平台终端、管理手段共融互通，催化融合质变，放大一体效能，打造一批具有强大影响力、竞争力的新型主流媒体。"[②] 以上既指明了融合发展的实质——信息媒介融合、信息载体融合，也指出了实现融合发展的关键点——流程优化、要素整合、内容和技术的共融互通。从融合发展实质和关键点出发，审视传统出版管理模式在组织结构以及业务流程、管理制度、人员激励等方

---

① 第十九次全国国民阅读调查主要发现 [EB/OL]．（2022-04-24）[2022-05-01]．https://baijiahao.baidu.com/s?id=1730959183135296678&wfr=spider&for=pc.

② 习近平主持中共中央政治局第十二次集体学习并发表重要讲话 [EB/OL]．（2019-01-25）[2022-04-01]．http://www.gov.cn/xinwen/2019-01/25/content_5361197.htm.

面与融合发展的要求的不相适应，是探索管理创新、推进出版融合发展的有效切入点。

（一）以专业分工为基础的职能型组织结构与融合发展的要求不相适应

斯蒂芬·P. 罗宾斯认为，职能型组织结构是一种将相似或相关职业的专业人士组合在一起的组织设计，它是将按职能划分部门的方法应用到整个组织范围而设计出来的。在出版机构内按照专业分工原则形成编辑、营销、印制、行政等部门，再由它们各司其职的组织结构，就是一种典型的职能型结构。这一组织结构的优点是专业化；缺点是条块分割、反应迟缓、"部门墙"厚重，容易产生"本位主义"。当面对新变化、迎接新挑战，需要不同部门协同合作时，以部门边界为沟壑的组织结构的劣势便会逐渐显露。

在融合发展的早期阶段，各出版机构相继在职能结构中增设数字出版部门，并由其负责全社的数字出版工作。职能型组织结构下的数字出版部堪称全功能型部门，承担了包括数字产品策划、制作、发布、营销在内的数字出版链条上的全部职能。虽然这是基于专业分工的安排，但也造成出版社的融合发展系于数字出版部一身，其他部门置身事外，无法也不知如何参与的窘境。严格的专业分工、各司其职的组织结构导致了少部分人参与融合出版的局面，使全社范围内全员关注、全员参与融合出版的发展格局难以形成，这与融合发展所强调的"全员媒体"趋势以及"一体化发展方向"不相适应。

随着"图书+"类型的数字出版模式进阶到全媒体融合发展模式，传统出版的融合发展越来越需要打破内容、技术、制作以及营销的藩篱。"内容是流量的最好入口""专业是最好的数字推广手段"等观点，都预示着内容、技术、制作与营销必须深度融合，而"各自为政"的传统组织结构将很难适应出版融合新形势下的变化需求。

（二）以图书出版为主体的管理制度及业务流程与融合发展的要求不相适应

出版社以图书出版为主业，这是出版业发展至今形成的固定观念和发展格局，因而围绕图书来设计出版社的管理制度和业务流程，也是自然而然的结果。当数字出版作为一个业务模块嵌入出版社的业务范畴之后，传统出版的数字发展也始终是围绕着图书来进行，无论是为图书配套数字资源，形成"图书+"类型的产品，还是基于图书内容，制作电子书或音视频产品，图书始终居于主体地位。

在这样的发展模式下，围绕图书形成数字出版管理流程、制定管理制度、设计激励方案，没有形成专门的融合出版管理制度，都是可以理解的。但是，出版融合发展的实质是要实现图书与新媒体的融合发展，是以内容为核心，将图书作为出版内容载体之一，实现多载体乃至全媒体出版。因此，以图书出版为主的业务流程以及管理制度与融合发展的要求显然不相适应。推进融合发展，就不得不打破图书在出版业的强势载体地位，脱离图书进行独立的数字产品研发和融合运营，而将出版机构的运营主体由图书载体变革为内容本身，这才是转变观念、实现融合发展的基础。

而要做到这点，建立健全融合出版管理制度和业务流程就均为融合发展的题中应有之义了。

（三）基于多种因素的"因社而异"的融合出版管理模式

出版社的融合发展管理模式"因社而异"，适用的才是最好的，传统出版管理模式与融合发展要求的不相适应并不一定意味着其效用不好，也不一定意味着需要对其进行变革。管理模式的选择要基于对融合发展业务类型、产品类型、组织规模大小、融合发展目标、融合出版管理效能等众多因素的综合判断。

例如，从产品类型的角度看，如果产品仅适合采用电子书的方式进行销售，电子书又属于一种简单的数字产品，那么成立一个数字出版部门来承担电子书的制作和销售职能，就能发挥编辑部与数字出版部各自的专业优势。这种情况下，简单的职能型组织结构就是适用的。而当数字产品是大型的专业数据库等复杂类型时，就需要生产内容的编辑人员深度参与数据库的运营工作，如果采用传统的职能型组织结构就会降低效用，因而采用由编辑人员与数字人员协作运营的项目制模式更合适。

再比如，从组织规模的角度看，与大型出版社相比，中小规模出版社单独成立的数字出版部往往因为人手不足、资源有限，相对更加难以承担全社的融合发展重任，因此，进行组织变革，打破少部分人参与的局面，推动全员参与融合发展，就更具有现实意义。而对于大型出版社而言，其数字出版部门（中心）往往具有一定的人员规模和业务体量，承担全部的融合发展重任，有利于发挥专业优势、集中力量运行重大项目。这种情况下，刻意进行组织结构的调整，舍弃职能型组织结构的专业优势不一定是最佳选择。但是，在保持组织结构稳定的情况下，适当进行制度变革，积极推进全员参与融合出版，仍然是有价值的。

四、传统出版管理创新的具体实践

以下以H出版社为案例，介绍传统出版在管理创新方面的一些具体实践。

H出版社是一家中等规模，以出版市场类图书为主的出版社。自2015年开始，以尝试建立纸书与数字产品同步策划、同步制作、同步出版运营的融合出版模式为起点，H出版社开启了融合发展探索之路。在这一过程中，H出版社积极进行融合出版管理创新，先后在组织结构调整、融合发展制度建设、运营流程优化等方面做出了积极的实践探索。

（一）打破职能型组织结构，建设全媒体出版链条

2015年，从"纸电同步"的需要出发，H出版社撤销了全功能型的数字出版部，将数字出版部承担的数字选题策划职能、制作职能和营销职能分别并入编辑部、制作部和营销部，这样就形成了全媒体出版链条的雏形；在这一模式中，编辑部不仅策划纸书，还策划各种数字产品；制作部不仅解决纸书的印制问题，还负责数字产品的制作工作；而营销部不仅卖纸书，也卖电子书。在组织结构调整过程中，全能型数字出版部转变为信息技术部，专门负责信息技术服务、数字平台建设与维护等工作，为全社的融合发展提供技术保障和服务支持。

上述调整是基于以内容为中心，将纸书作为内容载体之一，实现内容的多载体乃至全媒体出版的思路。全媒体出版链条的形成，扭转了出版社传统的职能型组织结构中内容研发职能与数字出版职能相割裂的局面，打破了图书编辑专司图书出版、数字编辑专司数字出版的不同载体的出

版工作相分裂的模式，从而彻底改变了少部分人参与融合出版的局面，实现了全员关注、全员参与的新格局。

（二）设置融合运营编辑岗位以及组建跨部门的项目组

全媒体出版链条的雏形形成之后，如何促成图书编辑转变成全媒体编辑就成为一个重要的问题，观念的转变并非随着组织结构的调整就可以快速实现。在融合发展实践中，H出版社通过创设融合运营编辑岗位以及组建跨部门项目小组的方式，确保了全媒体出版链条充分发挥效用。

融合运营编辑岗位的设置是组织结构调整后的又一个举措，其行政上隶属于编辑中心（不归属某个编辑部），直接向分管数字出版工作的领导汇报工作。融合运营编辑负责协调全媒体出版链条各环节的工作，包括为图书编辑策划数字选题提供业务支持、为全媒体出版链条的运行提供支撑服务、担任重点数字选题的产品经理等。融合运营编辑已经不是传统的图书编辑，其考核也不以个人选题数量、出版品种和创利为指标，而是考核与全媒体出版链条的运营效率和效果相关的指标，比如全社的数字品种上线数量、"纸电同步"率、各部门的融合发展状况等。

融合运营编辑开展工作的有效方式是成立跨部门的项目小组，将来自编辑、制作、技术、营销等职能部门的同事组织在一起，共同推进完成一个个融合出版项目。尤其是随着融合发展的深入，由生产电子书的初始阶段一步步推进到研发在线数字课程、运营新媒体矩阵的阶段之后，项目组的工作方式就越来越被广泛采用。

项目型组织结构通常是极富流动性和灵活性的一种组织设计，它帮助出版社进一步打破部门壁垒，避免了决策和采取行动迟缓的问题。H出版社鼓励跨部门的协作，鼓励尝试各种类型的创新课题，鼓励采用项目小组方式，打破了内容、技术、制作以及营销的藩篱，促成了项目型组织结构的形成。通过项目组的运行，H出版社的融合出版实践促成了员工的观念转变，全媒体出版链条逐渐稳定并发挥出良好效用。

（三）制定融合出版管理制度，建立健全融合出版流程

从管理学视角看，管理就是制定一系列的规章制度，并强制要求组织成员遵守这些制度；而流程则是依据制度形成的开展一项工作的先后顺序、规范及要求。制定新的管理制度，建立健全新的流程规范，最终生产出符合变革要求的新产品与服务，这是管理创新的应有之义，也是确保企业变革落于实处、管理创新产生实效的必然举措。对于转型中的传统出版社，如何在以图书出版为主的管理制度和业务流程的基础上，建立一套与融合发展相适应的制度和流程，并用制度保障融合出版的推进，是推进融合发展的关键所在。

在制度和流程建设上，H出版社形成了如下思路：第一，将数字出版流程嫁接在图书出版流程上，努力实现"纸电同步"，这样既符合以内容为中心、不同载体融合出版的本意，也能减少具体实施过程中的学习成本，降低推进的阻力；第二，注重固定且正式的程式化流程，不断强化全体人员的融合发展观念；第三，适时地将融合出版的品种指标和销售指标分别纳入编辑及营销人员的绩效考核，将数字产品的生产制作模块纳入制作部的业务测评考核，从而在根本上确保全体人员对融合出版的深度参与。

在实践中，H出版社总结出四项融合出版管理制度：数字选题申报制度、纸电同步制作制度、数字产品发布制度、数字销售结算制度。这四项制度分别对应着全媒体出版链条的策划、制作、运营、结算这四个重要的环节。当然，制度的制定是一回事，如何确保制度的贯彻执行又是另一回事。为确保制度的执行，H出版社针对四项制度同时设计了四个操作流程，形成了完整的流程规范、操作节点和审批规则，随着融合业务的发展，这些流程也可以不断完善。

例如，在全媒体出版链条中，数字选题与纸书选题一样，有着固定且正式的程式化流程——选题策划、选题论证、选题立项，并且与图书选题同步进行，分别由策划人、编辑部、社领导进行三级论证。编辑需要提交"数字选题申报表"，除了填写选题的基本信息之外，还要进行开发成本的估算以及市场前景的分析。在社领导层面，则成立"融合出版运营委员会"，委员会由相关社领导以及融合出版链条上的策划、制作、营销部门负责人组成，委员会每月召开工作会议，负责对数字选题进行论证。

而纸电同步制作制度和数字产品发布制度则明确了数字选题的制作发布流程。对于已立项的数字选题，在书稿发稿之后，编辑就需要发起数字制作流程，经过三级审核确认之后，方可进入发排及制作流程，责任印制根据数字产品类型分别外发制作公司进行制作；制作完成之后，还要通过一个数字产品审核发布流程，由编辑对制作完毕的数字产品的内容进行三审，经审核合格的产品，才可以由销售部门上线发布。

数字销售结算制度解决了数字产品的销售利润如何分配给编辑的问题，该流程与图书销售结算同步进行。数字利润统一纳入编辑的年度绩效成果，对编辑的聘岗、创利、提成均能产生作用。这激发了编辑参与融合出版的积极性，当数字销售结算的收入成为编辑奖金的一部分时，全媒体出版链条的策划端才能产生源源不断的产品。

总体来说，四项管理制度及相应流程所形成的基本管理架构支撑了H出版社融合出版的发展。[①]

第三节 数字出版管理工具

针对数字出版的管理活动，目标管理与项目管理是两种重要且有效的管理工具。

一、目标管理

（一）目标管理的基本概念

目标管理（Management by Objectives，简称 MBO）是一种以目标的设置和分解为手段，

---

① 参见：丁毅. 出版融合发展的管理创新实践与探索——以华东理工大学出版社为例 [J]. 出版与印刷，2022，127（2）：57-62.

以完成目标为导向，对目标的实施与达成情况进行定期检查与考核，并以此对员工进行奖惩进而促成员工为实现目标而不断努力的管理方法。目标管理是非常重要的管理概念，斯蒂芬·P. 罗宾斯甚至提出："任何对管理学基本概念的介绍，如果不讨论目标管理，都将是不完整的。"

（二）目标管理的起源

美国管理学家彼得·德鲁克（Peter F. Drucker）在 1954 年出版的《管理的实践》一书中，定义了目标管理的概念，并提出了"目标管理和自我控制"的管理理念。德鲁克认为，目标管理的重要性在于，并不是有了工作才有目标，而是有了目标才能确定每个人的工作。从根本上讲，目标管理把管理者的工作由监督下属变成给下属设定客观标准和目标，并激发他们靠自己的积极性去完成目标，这些共同认可的衡量标准，反过来又促成整个组织采用目标和自我控制来管理，也就是说，"自我评估——而不是由外人来评估和控制"[①]。简而言之，在德鲁克的管理思想中，目标管理是一种运用目标激励而不是控制人的管理方法。

（三）目标管理的作用

目标管理强调将一个组织的整体目标层层分解，转化为组织的各个部门以及每个员工的具体目标，即在一个组织内形成目标管理体系，通过对整体目标的层层分解，在组织内实现个个带任务、人人有目标的局面。对部门以及员工个人而言，目标管理提出了明确而具体的绩效目标，这既是努力的方向，也是考核的依据。反过来说，在目标层层分解的管理体系之下，当每一个员工实现了各自的具体目标后，部门的目标相应就能得以实现，而每一个部门实现了目标，组织的整体目标自然就得以实现。

（四）目标管理的四个原则

目标管理一般具有四个基本原则：目标具体性、参与决策、明确的时间要求、绩效反馈。

目标具体性是指组织的目标应可衡量和评价，即目标不能泛泛而谈，应是可量化的指标。例如，2022 年度完成 225 个数字产品的制作与发布，自有数字平台的转化率保持在 10% 的水平，实现数字销售收入 500 万元，数字出版利润同比实现 15% 的增长。

参与决策是指目标管理不只是自上而下的分派任务，也是自下而上的协商过程。目标管理是员工参与管理的一种形式，不是由上级单方面制定目标然后强行分派给下属，而是由上下级共同协商目标的设定。参与决策是目标管理的核心原则，强调要重视人的作用，让员工自主参与目标的制定、实施、控制、检查和评价。因而，目标管理理论也往往被视为一种激励理论。

明确的时间要求是指任何目标都需要明确完成的时间。经常采用的时间包括月度、季度和年度。有些情况下，时间的问题往往成为目标考核的要点。例如，因客户未按约定时间支付某笔账款，而造成月度回款指标未能完成。

绩效反馈是指对目标的完成程度进行反馈，让具体执行人了解自己的工作情况，并依据反馈的结果修正或控制自己的行为。例如，某季度的数字产品品种目标为 20 种，在该季度的第二个月仅完成 50%（10 种），那么在第三个月需要完成 10 种，才能完成季度目标。

———————————

① （美）杰克·贝蒂. 管理大师德鲁克 [M]. 吴勇，等译. 上海：上海交通大学出版社，1999.

（五）数字出版实践中的目标管理

目标管理在数字出版实践中得到了广泛的应用，对开展数字出版业务发挥了重要的作用。相比传统出版，数字出版是一个新的领域，其目标的设定是重要且困难的。新的探索往往伴随着未知，所以，设定目标是降低未知、统一行动的有效管理方法。任何一个出版机构对数字出版的探索都是从一个个目标开始的，在达成一个目标后，才促成了数字业务的逐步发展。然而，数字出版目标的设定具有相当的难度，相对出版机构熟悉的图书出版而言，数字出版业务尚待探索，如何设定一个合适的目标，既不超出实际，又能经过努力后达成，这确实是一个难题。

在具体实践中，数字出版的目标已经不是一个单一指标，而是一个综合的目标体系（见表7-1）。

表7-1　某出版社数字出版年度目标体系

板块	关键指标	分值	年初计划及详细说明		年终完成情况
数字销售	回款指标	40	500万元	实现数字销售收入500万元	
平台运营与产品开发	数字品种	20	200种	推进全社数字选题开发、数字产品发布工作（品种数以上线发布为准）	
	重点品建设	10	5种	推进重点品建设，重点品立项不少于5种	
	自有平台	10	详见说明	1. 负责自有数字平台的日常运营工作，包括产品上新、页面优化、功能迭代以及营销活动 2. 负责自营新媒体矩阵的技术协助工作 （上述两项各计5分，由分管社领导打分）	
	合作平台	10	详见说明	负责维护并推进与现有新媒体平台的合作，及时完成产品的上新发布，定期参与平台营销活动（由分管社领导打分）	
数字管理	数字管理	5	详见说明	负责按时完成数字版权管理、数字选题发布统计、数字运营数据统计、数字产品版税结算等工作（由分管社领导打分）	
	调研汇报	5	详见说明	完成调研报告1篇，向社领导汇报1次，按照汇报成绩得分	

二、项目管理

（一）项目管理的基本概念

项目是指在既定的资源和要求的约束下，为实现某一目标而进行的一次性工作任务。项目管理是为了完成一个特定任务或者目标而进行计划、组织以及激励员工、协调资源的过程或者活动。它是被广泛应用的一种管理模式，作为管理学的一门分支学科，它有着非常丰富的内容。

一个机构的资源是有限的，项目管理的价值在于，在有限资源的约束下，为完成一个目标而运用系统的观点、方法和理论，对项目涉及的全部工作进行有效的管理，即针对从项目决策开始到项目投资、项目运营直至项目结束的全过程实施计划、组织、指挥、协调、控制和评价等管理行为，以最终完成项目所包含的各项目标。

（二）项目管理的起源

在企业的日常运作中，有一类工作是重复进行、持续发生的，对于这类工作所形成的管理被称为流程管理。而对于高度流程化的工作，基于专业分工的职能型组织结构能发挥出极高的效率。随着社会经济的发展，组织中存在的一次性的、独特的工作越来越多也越来越复杂，传统的按职能分工的组织形式难以管理此类活动，于是项目以及项目管理应运而生。

一般认为，项目管理产生于第二次世界大战期间。20世纪40年代，美国在研发原子弹的"曼哈顿计划"中，开始应用项目管理方法进行工作的计划和协调。1950年至1980年，项目管理被广泛应用于国防建设部门和建筑公司。此后，随着组织中一次性的、独特的工作的增多及其复杂性的增强，项目管理方法与管理工具不断出现，令项目管理更加高效、便捷，进而促成了项目管理逐步被推广并应用到工业制造、科技、金融、教育等多个领域。

（三）项目管理的特征

从项目管理的起源以及应用的演进中，不难发现项目管理具有两个特征：其一，项目的产生是为了特定的目标任务，待目标任务完成，项目即宣告结束，所以项目具有针对性，为完成项目任务而成立的项目团队则具有非常设性特点；其二，项目具有复杂性，往往涉及企业多个部门，运营过程中需要频繁地跨部门沟通。在职能型组织结构下，跨部门沟通很容易产生摩擦，因此需要进行协调，而频繁的协调工作无疑增加了完成项目任务的成本和不确定性。项目管理的作用就是在打破职能型结构、流程管理的基础上，降低项目推进的成本和不确定性。

（四）项目管理的实质

在管理学意义上，项目的出现以及项目管理是为了应对组织机构的一次性的、独特的任务，所以，打破流程化管理形式是项目管理得以发挥作用的最根本原因。项目管理可以打破传统职能型组织结构下专业分工、"部门墙"厚重的管理模式，将管理的视角由工作专门化（即专业分工）拉回到目标任务本身。项目管理聚焦于目标任务，为完成目标任务在组织机构内调配人财物等资源，这就决定了项目管理的组织结构必然不同于传统的职能型组织结构。

矩阵型组织结构（见图7-2）是当下流行的与项目管理相关的组织设计。它是从各职能部门中抽调有关人员，将他们分派到一个或多个项目小组中开展工作的一种组织设计。

在矩阵型组织结构下，项目小组的成员虽来自各个专业部门，但仍然隶属于原来的部门，只是在业务上由项目负责人领导。矩阵型组织结构的优点在于围绕一个目标将相关职能部门的成员聚集在一起，能有效避免沟通上的障碍，有效提升完成目标任务的效率。矩阵型组织结构是一种存在双重指挥链（部门主管与项目主管）的组织结构，部门主管有行政管理权，项目主管有业务管理权，两个主管的沟通是否顺畅往往决定了项目的效率和效果。

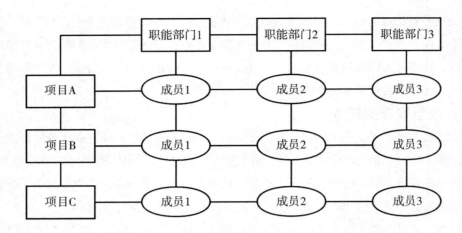

图7-2　矩阵型组织结构图

（五）数字出版实践中的项目管理

在数字出版实践中，采用项目管理有两种情况：一是需要集多个职能部门之力共同推进的重大数字出版项目；二是对新领域进行探索的融合出版项目。上述两种情况的共同点是均需要进行跨部门的协作。所以，数字出版项目管理是对传统出版的职能型组织结构的有效补充。

1. 数字出版项目管理流程

流程1：明确目标、项目立项

首先需要明确目标，并评估是否需要为该目标确立项目。项目立项的评估标准包括项目重要性、项目复杂程度、项目创新性、成本收益分析、是否需要跨部门协作等。

流程2：组建团队

项目团队是以完成项目任务为唯一目的的非常设性队伍，根据项目任务的跨部门程度，可以由不同部门的人员构成，成立矩阵型项目团队，也可以由同一部门的人员组成。项目团队在项目负责人的带领下，负责项目的推进工作。

流程3：制订项目计划

围绕项目任务制订项目计划，包括工作分解、进度步骤、费用预算、人员配置、风险管控等。项目计划是完成项目任务的行动路线图，指导项目团队完成任务。

流程4：指导与推进项目

这是项目的具体实施过程。项目团队分工协作，按照项目计划推进工作。项目负责人负责召集项目协调会，控制项目进度，处理推进中的问题，向上级主管汇报项目进度。

流程5：项目工作的控制

这是对项目过程进行管理控制的环节。项目推进过程中，需要及时进行进度、效果的评估，一旦发现问题，需要采取管理控制措施。具体来说，控制环节包括发现问题、评估问题、提议纠偏措施、评估纠偏措施、采取纠偏行动等。

流程6：项目调整

这是一个对项目目标进行复盘、反思、调整的环节。有时项目推进过程中出现问题，采取了纠偏措施后，问题仍未得到解决。这种情况下，可能不仅仅是项目执行中出现偏差，而是项目目标本身存在问题。此时，需要有一个项目调整的环节，对项目目标进行重新评估，评估结果包括维持项目目标、调整项目目标、取消项目。

流程7：项目验收

这是项目工作完成后，根据目标、计划对项目进行成果验收的收尾环节。验收通过后，在做好项目总结的基础上，项目团队结束项目工作。

2. 数字出版项目管理原则

一是沟通原则。项目管理往往在矩阵型组织结构下进行，项目团队是跨部门成立的非常设性队伍，所以，充分且顺畅的沟通非常重要。要确保项目团队每一名成员都知道项目目标是什么、自己的任务分工是什么，确保每个人对完成项目目标的方法、步骤、计划达成共识。项目推进过程中，通过沟通，团队成员可以及时了解项目进度、成果以及出现的问题。

二是成本预算原则。做好项目预算后，在专款专用原则下，严格按照预算执行项目成本控制。

三是有效控制原则。项目工作以项目计划为基础，定期进行项目进度和效果的评估，对出现的问题及时采取纠偏措施。

四是风险控制原则。对于非常规的创新类项目，需要识别项目风险，及时调整项目目标。

五是激励原则。对于重大项目或创新类项目，项目的完成有赖于项目团队的努力，所以要以完成目标为导向激励项目团队做出努力。

思考题

1. 数字出版管理的基本职能有哪些？简要陈述它们的定义及作用。

2. 数字出版管理的计划职能有哪些类型？除了本书所列的类型，还能为它们做哪些分类？

3. 为什么说在动态变化的环境下，计划职能仍然起重要的作用？

4. 职能型组织结构有哪些优点和缺点？为什么说职能型组织结构无法适应融合出版管理要求？

5. 拓展阅读，了解组织结构的其他类型以及它们的优点和缺点，并思考哪些可以在数字出版管理中借鉴或采用。

6. 拓展阅读，深入了解激励理论以及它们的优点和缺点，并思考哪些可以在数字出版管理中借鉴或采用。

7. 为什么说数字出版管理创新是知识载体演进的必然结果？

8. 为什么说数字出版管理创新是媒介融合发展的必然要求？

9. 为什么说融合出版管理模式要"因社制宜"？影响一家出版机构的融合出版管理模式的因素有哪些？

10. 结合H出版社的管理创新实践，谈谈你的体会。

11. 什么是目标管理？目标管理的作用和原则是什么？

12. 什么是项目管理？项目管理的流程和原则是什么？

练习题

假设你是一家出版机构的管理人员，需要完成以下任务：

1. 为你所在的机构制订一份年度工作计划，并根据年度工作计划，制订一份月度工作计划。

2. 结合一项组织变革的具体实例，运用库尔特·卢因的"三步模型"，描述如何在组织内完成该项变革。

3. 运用激励理论，为推进你所在出版机构的数字出版工作，设计一份激励方案。

4. 为出版机构设计一个年度目标体系，请注意，该目标体系不仅要包括整体目标，还需要按照高层管理者、中层管理者、基层员工的维度，对整体目标进行层层分解。

5. 拟定一个项目，描述完成该项目的整个管理流程。

第八章
数字出版发展趋势

自数字出版概念提出以来，已经历 20 多年的发展历程，这一阶段国内外数字出版呈现出蓬勃发展的良好势头。伴随着大数据、人工智能等技术的渗透和开放获取、开放数据以及开放科学浪潮的推动，学术出版领域呈现出数据密集型和服务化等发展趋势；借助脑机接口、虚拟现实、自适应技术发展，教育出版领域内一系列创新教育产品和服务应运而生；在大众出版领域，短视频直播的迅猛发展引发了出版产业链变革，改变了传统出版生产和营销模式。本章以数字学术出版和数字大众出版为例，揭示数字出版的发展趋势。

第一节　数字学术出版发展趋势

一、学术出版服务背景

随着大数据、人工智能和语义技术的发展，全球学术出版向知识服务转型的趋势日益显现。国际科学技术与医学出版商协会（The International Association of Scientific，Technical and Medical Publishers，简称STM）2017年发布的《STM出版2021技术趋势》（STM Tech Trends 2021）报告显示，包括机器生成文献、自动同行评议、服务型物联网在内的智能服务与面向科研人员的服务成为未来学术出版发展的重要趋势。[①]上述趋势是在需求侧和供给侧双重因素的驱动下形成的。一方面，海量且持续增长的科技信息和文献，客观上给科研工作者带来巨大负担。据开放学术交流平台Sciforum统计，1994—2016年全球活跃期刊发表的文献数量为

---

① 　STM TECH TRENDS 2021 ［EB/OL］．（2017-08-15）［2022-04-01］．https://dev.stm-assoc.org/2017_04_27_Annual_Conference_Smit_STM_Tech_trends.pdf.

37083088篇。①相关学者的研究表明，在目前的知识接收方式和状况下，若想在流行病学领域保持领先地位，研究者每天要花大约21小时进行阅读。②如何跳出信息海洋、降低知识获取成本成为科研工作者的客观需求。另一方面，随着科技信息结构化、语义化程度的不断提高，传统文献资源正逐渐被解构为细粒度的知识单元，并在此基础上形成深度语义关联。与此同时，嵌入用户知识获取与分享等行为的数据被大量记录和存储下来，为学术出版服务的开展提供基础保障。

在以上前提下，全球顶尖的学术出版商纷纷推出相应的产品和服务，并从战略层面确立未来的发展方向。施普林格出版集团首席出版官史蒂夫·英奇库姆（Steven Inchcoombe）在《洞察》（*Insights*）期刊上发表文章，提出未来该集团的角色定位，强调要帮助作者更好地分享研究发现，促进科研人员获取并了解他人的研究成果，支持图书馆及相关机构利用技术和数据开展创新，为学会提供专业的出版业务支持，参与和研究人员、资助者、政策制定者相关的活动等。③

二、基于知识链的学术出版服务模式

基于知识链理论视角，学术出版服务活动可看作是在数据驱动环境下，以科研用户需求为导向，支持用户进行知识获取、知识挖掘、知识内化、知识共享、知识评价与知识外化的服务过程，它围绕用户需求推动出版机构、图书馆、科研机构等知识链相互协同（见图8-1）。该模型的特点是改变以往从单一机构视角出发的构建思路，转而面向用户知识创新需求的服务模式。相比一般的知识消费服务，学术出版服务更倾向于知识生产服务，即为知识生产者开展创新工作提供服务。④其目标是通过多元化的方式，同时满足作为知识使用者和创造者的科研用户的整体需求，最终繁荣学术交流和提升知识创新能力。

根据上述分析，一个完整的学术出版知识链服务模式由微观、中观和宏观三个层面组成。微观层面包含科学数据与用户行为数据在内的服务支撑要素；中观层面是围绕科研用户的知识创新需求形成的一系列服务模块；宏观层面则是由出版机构、图书馆、科研机构等多方协同的服务生态。以下主要从支撑要素、服务模块与服务生态三个层面展开分析。

---

① MDPI Sciforum-the Platform for Open Scholarly Exchange [EB/OL].（2017-08-15）[2022-04-01]. http://sciforum.net/statistics/papers-published-per-year.

② ALPER, B. S., HAND, J. A., ELLIOTT, S. G., et al.How Much Effort is Needed to Keep Up with the Literature Relevant for Primary Care? [J]. Journal of the Medical Library Association，2004，92（4）:429-437.

③ INCHCOOMBE, S.The Changing Role of Research Publishing: A Case Study from Springer Nature [J]. Insights，2017，30（2）:13-19.

④ 张彬. 知识生产服务与知识消费服务：关于"知识服务"概念的哲学解析 [J]. 图书情报工作，2011，55（15）:42-46.

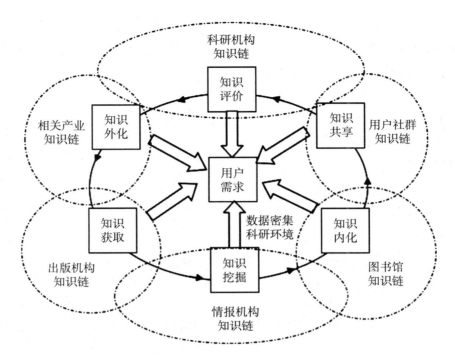

图8-1　基于知识链的学术出版服务模式

（一）支撑要素

学术出版服务建立在对学术出版内外部环境的数字化解构与全息化重构上。支撑要素主要分为与学术出版物相关、与学术出版环境相关的两类数据，前者主要表现为科学数据，后者则以用户行为数据为主。

1．科学数据

随着科学研究步入以数据密集型为主要特征的发展阶段，相应的学术交流范式也随之改变。[①]正如吉姆·格雷（Jim Gray）在《第四范式：数据密集型科学发现》一书中所说："所有科学文献都上网，所有科学数据都上网，而且它们之间具备可互操作性。"由此，数据出版机制不断发展和成熟。众多国际科研机构、学会、期刊组织纷纷制定科学数据共享政策，要求作者在提交稿件的同时提供相关的科学数据。随着科学数据在学术交流系统中的地位不断提升，专门的数据期刊应运而生，如欣达维（Hindawi）出版公司的《科学数据集论文》（*Dataset Papers in Science*）、生物医学中心（BMC）的《千兆科学》（*Giga Science*）、自然出版集团的《科学数据》（*Scientific Data*）等。相比传统学术期刊，数据期刊的论文更侧重于对科学数据本身的结构化描述，最大限度地促进了对科学数据的挖掘和重用。

2．用户行为数据

在学术出版服务模式中，除了对学术出版物自身的离散化解构，还需要对学术出版用户行

---

①　徐丽芳，丛挺．数据密集、语义、可视化与互动出版：全球科技出版发展趋势研究［J］．出版科学，2012（4）：73-80.

为进行数字化解构。①在数据驱动环境下，与学术交流相关的用户行为均有机会被有效地记录和保存，并转化为宝贵的数据资产。学术出版机构可以通过对用户检索、阅读、评价、创作、分享等行为轨迹的搜集分析，反向指导选题开发，调整出版内容和形式等，创造更大的出版价值。此外，通过开放应用程序接口等方式，原本仅局限在学术出版内部的用户行为数据与其他应用场景下的海量数据实现了有效融合，这有助于探索跨行业的创新机会，促进知识创新成果转化，推动并形成产业互联网格局下新的知识服务模式。

（二）服务模块

服务模块是围绕科研用户需求，依据知识链视角分解而成的相对独立的服务环节，具体包括知识获取、知识挖掘、知识内化、知识共享、知识评价与知识外化等。

1. 知识获取

知识获取是指科研用户从学术交流系统中获取新知识的过程。近几年，围绕开放获取期刊的相关服务日渐成熟，相比传统期刊，开放获取期刊包含更丰富的内容形态，如嵌入高质量的数据集及辅助资料，支持论文内容与其他相关知识对象关联等，帮助用户全面深入地了解、评价和复用论文中的知识。开放学术图书方面，英国的知识解锁项目（Knowledge Unlatched）通过众筹的方式聚合多家图书馆的力量，共同采购出版社的学术图书，实现可持续的开放共享，为学术图书的开放获取提供创新性解决方案。②

高质量的知识组织有助于实现高效的知识获取。在学术信息资源开放获取的大背景下，学术出版机构逐渐从原有的资源售卖逻辑转变为基于开放资源的服务创新逻辑，通过灵活的知识组织体系把各类信息组织起来，支持用户进行知识挖掘、计算、试验。励德·爱思唯尔③、约翰·威利父子出版公司④、英国物理学会出版社⑤等出版机构纷纷推出基于语义技术的增强型出版物，为用户高效获取信息提供支持。此外，纳米出版物⑥、液体出版物⑦、微型出版物⑧等新型出版物的出现，进一步促进知识资源的细粒度提取，为知识检索、挖掘以及评价等服务的开展提供更多可

① 赵文义. 学术期刊大数据出版研究［J］. 出版发行研究，2016（3）：50-52.

② 宁圣红. 学术图书开放获取新模式：Knowledge Unlatched［J］. 图书馆论坛，2015（7）：14-20.

③ AALBERSBERG, I. J., HEEMAN, F., KOERS, H., et al.Elsevier's Article of the Future: Enhancing the User Experience and Integrating Data Through Applications［J］. Insights，2012，25（1）:33-43.

④ The Smart Article［EB/OL］.［2017-08-15］. https://www.chemistryviews.org/details/ezine/2681981/The_Smart_Article/.

⑤ 苏静，曾建勋. 开放信息环境下传统学术出版商的内容运营策略：以英国物理学会出版社为例［J］. 中国科技期刊研究，2015，26（7）：693-698.

⑥ FUCHS, V., VANISTA, J.Nano-Publication in the E-science Era［C］//Workshop on Semantic Web Applications in Scientific Discourse 2009. Washington，D.C.:245-256.

⑦ BAEZ, M., MUSSI, A., CASATI, F., et al. Liquid Journals:Scientific Journals in the Web 2.0 Era［C］//Joint Conference on Digital Libraries，JCDL 2010，June 21-25，2010，Gold Coast，Queensland，Australia. DBLP，2010:395-396.

⑧ CLARK, T., CICCARESE, P. N., GOBLE, C. A.Micropublications:A Semantic Model for Claims，Evidence，Arguments and Annotations in Biomedical Communications［J/OL］. Journal of Biomedical Semantics，2014，5:28［2022-05-01］. https://jbiomedsem.biomedcentral.com/articles/10.1186/2041-1480-5-28.

能性。

2. 知识挖掘

　　知识挖掘是从数据中发现有用知识的过程，其本质是通过一系列先进技术和手段，帮助用户实现对知识的高效吸收。得益于数字资源的可获得性与人性化工具的开发，开放式参考链接系统（Crossref）、版权结算中心（Copyright Clearance Center）等推出文本数据挖掘（Text Data Mining，简称TDM）工具。TDM起初只应用于生命科学领域，随后逐渐扩散至更多的学科领域，成为学术资源开发的重要助手。面对日益增长的知识挖掘需求，一方面，出版商可以选择直接对自有平台上的内容进行挖掘，如励德·爱思唯尔通过对ScienceDirect上搜索频率较高的关键词进行深度分析，判断用户关注的热点学科，从而为出版决策提供参考，支撑学者更好地把握前沿动向。[1]另一方面，出版商可以通过许可授权的方式，支持用户对平台资源进行深度挖掘。如施普林格出版集团就授予订阅用户以非商业研究为目的的文本数据挖掘权利，用户可以从SpringerLink平台下载全文内容，但下载速度需要控制在合理的范围之内。[2]当然，从目前的状况来看，出版商、信息服务机构、科研群体对于文本数据挖掘权利仍存在较大的分歧，多数出版商主张通过许可合同来界定文本数据挖掘权利，并通过指定的应用程序接口进行挖掘；而信息服务机构和科研群体则认为文本数据挖掘权利的法律确定性只能通过著作权例外制度得以实现。[3]除此之外，知识挖掘服务的完善仍有赖于科研群体对文本数据挖掘认知的提升。出版研究联盟（Publishing Research Consortium）2016年的调查显示，超过四分之三的科研用户从未使用过文本挖掘工具，而其中三分之二的用户甚至没有听说过文本挖掘的概念。[4]

3. 知识内化

　　根据野中郁次郎提出的SECI模型，知识内化指的是将显性知识形象化和具体化的过程，即显性知识到隐性知识的转化。[5]对于科研用户而言，获取文献仅仅完成了对显性知识的接收，并未内化为个人的隐性知识。为此，服务提供方需要借鉴隐性知识转移的相关手段和方法，促进知识转化过程，可视化便是其中的重要方式。目前，在学术出版领域，围绕学术论文的可视化发表与学术期刊的可视化出版受到广泛关注，[6]相关实践活动主要围绕文献数据可视化、文献架构可视化与密集型数据可视化等方面展开。由美国光学学会（Optical Society of America，简称OSA）和美国国家医学图书馆（The United States National Library of Medicine，简称NLM）合

① 汪名立. 爱思唯尔：数据分析帮助出版决策 [EB/OL]. (2016-09-01) [2017-08-15]. https://finance.china.com.cn/roll/20160901/3888442.shtml.

② Springer's Text and Data Mining Policy [EB/OL]. [2017-08-15]. http://www.springer.com/gp/rights-permissions/springer-s-text-and-data-mining-policy/29056.

③ 茹丽洁, 顾立平, 田鹏伟. 国际出版商对文本和数据挖掘限制的正当性辨析 [J]. 图书馆建设, 2016 (7): 27-33.

④ PRC Report Reveals: Researcher Awareness of Text Mining Relatively Low, Majority Open to Learning More [EB/OL]. (2016-05-01) [2017-08-15]. http://www.maralte.com/prcpressrelease/.

⑤ NONAKA, I., UMEMOTO, K., DAI, S., et al.From Information Processing to Knowledge Creation:A Paradigm Shift in Business Management [J]. Technology in Society, 1996, 18 (2):203-218.

⑥ 郭柏寿. 论科技论文的可视化发表与科技期刊的可视化出版 [J]. 编辑学报, 2015, 27 (1): 67-70.

作的"互动科学出版"项目通过为作者提供相应的软件工具，帮助其将发表的文章链接到2D和3D图像数据集；而读者则可借助工具仔细浏览并分析图像以提升对文献信息的理解。[①]由荷兰SURF基金会等资助的"增强型出版物"项目着力打造全新的语义出版物，借助情境可视化工具（In-context Visualization），将语义出版物的底层RDF架构以可视化方式展现出来。[②]读者可以清晰地了解图书与章节、章节与作者、视频与图书等实体之间的关系。尽管上述实践活动尚无法为知识内化提供完整的解决方案，但随着VR、AR等相关技术的成熟，新的知识吸收方式将不断出现，如基于沉浸式体验的科学知识传播等，将进一步改善用户知识内化的体验和效果。

4. 知识共享

一般认为，知识共享包含知识拥有者的知识分享与知识接受者的知识获取，在此过程中起主导作用的是知识拥有者的知识分享频率和程度。随着社交媒体与在线社区等基础设施的完善，学者参与知识分享与合作的行为日趋普遍。2014年《自然》杂志对全球95个国家的3510位研究者的调查显示，超过50%的学者了解并经常浏览学术社交网站，如谷歌学术（Google Scholar）、研究之门（ResearchGate）、领英（LinkedIn）、脸书（Facebook）等。[③]近几年，出版机构加大了对知识分享领域的投入。2013年，励德·爱思唯尔以1亿美元收购文献管理与在线学术社交平台曼德利（Mendeley）。2014年，施普林格出版集团推出学术社交工具易分享（SharedIt）[④]，致力于实现科研人员之间便捷且合法的内容分享，2017年该产品被全球学术与专业出版者协会（ALPSP）评选为当年的出版创新奖。借助易分享，作者可以将文章张贴到社交媒体平台、作者网站和机构仓储上，附上全文阅读的链接，即可完成分享。随着知识分享的活跃度不断提高，未来面向用户的知识共享服务将朝着更加智能和个性化的方向发展。

5. 知识评价

知识评价本质上是从科研投入产出角度进行的结果评价。良好的知识评价体系有助于科研机构和人员客观评估研究成果的价值。在数据驱动科研的环境下，科研成果评价趋于开放透明。2013年，开放科学研究与出版平台ScienceOpen就针对当前同行评议局限，推出出版后评审（Post-Publication Peer Review）模式，将评审者、评审过程与内容完全公开，使更多科研人员可以从公开的审稿意见和反馈中受益。[⑤]2017年，谷歌学术推出"经典论文"（Classic Papers）项目，将学术评价对象从期刊转向论文和作者，它以十年为期限判断一篇学术论文对本学科的长

① ACKERMAN, M.J., SIEGEL, E., WOOD, F. Interactive Science Publishing:A Joint OSA-NLM Project ［J］. Information Services&Use，2010（30）：39-50.

② Enhanced Publications ［EB/OL］.（2011-02-10）［2017-08-15］. http://www.driver-repository.eu/Enhanced-Publications.html.

③ VAN NOORDEN，R.Online Collaboration:Scientists and the Social Network ［J］. Nature，2014，512（7513）:126.

④ SharedIt ［EB/OL］.［2017-08-15］. http://www.springernature.com/gp/researchers/sharedit?countryChanged=true.

⑤ 梁洁. ScienceOpen的"互联网+学术出版"模式介绍、分析及启示 ［J］. 中国科技期刊研究，2016，27（2）：185-192.

期影响，使科研成果获得更公正的评价。与此同时，超越原有传统文献计量指标的替代性评价指标不断出现，使得科研成果评价进一步与社会经济发展相适应。施普林格出版集团与替代计量分析平台（Altmetric）合作推出针对图书和文章的评价指标[①]，相比传统的基于文献引用率的单一评价指标，该指标加入了社交媒体上有关科研成果的讨论和分享的统计，有助于作者本人和读者更清楚地了解相关成果在全社会范围内的影响力。

6. 知识外化

知识外化指的是将知识融入组织的产出中。随着科技革命影响范围和程度的加大以及相关法律政策的完善，全球科技创新生态逐渐朝着开放协同的方向发展。科研成果的价值不再局限于学术圈内部，而辐射到更广泛的社会经济领域。学术出版商开始将服务范围渗透到科研成果产业化环节，比如围绕科研成果的后续试验、开发、应用、推广直至形成新产品、发展新产业等活动。替代计量分析平台从不同渠道搜集有关科研成果的相关数据和信息，帮助科研人员、科研机构、资助者更好地了解其成果在社会中的应用价值，并为科研成果转化提供基于大数据的决策参考。[②]励德·爱思唯尔的研发解决方案（R&D Solutions）则利用庞大的研究数据集合分析工具，如Reaxys、ScienceDirect、Scopus、Embase、QUOSA PV、PharmaPendium、Pathway Studio等，为医药、化学材料、石油等领域的科技成果转化提供信息支持。[③]

（三）服务生态

整体而言，上述服务模块围绕科研用户的知识创新需求，构建了一个循环往复的知识链生态系统。该系统作为一个动态网络，离不开多元化机构的优势互补与协同支持，具体包括出版机构、图书馆、科研机构、情报机构以及其他相关产业机构等。

1. 出版机构与图书馆协同

出版机构与图书馆之间的协同最为普遍。在开放获取的背景下，图书馆参与学术出版服务成为大势所趋。相关报告显示，学术出版服务已成为研究型图书馆的标准配置。[④]美国研究图书馆协会下属的学术出版与学术资源联盟（SPARC）的一项基于校园的出版合作伙伴调查显示，"图书馆—出版社"合作的形式约占三分之二[⑤]，如普渡大学图书馆与普渡大学出版社合作开展开放期刊出版服务项目"Purdue e-Pubs"。此外还有"图书馆—出版社—信息技术部门—院系"等合

① Springer Now Sharing Data from Altmetric on SpringerLink [EB/OL]. (2014-01-29) [2017-08-15]. http://www.springer.com/gp/about-springer/media/press-releases/corporate/springer-now-sharing-data-from-altmetric-on-springerlink/23770.

② Disvover the Attention Surrounding Your Research [EB/OL]. [2017-08-15]. https://www.altmetric.com.

③ R&D Solutions [EB/OL]. [2017-08-15]. https://www.elsevier.com/rd-solutions.

④ HAWKINS, K. S. Report on the Pilot Phase of the UNT Libraries Scholarly Publishing Services [R/OL]. (2015-06-17) [2017-08-15]. https://digital.library.unt.edu/ark:/67531/metadc674104/m2/1/high_res_d/pilot-phase-report.pdf.

⑤ CROW, R. Campus-based Publishing Parternships:Practical Parternship Issue [EB/OL]. (2009-01-23) [2017-08-15]. https://open.bu.edu/handle/2144/932.

作方式。在合作内容方面，一般包括开放期刊出版服务和围绕某一专题的研究与参考服务等。励德·爱思唯尔就曾与佛罗里达大学合作，推动出版平台与机构仓储之间的互操作，使得该校科研人员发表于ScienceDirect上的相关文献及元数据可以自动链接到本校图书馆的数据仓储，从而提升本校科研人员的学术显示度与影响力。

2. 出版机构与其他机构协同

除了与图书馆合作，出版机构还与高校、企业等科研机构围绕学术出版服务创新展开合作。2013年12月，励德·爱思唯尔与伦敦大学学院（简称UCL）宣布共同建立UCL大数据研究所。[①]该研究所设在励德·爱思唯尔收购的曼德利公司下，旨在帮助研究者运用全新的技术和工具，从海量信息和数据中探索学术与商业价值。2014年，汤姆森·路透出版集团与基于自然语言处理的文本挖掘公司Linguamatics合作，推出临床试验信息平台Cortellis。该平台通过对临床试验信息进行人工审阅，并与汤姆森·路透出版集团其他的药物信息及竞争情报整合，为用户临床试验的开发决策和产品组合战略提供有效支持。

在知识链服务生态中，不同机构之间不是相互取代的关系，而是利用自身优势特色，形成差异化的产业格局。在此过程中，不同机构之间的协作既存在交叉，也有一定的侧重，如出版机构与情报机构重点围绕知识挖掘等领域展开合作，而科研机构与科研用户社群则侧重于知识评价和共享服务。

三、学术出版服务发展启示

信息技术的迅猛发展与科研范式的革新，使得学术交流需求发生了显著变化，由此促进了学术出版服务的转型与创新。基于上述对学术出版服务的分析，提出以下几点启示：

一是构建基于数据驱动的学术出版服务环境。在传统出版与数字出版早期阶段，数据在学术出版中一直扮演着辅助性的角色，无法与图书、期刊等常规出版物形式相提并论。但在大数据时代，通过对学术出版物自身和学术出版应用场景的数字化解构与全息化重构，数据将成为学术出版服务的核心单元。它既可作为一种学术资源形态存在，也为实时、精准和个性化服务的开展提供方向性指导。

二是把握学术出版服务战略的核心，即为用户赋能。正如PLOS在其官网上提到的，该公司未来面临的挑战之一是如何利用技术和互联网为科研人员赋能。[②]在数据驱动环境下，领先的学术出版巨头的服务模式已经开始由传统文献资源供给向为用户知识创新活动赋能转变，励德·爱思唯尔推出的知识赋能项目（Empowering Knowledge）[③]便是其中的典型。该项目通过开放学

① University College London and Elsevier launch UCL Big Data Institute［EB/OL］.（2013-12-18）［2017-08-15］. https://www.elsevier.com/connect/university-college-london-and-elsevier-launch-ucl-big-data-institute.

② Innovation PLOS［EB/OL］.［2017-08-15］. https://www.plos.org/innovation.

③ Empowering Knowledge［EB/OL］.［2017-08-15］. https://www.elsevier.com/en-in/about/empowering-knowledge.

术信息和数据平台，鼓励科研人员在其平台上开展创新，突破当前知识用途的局限。学术出版服务战略区别于传统出版战略的关键在于其超越现有业务形态，深入目标用户工作情境，从用户价值角度提高科研创新活动的效能，进而提升学术出版的社会价值和意义。

三是积极寻求多机构知识链的协同发展。学术出版服务模式的创新并不是由单一机构完成，而是在开放式创新战略指导下，不同机构充分发挥其独特优势，推动各自知识链的有效嵌套，满足用户知识创新的需求，共同推进知识服务价值的最大化。

第二节　数字大众出版发展趋势

一、面向短视频的大众出版背景分析

随着5G技术的迅猛发展，以高速泛在网、低时延和万物互联为主要特征的技术体系正深刻影响并改变不同行业的运作逻辑。《2020年政府工作报告》中明确提出，加强新型基础设施建设，发展新一代信息网络，拓展5G应用。在5G技术的诸多应用领域中，短视频以其庞大的市场规模受到广泛关注。在此背景下，不同类型的出版机构加快转型步伐，推动出版与短视频融合发展，如大众出版机构通过短视频开展本版图书的宣传推介，教育出版机构结合教材推出在线教学辅助视频，学术出版机构则尝试应用短视频进行知识内容解读和视频摘要推送等。与此同时，随着短视频行业的持续发展，泛娱乐化暴露出诸多问题，如内容质量低下、用户持续使用意愿不足等，而知识内容资讯则逐渐成为其中快速增长的细分领域。[①]用户不再满足于单一纸本或数字文本的阅读体验，更多地转向融合真人出镜、动画等富媒体元素的知识内容呈现方式。因此，基于供给侧和需求侧的双重驱动，探索短视频与出版业的融合发展，构建面向知识短视频的出版价值链，具有重要的理论与现实意义。

"价值链"是1985年由迈克尔·波特（Michael E.Porter）在《竞争战略》一书中首次提出的。最初价值链是针对垂直一体化公司，强调单个企业的竞争优势，之后逐步拓展到产业和国家层面。在出版领域，王鹏涛曾将出版价值链定义为出版物产品或服务的开发、生产、传递和价值实现过程中涉及的各类投资与运营活动，以及上述活动依次联结形成的链式结构。[②]出版业的发展与创新一直受益于新技术，新技术的引入不仅会改变出版物产品及其服务的存在形式，更能给出版发行的各个节点与价值实现和增值的方式带来深刻改变。

① 秦丽丽. 知识普惠：泛娱乐平台的战略转型——基于短视频平台的观察与思考 [J]. 传媒，2019（5）：28-29.
② 王鹏涛，李梦连. 移动出版价值链研究的现状与学术构想 [J]. 浙江传媒学院学报，2018，25（5）：77-82，134.

二、面向知识短视频的出版价值链创新

2019年1月，习近平总书记在主持中共中央政治局第十二次集体学习中，首次提出"四全媒体"概念，即"全程媒体、全息媒体、全员媒体、全效媒体"，对媒体融合实践方向做了精准概括。作为媒体融合的典型领域，当前出版传媒业在与短视频融合方面，已经有了许多新的尝试。从央视新闻入驻B站（视频网站哔哩哔哩）到《人民日报》开设抖音官方号，传统媒体不断推进在新兴媒体中的战略布局。出版业同样也在突破融合发展的体制机制障碍，推进优质内容与新媒体深度结合。

在产业价值链层面上，以出版机构为主导，用户对内容直接付费的传统出版价值链已经无法完整描述知识短视频的产业关系，传统单链单向的价值传递也无法概括目前知识短视频产业多中心的价值网结构。用户虽然仍为价值链的起点，却已不再处于链条末端，新兴媒体带来的话语权下放使得出版机构不再成为知识与价值生产的唯一来源，短视频这一高效便捷的传播形式提升了出版价值链中的用户地位，为用户参与内容生产赋予了新的价值。

"短视频+"的生产模式延展了原有价值链，出版机构的重点从提供传统的以图书为主的单一信息载体与服务，逐步转变为提供多种信息载体与多元化用户服务。出版业与短视频的融合已形成学术期刊短视频、出版物短视频营销和短视频移动出版等多种生产与经营模式。对出版机构而言，不管是利用短视频实现原有的知识出版整合还是服务体系重构，从而巩固在知识传播领域的优势地位，都需要进行价值链转型和重塑。

三、面向知识短视频的出版价值链构建

相较于传统静态封装型的出版物，短视频是碎片化时代的产物，它对使用终端的限制极小而应用场景极为丰富，借助数字内容为用户提供沉浸式与参与式的互动服务。施吕特（C. Schlueter）和肖（M.J. Shaw）曾在1997年提出了"数字互动服务"的概念，并提炼出"数字互动服务2-3-6"模型。[1]数字互动服务指的是包括电信网、计算机网、有线电视网等在内的信息传输与信息服务设施，向用户提供图像、音频、影像等所有数字形态的产品与服务。"数字互动服务2-3-6"模型将数字内容产业价值链分为两条主链、三个价值增值阶段以及他们所构成的六个核心业务模块。如图8-2所示，两条主链分别为内容链和网络设施链，而六个核心业务模块则分别是内容创造、内容包装、市场创造、传输、传输支持与服务、界面与系统。

① SCHLUETER, C., SHAW, M.J. A Strategic Framework for Developing Electronic Commerce [J]. IEEE Internet Computing, 1997, 1 (6): 20-28.

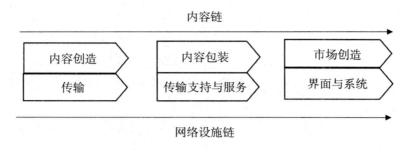

图8-2 数字互动服务2-3-6模型

施吕特和肖提出的"数字互动服务2-3-6"模型为我们研究面向短视频的出版价值链提供了理论基础与模型基础。根据短视频与出版业特征，可将"数字互动服务2-3-6"模型进行适当修正，从内容增值与平台增值两方面构建面向知识短视频的出版价值链。如图8-3所示，其中内容增值链分为内容创造、内容包装与内容消费三个部分；平台增值链分为平台聚合、分发服务和生态环境建设三个部分。

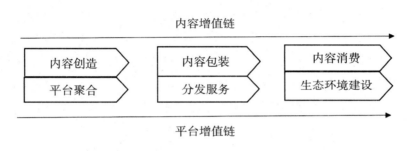

图8-3 面向短视频的出版价值链

不同于传统出版价值链中出版机构承担绝大多数内容价值增值任务，面向短视频的价值链更多由多方共同主导。在知识短视频的价值增值过程中，内容创作者依据自身掌握的或转载的知识内容进行视频化的阐述和制作剪辑，向短视频平台进行投稿，经平台审核后公开发表，借助不同类型的推荐机制推送给用户，用户观看知识内容后产生采纳或拒绝等不同行为，进而产生模仿与创新，形成知识与价值的再生产与再创造。原始内容创作者的知识内容与思想是短视频出版价值链中的主体价值，其余环节则提供了辅助性增值价值。需要注意的是，此模型表示的是价值增值阶段，即每经过一个阶段，价值便得到一次增值。在实际生产过程中，各节点间的价值并不是线性增值的，而是形成了点对点的价值增值网。

（一）内容创造

知识短视频的内容创造主要由专业生成内容（PGC）与用户生成内容（UGC）构成。基于知识的专业性与准确性特点，PGC用户主要由专业研究机构、相关领域学者、出版机构、科技爱好者、科技媒体从业人员等共同构成，其中某些PGC用户隶属于MCN①机构，由MCN机构提供专业化的选题管理与资源服务。他们拥有深厚的知识背景或相关从业经历，所生产的短视频内容具有较强的专业性甚至权威性，从而具有较为广泛的传播度，具体涉及自然科普、人文科普、健康科普、安全科普、法律科普、传统文化科普等。而UGC用户与PGC用户在内容类别上有较为明确的分野，基本聚焦于生活、才艺、育儿等领域。知识短视频的制作不仅涉及内容生产，还包括技术制作，如画面声音、场景动画等。一些专业科普短视频机构除了在内容创作中引用大量科技论文、国家标准和专利文件等权威资料外，还在视频脚本的设计上投入很多精力。而传统出版机构一般只能创作出普通的文本内容，缺乏足够的短视频设计编创能力。随着5G通信网络建设的推进，VR、AR、4K等技术的应用将提升短视频创作的技术难度与硬件难度，如果出版机构考虑开展自主短视频创作，就需要协调整合不同专业背景的团队成员，增加内容创作成本，同时对现有出版机构人员提出新的技能要求。

其中较为典型的是学术期刊短视频创作。学术期刊是垂直化程度极高的内容生产，与知识短视频有着天然的适配性。学术期刊短视频的作者并不是个人，而是包含文章作者、期刊编辑、专家学者和期刊读者在内的创作者团队。学术期刊的权威性与公信力为短视频内容质量提供保障，稳定的受众群体为学术期刊的短视频化带来受众基础。学术期刊本身的标题、摘要、关键字、引言、结论等碎片化的阅读内容也与短视频的传播特点相契合。②短视频的社交属性为学者进行在线学术交流提供可能和基础，短视频平台成为作者、编辑、专家和读者的重要沟通渠道，甚至发展出短视频投稿、短视频审稿和短视频评议等新的服务模式。如《中国出版》与《图书情报知识》等核心期刊的微信公众号就专门推出过附带短视频摘要的文章，并通过微信群等方式进行宣传推广，获得了较高的关注度。

（二）内容包装

短视频内容要符合短视频自身的媒介适用性，要符合复杂的知识通俗化、精英的知识大众化、隐形的知识显性化等特点。短视频内容包装主要涉及内容编排、封面及版面设计等。在编排与设计中，是以实景展现还是以三维动画进行模拟，是人声解说还是无声字幕，采用横屏播放还是竖屏播放，这都需要依据知识内容与使用终端的特点进行选择，以便带给用户最愉悦的审美、感官与阅读体验。如2019年泛科技主题网站果壳网推出的面向学生群体的知识短视频APP"吱扭"，其内容呈现方式不同于一般的短视频产品，采用专门的解谜互动频道，使用第一人称视角，让观众自主选择剧情方向，并进行答题互动，从而获得较强的参与式体验。

另外，在互联网海量信息的影响下，如何根据平台推荐机制选择与自身内容贴切且能满足用户细分需求的标签，以便于用户根据关键词快速搜索，从而达到更好的传播效果，这是知识短

---

① MCN是一种多频道网络产品形态，它将PGC内容联合起来，在资本的有力支持下，保障内容的持续输出，从而最终实现商业的稳定变现。

② 王孜. 5G时代学术期刊短视频平台的发展现状与融合研究——以抖音短视频为例［J］. 出版发行研究，2020（2）：61-66，60.

视频在进行内容包装时必须考虑的问题。B站学习区某知名"UP主"在设计短视频标题上就特别注重对用户价值的传递，例如"提升自制力的5个tips""学习总走神怎么办？4项措施提高专注力"等，通过切合平台用户的关键词选择，有力提升短视频观看量。

（三）内容消费

知识短视频的消费主体是各终端平台的用户。短视频行业自2013年兴起以来，用户数量每年都在快速增长，截至2020年3月，我国短视频用户规模达到7.73亿，占网民整体的85.6%。[①]相关行业报告显示，用户观看短视频的诉求不仅仅局限于娱乐及消费，越来越多的用户倾向于获取知识和满足兴趣。[②]短视频行业中大量的娱乐化以及同质化的内容已无法使用户的细分需求得到满足，知识短视频将专业化的知识以娱乐化的方式进行展现，针对不同年龄、不同阶层用户差异化的知识需求，实现知识产品的差异化供给。当用户需求不断被满足时，用户对知识短视频的体验消费也会逐渐发展为持续性消费，进而可能发展为知识付费与知识服务的新阶段。同时，短视频的制作门槛低等特点，也会引导用户从浏览转变为创造，用户对知识短视频内容的借鉴和创新行为完成了消费者与生产者双重身份的转变，从而形成新一轮的价值增值，如抖音平台就有不少阅读爱好者在观看大量阅读类短视频后，主动尝试进行阅读推荐和分享，构成知识内容消费和生产的新生力量。

（四）平台聚合

短视频平台已然成为短视频价值链中的主导者，知识短视频内容的聚合以及价值的增值都是在短视频平台上完成的。关于短视频平台类型，相关学者对此有各自分类，整体而言，依据用户需求定位，大致可分为三种类型，分别是社交型、工具型、内容型。

1. 社交型短视频平台

社交型短视频平台以满足用户社交需求为立足点和发展点，为用户提供个性化与易操作的短视频编辑或美化工具，营造专属互动社区并紧密对接移动社交媒体，人性化与简明的界面交互设计便于用户迅速建立社交联系，以此来满足用户的自我表达、自我美化和获取关注等社交心理。其中抖音作为典型的社交型短视频平台，具有丰富的原创特效道具，更新频率较高且积极迎合网络热点趋势，同时为用户提供多样的拍摄功能以增加创作的趣味性，如"合拍"功能允许不同用户对同一短视频进行合作制作；"一键拍同款"功能使用户可以十分便利地使用相同特效或直接转载音频内容来对其感兴趣的内容进行模仿创作。这同样给知识短视频的模仿拍摄提供了一定便利，如抖音某用户发布的一条烹饪教学视频，在一个月内就有超过一千名用户使用其讲解原声来进行画面的再创作。

[①] 中国互联网络信息中心. 第45次中国互联网络发展状况统计报告 ［R/OL］. （2020-04-28）［2022-05-01］. https://www.cnnic.net.cn/NMediaFile/old_attach/P020210205505603631479.pdf.

[②] 酷鹅用户研究院. 2019短视频用户洞察报告 ［EB/OL］. （2019-06-28）［2022-05-01］. http://www.199it.com/archives/899218.html?weixin_user_id=05o6ETQjpWfm2RRny99Mgluz9-LtrE.

2. 工具型短视频平台

工具型短视频平台的定位主要为视频制作与剪辑美化的工具性应用，目的是降低用户短视频制作的门槛，内容通常以PGC创作展示和剪辑制作教程为主。以"VUE"为例，它拥有分镜拍摄、智能剪辑、主题模板等多种制作工具，力求以简洁的操作带来专业化的视频制作体验，丰富的功能与高自由度使其可以满足其他平台的不同格式与内容要求，打通后续的聚合与分发通道。工具型短视频平台为UGC向PGC转变提供了一定的捷径，助推了知识短视频质量的提升。

3. 内容型短视频平台

内容型短视频平台以提供优质和多样化的短视频内容为侧重点，按内容类别又可细分为综合内容型与垂直内容型。前者的范围更广泛，通常的泛娱乐内容平台都可归为此类，它们通过聚合大量不同类别的短视频来满足不同用户的信息获取需求，如百度旗下的"好看视频"和字节跳动旗下的"西瓜视频"，以内容分类的方式为用户推荐内容，而后者则更专注于在相关领域内深耕，满足用户的特定细分需求。"梨视频"在新闻资讯类短视频领域内表现突出，在以创新思维进行短视频创作的同时保持独到的新闻敏锐度，具有较高的价值。除此之外，为影视制作人与爱好者提供优质短片的"新片场"、儿童动画类APP"小小优趣"等都为相关垂直领域内的知识短视频提供了良好的内容环境。

从推送机制的角度来看，现阶段各短视频平台主要以编辑采集或算法采集两种方式为平台用户提供短视频内容，如"开眼"APP采用的就是人工编辑采集机制，编辑人员从海量视频中对优质内容进行挑选并且进行编辑和二次创作；"快手""抖音火山版"等则基于数据挖掘技术，通过智能算法为用户提供有价值并且个性化的信息。

（五）分发服务

知识短视频的分发服务可分为平台内分发和平台间分发。平台内分发指的是短视频平台对用户行为数据等进行采集，通过推送机制将相关或同类的知识内容在用户群体间进行分发。平台间分发指的是由于创作者的多平台投稿行为、用户的跨平台转发行为或不同平台的数据抓取行为而产生的知识内容跨平台传播现象。知识短视频的平台间分发又可分为资讯型和社交型两类。资讯型以梨视频和人民日报APP等为代表，此类平台以时间和热点事件为线索，为用户推荐相关内容。社交型则以微博、微信、QQ空间为代表。不同平台依据自身特点采用不同的传播模式和策略。微博是以社交弱关系为基础的开放链式传播模式，而微信和QQ空间则是以社交强关系为基础的半封闭圈层式传播模式。

出版机构可针对不同平台的分发特点，结合自身产品特性开展短视频内容传播。如美国五大出版商之一的哈珀·柯林斯出版集团就以自身品牌为依托进行短视频社群构建，采用专业创作与读者摄制相结合的方式进行短视频内容生产，最终通过多渠道分发与联合推广的方式进行短视频内容的扩散和传播。[①]国内出版物的短视频营销则主要依托于主流的短视频平台进行，具体包括

---

① 陈矩弘. 美国图书出版业短视频营销探析——以哈珀·柯林斯出版集团为例［J］. 出版发行研究，2019（2）：46-51.

三种营销模式，分别是以编辑为主体，采用个人账号进行推广；以出版机构为主体，采用官方账号进行推广；以话题为活动形式，增加出版物曝光量。[①]无论是以个人还是官方为主体，出版机构都应利用好自身的品牌优势和作者资源优势，如发布作者访谈、创作历程等多维度的内容，为用户提供丰富的观看体验，并针对不同细分用户群体，采用多渠道分发，实现短视频内容的有效传播。

（六）生态环境建设

作为依托技术平台的数字媒介产品，知识短视频的发展需要良好的内外生态环境，以便为用户持续稳定地输出知识价值和体验。对内而言，短视频社区的建立与维护至关重要。首先，方便美观的界面交互设计是带来良好用户体验的基础；其次，充分利用平台的社交属性，搭建不同类型与不同主题的短视频文化社区，凝结不同群体的用户。短视频社区一方面能增加用户黏性，促进知识内容的传播；另一方面也有利于平台进行价值引导与内容把关，从而形成优质知识内容的示范效应。对外而言，知识短视频需要政府部门的有力监管和第三方机构的多方面支持。其中政策支持与法律保障是行业能否蓬勃发展的重要因素，如针对知识短视频的内容示范和版权侵权现象，应建构起"政府—短视频平台—内容提供方"的多元治理体系，设定相应的平台过滤机制，合力保护良好的产业生态环境，从而实现内容与产品的价值增值。

作为短视频生态建设的重要参与方，出版机构应致力于做好三方面贡献：首先，针对自主开发的短视频内容，应树立正确的价值导向，体现出版机构的社会价值与责任担当，同时严格遵守相应的版权规范和要求，避免出现对其他作品的侵权行为；其次，出版机构在与樊登读书会、掌阅读书实验室等KOL合作推广的过程中，应遵循互利共赢的原则，提升出版机构的话语权和议价能力，为行业发展探索良性的合作模式和规则；最后，出版机构在积极引导作者参与短视频传播的同时，要做好相应的作者权益保障，建立合理的分配机制，为可持续的内容输出奠定坚实的基础。

四、短视频与出版融合发展启示

短视频与出版业的融合并不是单纯行业间的融合，而是以"短视频+"模式为基础的融合，短视频与其他行业的结合也会给出版业提供新的发展思路。5G时代的到来将进一步改变短视频的生产与分发模式，尤其是VR和AR技术的引入将助推短视频的沉浸式体验，出版业应抓住这一风口，依托自身的优质内容资源，在巩固现有业务的基础上积极探索新的增长点，加快数字化转型。

当然，目前出版机构在融入知识短视频的过程中仍面临优质人才匮乏、传播方式创新不足、内容监管欠缺等方面的问题。对此，出版机构应强化复合型团队建设，遵循移动化和场景化的传

---

① 高燕. 新媒体时代短视频营销模式的反思和重构——以抖音短视频平台为例 [J]. 出版广角，2019（8）：62-64.

播规律，完善相关生产环节，提高生产质量与效率，尤其是把握自身在垂直化内容领域的优势，优化知识短视频的传播效果。出版机构可在与外部机构合作的基础上，逐步建立属于自己的IP品牌，针对特定细分市场进行全链条的IP化生产，对价值链进行整合。最后，基于知识内容的特殊性，出版机构应加强对知识专业性及准确性的监管，有必要建立多环节的内容审核机制，优化内容管理规范，引入用户社群监督，同时注意内容版权保护。伴随着新型媒体平台逐渐走向成熟，优质内容生产与专业细分服务能力将是考验出版机构能否胜出的关键。

思考题

1. 请简述数字学术出版发展趋势。
2. 请简述数字大众出版发展趋势。
3. 结合某一新技术，说明其在未来数字出版发展中的作用。

参 考 文 献

[1] 初景利. 学术图书馆与新型出版 [M]. 北京：国家图书馆出版社，2021.

[2] （美）威廉·E. 卡斯多夫. 哥伦比亚数字出版导论 [M]. 徐丽芳，等译. 苏州：苏州大学出版社，2007.

[3] 陈颖青. 老猫学出版 [M]. 杭州：浙江大学出版社，2012.

[4] （美）杰里米·里夫金. 零边际成本社会：一个物联网 合作共赢的新经济时代 [M]. 赛迪研究院专家组，译. 北京：中信出版社，2014.

[5] 国家新闻出版署出版专业资格考试办公室. 出版专业基础：初级：2020 年版 [M]. 武汉：崇文书局，2020.

[6] 国家新闻出版署出版专业资格考试办公室. 数字出版基础：2020 年版 [M]. 北京：电子工业出版社，中国书籍出版社，2020.

[7] 中国大百科全书总编辑委员会《教育》编辑委员会. 中国大百科全书（第一版）教育卷 [M]. 北京：中国大百科全书出版社，1993.

[8] （美）阿兰·B. 阿尔瓦兰. 传媒经济与管理学导论 [M]. 崔保国，等译. 北京：清华大学出版社，2010.

[9] （美）卡尔·夏皮罗，哈尔·瓦里安. 信息规则：网络经济的策略指导 [M]. 张帆，译. 北京：中国人民大学出版社，2000.

[10] 黄孝章. 数字出版产业发展模式研究 [M]. 北京：知识产权出版社，2012.

[11] 张新华. 数字出版营销 [M]. 北京：中国人民大学出版社，2022.

[12] 张新新. 变革时代的数字出版 [M]. 北京：知识产权出版社，2016.

[13] 徐丽芳，刘锦宏，丛挺. 数字出版概论 [M]. 北京：电子工业出版社，2013.

[14] 傅家骥. 技术创新学 [M]. 北京：清华大学出版社，1998.

[15] （美）克莱顿·克里斯坦森，等. 创新者的任务 [M]. 洪慧芳，译. 北京：中信出版社，2019.

[16] 苏杰. 人人都是产品经理（入行版）：互联网产品经理的第一本书 [M]. 北京：电子工业出版社，2021.

[17]（美）亚德里安·斯莱沃斯，卡尔·韦伯. 需求：缔造伟大商业传奇的根本力量 [M]. 龙志勇，魏薇，译. 杭州：浙江人民出版社，2013.

[18] 苏杰. 人人都是产品经理 2.0 [M]. 北京：电子工业出版社，2017.

[19]（美）杰西·詹姆斯·加勒特. 用户体验要素：以用户为中心的产品设计 [M]. 范晓燕，译. 北京：机械工业出版社，2011.

[20]（美）迈克尔·哈默，詹姆斯·钱皮. 企业再造 [M]. 王珊珊，等译. 上海：上海译文出版社，2007.

[21]（美）杰克·贝蒂. 管理大师德鲁克 [M]. 吴勇，等译. 上海：上海交通大学出版社，1999.

[22] 苏杰. 人人都是产品经理 [M]. 北京：电子工业出版社，2010.

[23] 李弘. 数字出版基础 [M]. 北京：电子工业出版社，2020.

[24] 陈万雄. 挑战与回应 [J]. 编辑学刊，2001（1）：22-23.

[25] 张铮. 文化产业数字化战略的内涵与关键 [J]. 人民论坛，2021（26）：96-99.

[26] 张振宇，周莉. "大数据出版"的理念、方法及发展路径 [J]. 出版发行研究，2015（1）：14-17.

[27] 江小涓. 数字时代的技术与文化 [J]. 中国社会科学，2021（8）：4-34，204.

[28] 聂静. 基于区块链的数字出版版权保护 [J]. 出版发行研究，2017（9）：33-36.

[29] 张岩，梁耀丹. 基于区块链技术的去中心化数字出版平台研究 [J]. 出版科学，2017，25（6）：13-18.

[30] 姜洪伟. 数字阅读概念辨析及其类型特征 [J]. 图书馆理论与实践，2013（9）：9-11.

[31] 张远帆. 从欧美的发展历程看中国有声书市场的可能性 [J]. 出版广角，2016（20）：23-25.

[32] 陈维超. IP 热背景下网络文学作品的版权问题及优化策略 [J]. 广西社会科学，2019（7）：167-172.

[33] 董歆刚. 从在线课程到智慧课堂：在线教育发展历程与内涵研究 [J]. 湖北开放职业学院学报，2021，34（16）：160-162.

[34] 张泽. 教育出版数字化转型升级路径探究 [J]. 中国编辑，2022（4）：57-61.

[35] 中央全面深化改革委员会. 关于加强和改进出版工作的意见 [J]. 出版与印刷，2018（4）：50.

[36] 梁九业. 《民法典》对网络出版治理规则的体系建构及其完善 [J]. 出版发行研究，2021（2）：55-62.

［37］于文 . 知识服务转型中的版权制度调适［J］. 编辑之友，2018（5）：17-21.

［38］宗蕾 . 为科技出版助力，让科技阅读成时尚［J］. 新阅读，2020（6）：27-28.

［39］刘欣怡，徐丽芳 . 数字教育出版自适应智能教学与评估系统研究——以麦格劳 - 希尔的 ALEKS 为例［J］. 出版参考，2020（6）：18-23，32.

［40］徐丽芳，陈铭 . 5G 时代的虚拟现实出版［J］. 中国出版，2019（18）：3-9.

［41］王卉，张瑞静 . 人工智能技术在数字出版中的应用现状与发展趋势［J］. 出版发行研究，2018（2）：45-49.

［42］王晓光 . 人工智能与出版的未来［J］. 科技与出版，2017（11）：4-6.

［43］陈翔宇，付玉 . 美国数字出版产业的区块链应用研究［J］. 东南传播，2021（9）：90-93.

［44］治丹丹，任亮 . 社会·结构·制度·功能：同行评议韧性治理的四维路径——以区块链出版平台 Pluto Network 为例［J］. 中国科技期刊研究，2022，33（1）：40-48.

［45］李华君，张智鹏 . 人工智能时代数字出版的用户新体验：场景感知、场景生产与入口把控［J］. 出版发行研究，2019（5）:17-21.

［46］周蔚华，陈丹丹 . 2021 年中国出版融合发展报告［J］. 科技与出版，2022（5）：60-69.

［47］陈前进 ."十四五"时期中国网络文化"走出去"：构建"网络文化共同体"［J］. 出版广角，2022（4）：22-27.

［48］丁燕伟 . AR/VR 技术在少儿出版物中的应用初探［J］. 出版广角，2022（7）：88-91.

［49］徐丽芳，彭雨虹 . 卡利斯特传媒：基于大数据的图书出版模式［J］. 出版参考，2017（7）：20-22.

［50］任国瑞 . 关于数字产品定价问题研究的文献综述［J］. 商业时代，2011（13）：40-41.

［51］王晓玲，孙德林 . 数字产品及其定价策略［J］. 当代财经，2003（12）：17-19.

［52］冯国军 . 深融时期大众出版的成功探索——以《人世间》为例［J］. 出版广角，2022（7）：67-70.

［53］林丽 . 媒介化语境下我国少儿数字出版的现状与趋势［J］. 出版发行研究，2018（11）：33-36.

［54］欧阳友权 . 中国网络文学海外传播的形态、动力与屏障［J］. 贵州师范大学学报（社会科学版），2021（6）：115-123.

［55］杨航 . 我国"听书"产业在网络下的发展和标杆性策略分析［J］. 编辑之友，2011，179（8）：73-76.

［56］黄楚新 . 我国移动短视频发展现状及趋势［J］. 人民论坛·学术前沿，2022（5）：

91-101.

[57] 喻国明，陈雪娇．技术迭代视域下的直播电商：动力模型与操作逻辑 [J]．新闻与写作，2021（2）：60-66.

[58] 马光辉，郑苏晖．出版业图书直播带货的困境与纾解 [J]．现代出版，2022（2）：99-104.

[59] 束开荣．知识基础设施视角下的学术期刊数字出版：网络化的知识生产及其传播实践 [J]．编辑之友，2022（3）：40-47.

[60] 张立，吴素平，周丹．国内外知识服务相关概念追踪与辨析 [J]．科技与出版，2020（2）：5-12.

[61] 谢新洲，黄杨．技术创新：数字出版发展与管理的新路径——专访中国新闻出版研究院副院长张立 [J]．出版科学，2019（6）：14-18.

[62] 唐京春，张洪建．知识服务热潮背后的问题剖析与对策思考——以深化新闻出版业转型升级为视角 [J]．中国出版，2018（10）：35-38.

[63] 王鹏涛．读者学研究重启的必要与可能 [J]．现代出版，2013（1）：11-15.

[64] 郭亚军．基于用户信息需求的数字出版模式研究 [J]．档案学通讯，2010（3）：52-55.

[65] 余庆．数字出版产品的用户体验研究 [J]．编辑之友，2012（10）：83-85，91.

[66] 代杨，裴永刚．基于用户画像的出版企业知识服务商业模式探析 [J]．中国编辑，2021（5）：48-53.

[67] 石风波．业务流程再造的比较研究文献述评 [J]．现代管理科学，2008（9）：109-111.

[68] 张凡，钱俊．浅议图书编辑出版业务流程再造 [J]．中国编辑，2019（11）：55-60.

[69] 姜钰，季兴安．融合出版产品研发运营的关键问题探析——以"京师书法"为例 [J]．科技与出版，2021（6）：51-56.

[70] 丁毅．出版融合发展的管理创新实践与探索——以华东理工大学出版社为例 [J]．出版与印刷，2022，127（2）：57-62.

[71] 张彬．知识生产服务与知识消费服务：关于"知识服务"概念的哲学解析 [J]．图书情报工作，2011，55（15）：42-46.

[72] 徐丽芳，丛挺．数据密集、语义、可视化与互动出版：全球科技出版发展趋势研究 [J]．出版科学，2012（4）：73-80.

[73] 赵文义．学术期刊大数据出版研究 [J]．出版发行研究，2016（3）：50-52.

[74] 宁圣红．学术图书开放获取新模式：Knowledge Unlatched [J]．图书馆论坛，2015（7）：14-20.

[75] 苏静，曾建勋．开放信息环境下传统学术出版商的内容运营策略：以英国物理学会出版社为例［J］．中国科技期刊研究，2015，26（7）：693-698．

[76] 茹丽洁，顾立平，田鹏伟．国际出版商对文本和数据挖掘限制的正当性辨析［J］．图书馆建设，2016（7）：27-33．

[77] 郭柏寿．论科技论文的可视化发表与科技期刊的可视化出版［J］．编辑学报，2015，27（1）：67-70．

[78] 梁洁．ScienceOpen 的"互联网＋学术出版"模式介绍、分析及启示［J］．中国科技期刊研究，2016，27（2）：185-192．

[79] 秦丽丽．知识普惠：泛娱乐平台的战略转型——基于短视频平台的观察与思考［J］．传媒，2019（5）：28-29．

[80] 王鹏涛，李梦连．移动出版价值链研究的现状与学术构想［J］．浙江传媒学院学报，2018，25（5）：77-82，134．

[81] 王孜．5G 时代学术期刊短视频平台的发展现状与融合研究——以抖音短视频为例［J］．出版发行研究，2020（2）：61-66，60．

[82] 陈矩弘．美国图书出版业短视频营销探析——以哈珀·柯林斯出版集团为例［J］．出版发行研究，2019（2）：46-51．

[83] 高燕．新媒体时代短视频营销模式的反思和重构——以抖音短视频平台为例［J］．出版广角，2019（8）：62-64．

[84] 丛挺．技术与商业视角下数字出版发展研究阶段［J］．出版发行研究，2015（9）：34-38．

[85] 江小涓，黄颖轩．数字时代的市场秩序、市场监管与平台治理［J］．社会科学文摘，2022（3）：81-84．

[86] 江小涓，靳景．中国数字经济发展的回顾与展望［J］．中共中央党校（国家行政学院）学报，2022，26（1）：69-77．

[87] 金雪涛．党的十九大以来我国数字出版产业的转型发展研究［J］．编辑之友，2022（4）：28-35．

[88] 王亮，田华芳．数字出版产业链多元主体动态联盟收益分配研究［J］．出版广角，2022（7）：22-27．

[89] 王飚，毛文思．2021 年中国数字出版发展态势盘点及 2022 年发展展望［J］．科技与出版，2022（3）：13-23．

[90] CSIKSZENTMIHALYI, M., LARSON, R. Validity and Reliability of the Experience Sampling Method［J］. The Journal of Nervous and Mental Disease, 1987（9）：526.

[91] ALPER, B. S., HAND, J. A., ELLIOTT, S. G., et al. How Much Effort is Needed to Keep Up with the Literature Relevant for Primary Care?［J］. Journal of the Medical Library

Association，2004，92（4）：429-437.

[92] INCHCOOMBE，S. The Changing Role of Research Publishing：A Case Study from Springer Nature［J］. Insights，2017，30（2）：13-19.

[93] AALBERSBERG，I. J.，HEEMAN，F.，KOERS，H.，et al. Elsevier's Article of the Future：Enhancing the User Experience and Integrating Data Through Applications［J］. Insights，2012，25（1）：33-43.

[94] NONAKA，I.，UMEMOTO，K.，DAI，S.，et al. From Information Processing to Knowledge Creation：A Paradigm Shift in Business Management［J］. Technology in Society，1996，18（2）：203-218.

[95] ACKERMAN，M.J.，SIEGEL，E.，WOOD，F. Interactive Science Publishing：A Joint OSA-NLM Project［J］. Information Services&Use，2010（30）：39-50.

[96] VAN NOORDEN，R. Online Collaboration：Scientists and the Social Network［J］. Nature，2014，512（7513）：126.

[97] SCHLUETER，C.，SHAW，M.J. A Strategic Framework for Developing Electronic Commerce［J］. IEEE Internet Computing，1997，1（6）：20-28.

[98] FUCHS，V.，VANISTA，J. Nano-Publication in the E-science Era［C］//Workshop on Semantic Web Applications in Scientific Discourse 2009.Washington，D.C.：245-246.

[99] BAEZ，M.，MUSSI，A.，CASATI，F.，et al.Liquid Journals：Scientific Journals in the Web 2.0 Era［C］//Joint Conference on Digital Libraries，JCDL 2010，June 21-25，2010，Gold Coast，Queensland，Australia.DBLP，2010：395-396.

[100] 全国新闻出版标准化技术委员会. 数字出版业务流程与管理规范：CY/T 158—2017［S］. 北京：中华人民共和国国家新闻出版广电总局，2017：11.

[101] 全国新闻出版标准化技术委员会. 电子图书质量检测方法：CY/T 114—2015［S］. 北京：国家新闻出版广电总局，2015：1.

[102] 全国新闻出版标准化技术委员会. 出版社数字出版业务流程规范：GC/ZX 17—2014［S］. 北京：国家新闻出版广电总局数字出版司，2014：7.

[103] 全国新闻出版标准化技术委员会. 中小学数字教材出版基本流程规范：CY/T 161—2017［S］. 北京：中华人民共和国国家新闻出版广电总局，2017：11.

[104] 全国新闻出版标准化技术委员会. 数据库出版物质量检测方法：CY/T 143—2015［S］. 北京：中华人民共和国国家新闻出版广电总局，2015：12.

[105] 全国新闻出版标准化技术委员会. 数据库出版物质量评价规范：CY/T 103—2014［S］. 北京：中华人民共和国国家新闻出版广电总局，2014：1.

[106] 徐丽芳. 网络出版策略研究［D］. 武汉：武汉大学，2002.

[107] 迟强. 数字报纸付费墙研究［D］. 武汉：武汉大学，2015.

[108] 张晓蒙. 网络文学出版研究 [D]. 武汉: 武汉大学, 2015.

[109] 王迪. 网络文学出版活动中的作者角色研究 [D]. 南京: 南京大学, 2021.

[110] 于福苗. 阅文集团网络文学出版研究 [D]. 保定: 河北大学, 2020.

[111] 吴占勇. 网络直播的内容生产与权力博弈 [D]. 武汉: 武汉大学, 2019.

[112] 赖珍珠. 在线教育经营模式的研究 [D]. 厦门: 厦门大学, 2014.

[113] 朱葛嫣然. 我国出版企业知识服务现状及提升策略研究 [D]. 青岛: 青岛科技大学, 2021.

[114] 胡硕磊. DG 出版社数字出版的业务流程再造研究 [D]. 大连: 大连理工大学, 2018.